제7판

현대 경제학 원론

연습문제 해답집

김대식 · 노영기 · 안국신 · 이종철

Principles
of
Economics

박영사

일러두기

　「현대경제학원론」 제7판에 맞추어 해답집을 낸다. 제7판에서는 본문문제의 해답 이외에 보충문제와 그 해답을 추가하였다.

　문장의 기술이 맞는가 틀리는가를 밝히고 그 이유를 설명하라는 문제에서는 때로 두 가지의 모범답안이 있을 수 있다. 예컨대 '완전경쟁산업이 독점화되면 항상 제품가격이 높아지고 생산량은 줄어든다'는 문장은 틀리다고 할 수도 있고 맞다고 할 수도 있다. 독점산업이 되어 규모의 경제가 크게 일어나면 제품가격이 낮아지고 생산량은 늘어날 수도 있다. 현실경제에서 이런 경우는 거의 없을지 모르나 이론적으로는 충분히 이런 현상이 일어날 수 있는 것이다. 이러한 가능성, 즉 문장 기술에 반하는 反對例(counter-example)가 있기 때문에 위 문장은 틀리다고 말하면 된다. 반면에 '규모의 경제가 크게 일어나지 않는다면 위 문장은 맞다'라고 대답할 수도 있다. 본서에서는 융통성 있게 양자 중 어느 하나로 해답을 작성했다.

　해답을 작성하는 과정에서 어떤 문제들은 저자들이 당초 생각했던 것보다 더 복잡한 분석을 해야 한다는 것을 깨달았다. 이러한 맥락에서 저자들의 정답이 誤答으로 판명될 수도 있을 것이다. 비판적인 시각으로 해답집을 참조하고 오류가 발견되면 서슴없이 叱正해 주기를 앙망한다. 경제논리를 철저하게 관철시키는 관념적인 실험정신으로 경제원론을 배워나갈 것을 부탁드린다.

　「현대경제학원론」 처럼 「해답집」도 꼼꼼하게 교정을 보고 신속하게 출간해 준 박영사 편집부와 기획부 관계자들, 특히 편집부의 전채린 과장에게 심심한 사의를 표한다.

2019.3.
중앙대 연구실에서
저자 일동

차례

01 경제와 경제체제

01. 각 활동에 들어가는 시간과 돈으로 할 수 있는 다른 모든 활동 가운데 최상의 활동에서 얻는 가치가 기회비용이다. 본문에서는 대안이 하나밖에 없기 때문에 하나밖에 없는 대안의 가치로 기회비용을 정의하였다. 대안이 많이 있을 때에는 그 중 가장 좋은 대안의 가치를 기회비용으로 정의한다.

02. 마약복용을 해 본 적이 없다면 마약복용의 기회비용이 너무 높다는 것을 의미한다. 마약복용으로 구속되거나 건강을 망치거나 할 때의 기회비용이 너무 크다. 각국 정부는 범죄를 줄이기 위해 범죄활동에 높은 기회비용을 부과하는 방식으로 사법제도를 운용하고 있다.

03.

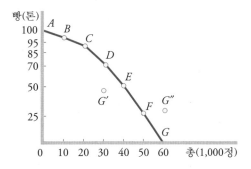

(1) 생산가능곡선은 생산가능영역을 쉽게 알게 해 주며 동시에 효율적 자원배분점도 나타냄. $A \sim G$ 일곱 점 사이의 수많은 점들도 PPC에 포함됨.

(2) 자원의 희소성과 이질성으로 기회비용이 체증하기 때문에 PPC가 우하향한다.

(3) 총 1정의 기회비용

$A \rightarrow B$: 총 10,000정당 빵 5톤을 희생하므로 빵 $\dfrac{5}{10,000} = \dfrac{1}{2,000}$톤

$B \rightarrow C$: 총 10,000정당 빵 10톤을 희생하므로 빵 $\dfrac{10}{10,000} = \dfrac{1}{1,000}$톤

$C \rightarrow D$: 총 10,000정당 빵 15톤을 희생하므로 빵 $\dfrac{15}{10,000} = \dfrac{3}{2,000}$톤

$D \rightarrow E$: 총 10,000정당 빵 20톤을 희생하므로 빵 $\dfrac{20}{10,000} = \dfrac{1}{500}$톤

$E \rightarrow F$: 총 10,000정당 빵 25톤을 희생하므로 빵 $\dfrac{25}{10,000} = \dfrac{1}{400}$톤

총 생산을 늘릴수록 총 생산의 기회비용이 커진다.

(4) 빵 1톤의 기회비용

$G \rightarrow F$: 총 $\dfrac{10,000}{25} = 400$정, $F \rightarrow E$: 총 400정, $E \rightarrow D$: 총 $\dfrac{10,000}{20} = 500$,

$D \rightarrow C$: 총 $\dfrac{10,000}{15} = \dfrac{2,000}{3}$정, $C \rightarrow B$: 총 $\dfrac{10,000}{10} = 10,000$정,

$B \rightarrow A$: 총 $\dfrac{10,000}{5} = 2,000$정. 따라서 빵 생산을 늘릴수록 빵 생산의 기회비용이 커진다.

(5) PPC 안에 위치(G'): 자원을 일부 사용하지 않았거나 모두 사용했더라도 가장 효율적으로 사용하지는 못했기 때문에.

(6) PPC 밖에 위치(G''): 모든 자원을 가장 효율적으로 사용하여도 현재의 부존자원과 기술수준으로는 도달할 수 없기 때문에.

(7) 생산기술이 진보하거나 자원증가로 경제성장이 일어날 때.

04. (1) 기회비용체증의 법칙 때문

(2) 직선의 $PPC \rightarrow$ 기회비용 일정

원점에 대하여 볼록한 $PPC \rightarrow$ 기회비용 체감

05. 시장의 자율기능에 맡겨야 할 부분에는 정부가 지나치게 간섭하는 반면 제17장에서 배우는 바와 같이 시장의 실패가 있어 정부가 시장에 적절히 개입해야 될 부분은 오히려 소홀히 하는 경우 혼합경제가 두 체제의 단점만 취합해버리는 수가 생긴다.

06. 사유재산권을 인정하느냐, 인정하지 않느냐에 따라 자본주의와 사회주의로 구분하는 것은 경제적 자유가 있느냐 중앙계획이 있느냐에 따라 두 체제를 구분하는 것보다 더

현실적합성이 있다. 사유재산제도의 유무가 두 체제를 구분하는 더 근원적인 요소이다. 사유재산권을 인정하지 않는 체제에서는 경제적 자유가 억압되고 중앙계획이 나타나게 마련이다.

07. ① ○ (미팅이나 데이트는 서비스 소비 행위이고 일정한 노력 · 시간 · 비용이 든다.)

② × (경제학에서는 자원량이 욕망에 비하여 (상대적으로) 부족한 것을 희소성이라고 한다.)

③ ○

④ ○ (돈으로 세 가지 본원적인 생산요소를 살 수 있지만 돈 자체는 생산요소가 아니다.)

⑤ ○ (세 가지 본원적인 생산요소의 사용량은 시간에 의해 측정된다.)

⑥ × (외형적으로는 수용소 당국이 일종의 계획당국이지만 실제로는 포로 상호간에 배급품을 자유롭게 교환 · 소비하는 시장경제이다.)

⑦ ○ (한강이 살아 숨쉬게 관리하는 데에 막대한 비용이 들고 있다.)

⑧ ○ (의식주 걱정이 없는 사회라는 점에서)

⑨ ○ (다른 재화의 생산에 쓰이기 때문에)

⑩ ○ (시장에서 노동이 자본이나 토지처럼 사고 팔린다.)

⑪ ○

⑫ ○ (사회주의권이 망하거나 체제전환을 한 것으로 보아 사회주의 선택의 기회비용이 훨씬 컸었음을 알 수 있다.)

⑬ ○ (한정된 자원을 국방비와 사회복지비용으로 나누어 지출해야 하기 때문에)

⑭ ○ (줄서서 기다리는 시간이 생산적인 활동에 쓰였다고 생각해 보라.)

01 기본적인 경제문제는 인간사회에서만 일어나는가? 꿀벌이나 개미의 사회를 예를 들어 설명하라.

📋 **문제 해답**

> 희소성이 존재하는 곳에서는 항상 경제문제가 발생한다. 예컨대 꿀벌의 사회에서도 무엇(꿀)을 얼마나, 어떻게, 누구(여왕벌, 일벌, 애기벌)를 위하여 생산할 것인가 하는 문제가 발생한다. 다른 동물사회에서는 인간사회에서처럼 치열하게 경제적 효율성을 추구하지 않고 습관적으로 경제활동을 반복하는 경향이 강하기 때문에 경제문제가 두드러지게 관찰되지 않는 것뿐이다.

02 독자들의 일상생활, 심지어 잠자는 것까지도 모두 재화와 서비스의 소비와 연결되어 있음을 생각해 보라.

📋 **문제 해답**

> 어떤 활동이든지 으레 재화나 서비스의 소비와 연결되어 있다. 예컨대 잠자는 것도 집, 침대, 베개, 이불, 속옷, 그리고 시간 등을「소비」하고 있다. 등산도 그 자체는 산과의 대화여서 자유재를 무상으로 쓰고 있는 듯이 보이지만 등산화, 등산모, 등산복, 간식, 그리고 시간을 소비하고 있다.

03 태양열이 개인에게 경제재인 경우를 들어라.

📋 **문제 해답**

> 태양열 주택을 짓는 경우 건축경비가 들기 때문에 태양열은 경제재이다. 한 여름 해변에서 피부 보호를 위해 연고를 사서 바른다면 이 경우에도 태양열은 그 개인에게 경제재이다.

04 생산가능곡선을 가지고 「무엇을, 얼마나 생산할 것인가」를 결정함에 있어서 자본주의 시장경제체제와 사회주의 계획경제체제가 어떻게 다른가를 설명해 보라.

📝 **문제 해답**

사회주의 계획경제에서는 중앙계획당국이 생산가능곡선상의 한 점을 정하여 각 생산단위에 할당량을 생산해 내도록 지시한다. 자본주의 시장경제에서는 시장가격을 보고 각 생산단위가 자기책임하에 자유롭게 생산량을 결정하여 결과적으로(시장의 실패가 없으면) 시장에 의해, 생산가능곡선상의 한 점이 정해진다.

05 사회주의 계획경제하의 기회비용은 무엇인지 생각해보라.

📝 **문제 해답**

사회주의 계획경제는 소비자주권 무시, 비효율적인 자원배분 및 생산, 신축성결여, 소유권의 모호성, 개인의 자유의 제약 등에 따르는 비용을 유발한다.

06 'economy'의 동사형 'economize'를 사전에서 찾아보고 그 뜻을 경제원칙과 연결시켜 풀이해 보라.

📝 **문제 해답**

economize : 경제적으로 쓰다, 절약하다, 유익하게 쓰다. 「최소자원으로 최대효과」의 경제원칙도 결국 자원을 알뜰하게 사용한다, 또는 절약해서 유익하게 사용한다는 뜻이다. 따라서 '경제(economy)'란 희소한 자원을 효율적으로 사용하는 것이라는 의미를 함축하고 있는 말이다.

07 "시장사회주의가 큰 성과를 거두지 못한 것은 시장경제의 한계 때문이다." 이를 논평하라.

📝 **문제 해답**

시장사회주의는 생산성의 저하라는 사회주의의 체제적 한계를 극복하기 위하여 생산수단의 공유를 원칙으로 하면서 생산물의 분배만을 시장에 맡기는 변형된 사회주의이다. 시장이 제대로 작동하기 위해서는 생산수단의 사유가 보장되어야 한다는 점에서 생산수단의 공유를 근간으로 한 시장사회주의는 시장경제의 한계가 아닌 사회주의의 본질적인 한계 때문에 생산성 향상이라는 소기의 목적을 이루어 내지 못하였다.

08 공산주의가 실현되고 있는 예를 들고 공산주의가 실현되기 어려운 이유를 찾아보라.

📑 **문제 해답**

공동생산, 공동분배를 하는 집단농장이 공산주의의 예이다. 집단농장은 경제적 유인이 없어 생산성이 낮다는 고질적 문제점을 가진다. 러시아와 중국이 집단농장제를 폐지하여 농업이 발전하고 식량문제를 해결했다. 반면에 북한은 집단농장제를 유지하여 농촌이 피폐하고 기아에서 벗어나지 못하고 있다.

09 다음 기술이 옳은가 틀리는가를 밝히고 그 이유를 설명하라.
① 시장에서 값을 흥정하는 것은 경제원칙에 입각한 행위이다.
② 불우 이웃을 돕는 것도 경제행위이다.
③ 중간상인 또는 유통업자들은 생산자로 볼 수 없다.
④ 생산수단이 국·공유화된 사회주의에서 자원배분은 시장에 맡길 수 없다.
⑤ 사적 소유를 골간으로 하는 자본주의에서는 경제활동의 조정이 계획에 의해 이루어질 수 없다.
⑥ 경제체제는 선택의 산물이다.
⑦ 소비자주권이 무엇을 얼마나 생산할 것인가를 결정한다.
⑧ 우리나라 경제나 중국 경제는 모두 혼합경제이다.

📑 **문제 해답**

① ○ (마음에 드는 상품을 최소비용으로 사고자 노력하는 행위이므로)
② ○ (불우 이웃을 도왔다는 보람을 얻기 위해 대가를 치르는 행위라는 점에서)
③ × (유통서비스를 생산하는 생산자이다.)
④ × (양립이 어느 정도 가능하다. 중국은 생산수단은 국·공유를 주로 하고 자원배분은 시장에 맡기는 사회주의 시장경제이다.)
⑤ × (자본주의에도 계획이 있을 수 있고 사회주의에도 시장이 있을 수 있다. 다만 지배적인 자원배분기구가 무엇이냐 하는 것이 문제이다.)
⑥ ○ (경제체제는 주어지는 것이 아니고 지도자의 이념, 경제발전수준 등 정치·경제적 초기조건에 의해 선택된다.)

⑦ ○ (소비자의 선호가 생산물의 종류와 수량을 결정하는 주요소이다.)
⑧ ○ (시장과 명령의 배합비율이 다를 뿐 광의의 혼합경제이다.)

02 경제학의 본질

01. 우리들의 삶은 수많은 재화와 서비스의 생산 · 교환 · 분배 · 소비라는 경제활동의 연속이다. 개개인의 경제활동은 경제정책과 국민경제 및 세계경제의 흐름으로부터 영향을 받고 있다. 정책과 경제의 흐름을 이해하고 그 속에서 합리적인 경제활동을 영위하는 데에 필요한 유용한 이론과 상식을 경제학으로부터 얻을 수 있다.

02. 이론은 가정의 도입단계에서 비현실적인 단순화 · 추상화가 이루어지기 때문에 감성이 풍부한 사람에게는 생명력이 없고 비현실성이 두드러져 보이는 것이 어쩌면 당연하다.

03. 인류학: 사회가 다름에 따라 경제문제가 어떻게 다른 양상으로 나타나는가 하는 것은 인류학의 도움을 받아 고찰할 수 있다.

심리학: 인간의 다양한 심리구조와 성취욕구가 생산관계, 분배, 교환 및 소비행태에 어떤 영향을 미치는가를 고찰하게 해 준다.

윤리학: 경제정의와 경제윤리를 세울 수 있게 도와 준다.

정치학: 국가나 각 세력집단이 경제생활에 어떤 영향을 미치는가를 고찰하게 해 준다.

수　학: 경제이론을 정밀하고도 간결하게 표현 · 분석하게 해 준다.

통계학: 경제이론을 실증적으로 검증할 수 있게 해 준다.

04. (1) 가정의 도입: 한 사회의 자원과 기술이 주어져 있다. 두 재화만을 생산한다.

(2) 경제모형의 설정: 한 사회의 모든 자원을 효율적으로 사용하여 생산할 수 있는 두

재화의 조합을 나타내는 생산가능곡선은 우하향한다.

(3) 경제모형의 검증: 자원, 기술, 재화의 종류를 통제할 때 현실사회의 생산가능곡선이 우하향하는가를 검증한다.

05. (1) 인과의 오류:

　① 천둥이 치면 비가 온다.

　② 청평댐을 열어서 홍수가 났다(엄청난 비로 호수물이 불어나서 댐 수문을 열지 않으면 안 되었다).

　③ 과격노동자가 선동해서 파업이 일어났다(그런 면도 있겠지만, 저임금, 열악한 노동환경, 노동조합 내의 헤게모니 다툼 등이 주로 파업의 원인).

(2) 구성의 오류:

　① 임금이 오르면 노동자의 복지가 향상된다(한 산업만의 경우에는 옳은 이야기이지만, 모든 산업에서 임금이 올라 물가가 많이 오르면 틀림).

　② 상품가격이 오르면 이윤이 증가한다(①과 같은 논리).

　③ 불난 극장에서 뛰쳐 나가는 것.

　④ 밀수, 부정부패(당사자는 이득을 볼지 모르지만 국가는 손실을 입는다).

06. 관찰과 실험을 통해 전자는 항상 성립하는 것이 아니고 후자는 항상 성립한다는 것을 확인할 수 있다.

07. 가정의 도입 → 모형의 정립 → 모형의 검증은 기본적으로 같다. 다만 자연과학에서는 실험실의 통제된 실험을 통하여 가정의 도입·설정이 용이하고 설정된 가정이 상대적으로「현실적」인 데 반하여 사회과학에서는 그렇지 않다는 것이 다르다.

08. ① 동전을 1,000번 던지면 앞면과 뒷면이 나올 확률이 각각 50%이다.

　② 성별검사를 분만 전에 미리 하지 않을 경우 한 나라 남녀 인구비율은 50 : 50이 될 것이다.

　③ 수요의 법칙은 많은 소비자의 소비행태를 관찰할수록 뚜렷이 드러난다.

09. 귀납법: 개별적인 사실들을 바탕으로 일반적인 원리나 법칙을 끌어내는 방법.

연역법: 일반적인 사실이나 법칙에서 구체적인 사실이나 법칙을 끌어내는 방법.

양자는 보완적이다. 연역법은 귀납법에서 얻어 낸 원리·법칙에서 출발한다.

귀납법은 무수히 많은 사실 중에서 어느 것들을 취사선택하는가 하는 점에서 연역법의 도움을 받는다.

10. 본문의 제3절에서 설명한 12 경제원리를 무시할 때 어떻게 될까 각자 생각해 볼 것. 본문에서 앞으로 자세히 다루어나가기 때문에 해답 생략.

11. ① ○ (마땅히 도와야 한다는 입장에서 한 행위로 보면 규범적인 행위이다. 그러나 불우한 이웃을 돕는 것인지 아닌 것인지를 밝힐 수 있다는 점에서 보면 실증적인 행위이기도 하다.)

② ○ (너무 더웠다는 표현에는 주관적인 가치판단이 내재해 있다.)

③ × (가시 때문에 장미꽃은 아름답지 않다고 판단하는 사람도 있을 수 있다.)

④ × (소득이 독립변수, 소비가 종속변수이다.)

⑤ ○ (경제정책 분야인데 경제이론의 뒷받침을 받아야 하기 때문)

⑥ × (삼단논법은 대전제-소전제-결론의 3단으로 된 논법으로서 보편적 원리로부터 부분에 관한 지식을 이끌어내는 연역법에 속한다.)

⑦ ○ (틀린 실증적인 기술)

⑧ × (옳은 기술이라는 것을 증명할 수 있기 때문에 실증적인 기술이다.)

⑨ × (실증경제학으로 왜 땅값이 높은가, 그 영향이 무엇인가를 분석하여 사유를 제한해야 하는 이유를 논리적으로 전개해야 하기 때문에)

⑩ ○

⑪ ○ (그 친구의 카드가 오지 않아도 크리스마스는 시작된다.)

01. 제1장의 연습문제 3에서 생산가능표보다 생산가능곡선이 훨씬 많은 정보를 더 쉽게 제공해 주고 있음을 설명하라.

📋 **문제 해답**

> ① $A \sim G$ 일곱 점 사이의 무수한 점들도 PPC로 표시되고,
> ② 생산가능영역과 불가능영역을 쉽게 구분할 수 있게 해 준다는 점에서 생산가능곡선이 생산가능표보다 훨씬 많은 정보를 더 쉽게 제공한다.

02. 경제학을 실천적인 학문으로 만들기 위하여 어떠한 자세로 경제학을 공부해야 하겠는가? 각자의 견해를 밝혀 보라.

📋 **문제 해답**

> 경제학을 공부함에 있어서는 주관적인 가치판단을 피하고, 과학적인 귀납법과 연역법의 분석방법을 사용하되 인과의 오류와 구성의 오류 및 관찰과 이론에 따르기 마련인 주관성을 경계해야 한다. 특히 원칙에 충실하면서 현실을 감안하는 냉철함이 중요하다. 마샬이 말한 바와 같이 「서늘한 머리와 따뜻한 가슴」으로 공부하는 것이 바람직하다.

03. 경제이론의 목적 및 구성에 관한 논의를 바탕으로 '좋은 이론'이란 어떠한 이론인가를 생각해 보라.

📋 **문제 해답**

> 특정한 경제현상을 잘 설명하고 외부여건이 변할 때 경제상황이 어떤 방향으로 전개될 것이라는 예측력이 뛰어난 이론이 좋은 이론이다. 그리고 설명력과 예측력이 같다면 약한 가정을 쓴 이론이 더 좋은 이론이다. 이를 오캄의 면도날(Occam's razor)이라 부른다.

04. 「전국경제인연합회」의 회원을 흔히 경제인이라 한다. 이들과 경제학에서 말하는 「경제인」을 대비 설명하라.

📝 **문제 해답**

> 전국경제인연합회 회원사들은 정치·사회·종교·문화활동보다 경제활동에 특화하고 있다는 의미에서 경제인이라는 용어를 사용하고 있다. 따라서 경제원칙에 따라 합리적으로 행동하는 경제인과는 그 뜻하는 바가 사뭇 다르다. 전국경제인연합회는 전국대기업연합회로 해야 보다 더 정확한 표현이다.

05. 다음 기술이 옳은가 그른가를 밝히고 그 이유를 설명하라.
① 경제이론과 경제사는 실증경제학에 속한다.
② 미시경제학은 정태경제학, 거시경제학은 동태경제학에 속한다.
③ 대부분의 경제이론은 비현실적인 가정하에서 구성된 것이기 때문에 우리의 현실생활과는 동떨어진 것이다.
④ 이론경제학은 과거와는 상관없이 현실경제문제만을 다룬다.
⑤ 「성장」이냐 「분배」냐를 따지는 것은 규범경제학의 문제이다.
⑥ 포근한 겨울이었기 때문에 제주도의 감귤 수확이 늘어날 것이라고 생각하는 것은 구성의 오류이다.
⑦ 내가 열심히 공부하여 좋은 성적을 올리면 내 학급 전체의 성적이 올라갈 수 있다고 생각하는 것은 구성의 오류이다.
⑧ 한미 FTA를 수정해야 한다는 주장은 규범경제학의 문제이다.

📝 **문제 해답**

> ① ○ (가치판단이 배제되기 때문에)
> ② × (둘 다 정태경제학에 속할 수도 있고 동태경제학에 속할 수도 있다.)
> ③ × (경제이론은 현실의 큰 줄거리를 설명한다. 지엽적인 현실과 동떨어진다고 해서 현실생활과 동떨어진다고 말할 수 없다.)
> ④ × (현실은 과거의 연장선상에 있다.)
> ⑤ ○ (가치판단이 개입되는 문제이기 때문에 규범경제학의 문제이다. 그러나 양자를 어떻게 조화시킬 것이냐는 실증경제학의 문제이기도 하다.)
> ⑥ × (인과의 오류임)
> ⑦ × (다른 조건이 일정할 때 내 성적이 좋으면 학급 전체의 평균성적은 올라간다.)
> ⑧ × (경제이론에 기초하여 따져야 설득력있는 주장이 된다.)

03 수요·공급의 이론

01. 전혀 상충되지 않는다. 공급의 법칙은 우상향의 공급곡선을 말한다. 「공급의 감소는 가격을 상승시킨다」는 기술은 우상향의 공급곡선이 왼쪽으로 이동할 때 다른 조건은 일정불변이면(수요곡선이 불변이면) 가격이 상승한다는 것이다. 공급의 변화와 공급량의 변화의 차이를 이해하라.

02. 매년의 승용차 가격과 구입량의 조합은 우상향하는 시장공급곡선과 우하향하는 시장수요곡선의 교차점이다. 자동차에 대한 선호, 소득 증가, 소비자수 증가 등으로 우하향하는 수요곡선이 매년 오른쪽으로 이동한 것이지 수요곡선이 우상향하는 것이 아니다.

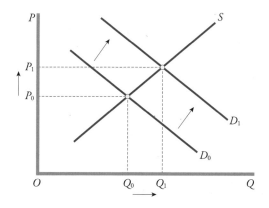

03. (1) 가격이 같은 데도 판매수량이 증가하므로 수요의 변화이다. 구체적으로 수요의 증

가이다.

(2) ① 가계 소득의 증가, ② 인구 및 가구의 증가, ③ 가정마다 냉장고는 이제 한 대 이상 가지려고 하는 생활패턴의 변화 등으로 냉장고 수요가 증가한다.

04. (1) $Q = 20 - 2P + 0.5I - 0.1P_Y$
$\quad\quad = 20 - 2P + 0.5(1,000) - 0.1(400)$
$\quad\quad = 20 - 2P + 500 - 40$
$\quad\quad = 480 - 2P$

	P	Q
A	50	380
B	100	280
C	150	180
D	200	80

(2) $Q = 20 - 2P + 0.5(2000) - 40$
$\quad\quad = 20 - 2P + 1000 - 40$
$\quad\quad = 980 - 2P$

	P	Q
A'	50	880
B'	100	780
C'	150	680
D'	200	580

• 수요량의 변화: 가격이 50, 100, 150원 등으로 변할 때 동일 수요곡선상에서 수요량이 380, 280, 180개($I=1,000$원일 때) 또는 880, 780, 680개($I=2,000$원일 때) 등으로 변하는 것. 한 수요곡선상에서의 이동.

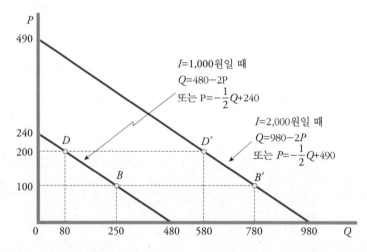

• 수요의 변화: 소득이 1,000원에서 2,000원으로 변할 때 가격이 불변이더라도 수요량이 증가하는 것(예컨대 그림에서 $B \to B'$, $D \to D'$). 수요곡선 자체의 이동.

(3) $Q = 20 - 2P + 0.5(1,000) - 0.1(500)$
$\quad\quad = 20 - 2P + 500 - 50$
$\quad\quad = 470 - 2P$

수직절편이 235, 수평절편이 470, 기울기는 $-\dfrac{1}{2}$인 직선이 새로운 수요곡선이다.

(4) 소득이 증가하면 수요량이 증가하므로 정상재이다. 수요함수식에서 소득 앞의 부호가 음이면 열등재이다.

(5) Y재 가격이 400원에서 500원으로 오를 때 X재 수요함수가 $Q=480-2P$에서 $Q=470-2P$로 바뀌어짐으로써 X재 가격은 불변이더라도 X재 수요량이 감소한다. 즉 X재 수요곡선이 왼쪽으로 이동한다. 따라서 X와 Y재는 보완재이다. 수요함수식에서 Y재 가격(P_Y)의 부호가 양이면 대체재, 0이면 독립재이다.

05. 다른 모든 조건이 일정불변이라는 전제하에 분석한다.
(1) 호두 풍년 → 호두가격 하락 → 호두수요량 증가 → 대체재인 땅콩수요 감소(땅콩수요곡선 왼쪽 이동) → 땅콩가격 하락
(2) 호두수요 감소, 땅콩수요 증가 → 땅콩가격 상승
(3) 가뭄으로 땅콩공급 감소(땅콩 공급곡선 왼쪽 이동) → 땅콩가격 상승
(4) 오징어수출 급증 → 오징어수요 증가 → 오징어가격 상승→ 국내 오징어수요량 감소 → 국내 땅콩수요 감소 → 땅콩가격 하락
(5) 땅콩수요 증가 → 땅콩가격 상승
(6) 땅콩공급 증가(땅콩 공급곡선 오른쪽 이동) → 땅콩가격 하락

06. (1) 혼잡료징수로 남산터널 이용기피 → 대체재인 우회도로 이용 →
$$\begin{cases} \text{우회도로수요 증가 → 우회도로 정체 심각.} \\ \text{우회도로공급 불변} \end{cases}$$
도입 초기의 단기적인 현상이었다.
(2) 교통체증 → 대체재인 지하철수요 증가 → 지하철요금 인상.
(3) ① 원유가격 하락 → 휘발유가격 하락
② 휴가철 자동차수요 증가 → 휘발유수요 증가 → 휘발유가격 상승.
②의 효과가 ①의 효과를 압도하여 휘발유 가격이 상승
(4) 송이버섯에 항암효과 → 송이버섯수요 증가 → 수요버섯가격 상승 → 송이재배 급증 → 송이버섯 공급 대폭 증가 → 송이버섯가격 폭락
독자들은 (1), (2), (3), (4)에 대해서도 보충문제 2번에서와 같이 수요·공급곡선을 이용하여 그림을 그려가며 분석해 보라.

07. (1) $P_E=50$, $Q_E=80$(가격이 50원일 때 수요량과 공급량이 같다.)
(2) $P=60$일 때, 초과공급 20($Q_S=90$, $Q_D=70$) 존재 → $P\downarrow$
(3) $P=30$일 때, 초과수요 40($\because Q_S=60$, $Q_D=100$) 존재 → $P\uparrow$

(4) 수요함수: $P_X = 50$일 때 $D_X = 80$, $P_X = 20$일 때 $D_X = 110$이므로 $\Delta P_X = 30$, $\Delta D_X = -30$

이다. 따라서 기울기 $\dfrac{\Delta P_X}{\Delta D_X} = -1$이기 때문에 $D_X = -P + 130$이 된다.

공급함수: $P_X = 50$일 때 $D_X = 80$, $P_X = 20$일 때 $S_X = 50$이므로 $\Delta P_X = 30$, $\Delta S_X = 30$이다.

따라서 기울기 $\dfrac{\Delta P_X}{\Delta S_X} = 1$이고, $S_X = P + 30$이 된다.

(5) $D_X = -P + 130$

　　$S_X = P + 30$

　　$D_x = S_x$를 이용하면 $-P + 130 = P + 30$

　　$2P = 100$　　$\therefore P' = 50$

이 균형가격을 D_X나 S_X에 대입하여 균형거래량 $Q_E = 80$을 얻는다.

08. 시장수요량은 각 가격수준에서 갑의 수요량(Q_1)과 을의 수요량(Q_2)을 합친 것이다. 따라서 시장수요량은 $Q = Q_1 + Q_2$이다. Q_1과 Q_2는 시장가격이 정해지면 구할 수 있다. 시장수요량을 구하기 위해서는 갑과 을의 수요함수에 있는 가격에 항상 똑같은 값을 주어야 한다. 따라서 $Q_1 = 20 - 2P$와 $Q_2 = 50 - 4P$를 바로 합한 $Q_1 + Q_2 = 70 - 6P$가 시장수요함수이다. 독자들은 $P = 1, 2, 3 \cdots$ 등을 대입하여 $Q = 70 - 6P$가 시장수요함수인 것을 계산과 그림을 통해 확인해야 한다.

09. ① ○ (사재기를 하면 현재의 가격수준에서 초과수요량이 발생하기 때문이다. 사재기는 수요의 증가로 나타난다.)

② ○ (정상재라면 수요곡선이 오른쪽으로 이동한다. 열등재의 수요곡선은 왼쪽으로 이동한다.)

③ ○ (커피값이 오르면 커피수요량이 감소하고 대체재인 홍차수요량이 증가한다. 그런데 이는 임의의 홍차값에서도 성립하므로 홍차수요의 증가로 귀결된다.)

④ ○

⑤ ○ (쇠고기와 돼지고기는 대체재: 쇠고기 수요량 감소 → 돼지고기 수요 증가 → 돼지고기 값 상승)

⑥ ○

⑦ ○ (수요증가와 공급감소의 동시발생은 어느 한 가지만 일어날 때보다 가격을 더 상승시킨다. 거래량에 미치는 효과는 불확

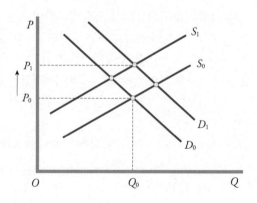

실하다. 어느 곡선이 더 많이 이동했느냐에 따라 거래량의 증감이 결정된다.)

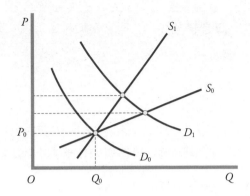

⑧ ○ (기울기가 급한 공급곡선 S_1하에서 가격이 더 많이 오르고 거래량은 적게 증가한다.)

⑨ ○ (P_A 하락 → A 수요량 증가 → B 수요 감소 → P_B 하락)

⑩ ○

⑪ ○ (수요량은 주어진 가격수준에서 구매력을 가진 소비자가 구입하고자 하는 최대 수량이다. 따라서 정부나 기업이 강제로 더 사게 하지 않는 한 구입량이 수요량을 초과할 수 없다.)

⑫ ○

⑬ ○ (수요가격이 높아지면 수요곡선이 위쪽으로 이동한다. 수요곡선의 위쪽 이동은 오른쪽 이동과 같다.)

⑭ × (다른 조건이 일정할 때 원유수요량이 감소한다.)

⑮ ○

⑯ × (노래방 수요의 증가)

⑰ ○ (수입쇠고기 대신 한우고기에 대한 수요가 증가한다.)

⑱ ○ (소비면에서 대체재)

⑲ × (극장 상연 대신 넷플릭스를 통해 작품이 공급될 수 있기 때문에 기존 영화산업은 위축되기 쉽다.)

⑳ ○

01. 본문 제1절의 사과의 예에서 혼합경제체제가 등장하게 되는 배경을 생각해 보라. 계획경제체제하에서라면 사과 배분이 어떻게 이루어질까?

📋 **문제 해답**

사과 생산량에 비해 사과를 먹고자 하는 사람이 많으면 사과 가격이 아주 높아져(예를 들어 사과 한 개에 10만원 하는 경우를 생각해 보라) 그 높은 가격으로도 사과를 먹고자 하는 부자만이 사과를 먹을 수 있게 된다. 이런 경우 제한된 사과를 부자가 아닌 사람도 먹을 수 있게 하기 위해 정부가 사과 가격을 일정수준 이상으로 오르지 못하게 규제하고 배급제도를 실시할 수 있다(제5장의 최고가격제 참조). 혼합경제가 등장하는 배경이다. 계획경제하에서는 100개의 사과를 각각 똑같이 나누어 가급적 많은 사람들이 한 조각씩 골고루 맛보게 하는 것을 이상으로 한다(소비재 수량이 너무 적어 당장에 모든 사람에게 골고루 나누어 주지 못하면 일정기간 동안에 모든 사람에게 골고루 나누어 주도록 한다). 오늘날 혼합 경제하에서 한 상품의 가격이 터무니없이 높아지면 다른 나라에서 그 상품을 수입하여 국내공급을 증가시킴으로써 가격 안정을 기할 수 있다.

02. 티코(소형차)와 그랜저(대형차)에 똑같이 100만원 상당의 공기정화기를 부착하도록 하면 이 두 차종의 수요량은 상대적으로 어떻게 변할까?

📋 **문제 해답**

예컨대 티코의 가격이 2,000만원이고 그랜저의 가격이 4,000만원이라고 하자. 이때 티코와 그랜저의 가격비는 2000 : 4000 = 1 : 2다. 이제 100만원 상당의 공기정화기를 의무적으로 부착하게 한다면 티코의 공급가격은 2,100만원이 되고 그랜저의 공급가격은 4,100만원이 된다. 그러면 티코와 그랜저의 가격비는 2,100 : 4,100 = 1 : 1.95가 된다. 그랜저 가격보다 티코의 가격이 상대적으로 더 오른 것이다. 이 경우 다른 모든 조건이 일정하다면 티코에 대한 수요는 그랜저에 대한 수요보다 상대적으로 더 감소하게 된다(일부 고객은 중형차인 그랜저와 소형차인 티코의 가격비가 축소되어 티코에서 그랜저로 수요패턴을 바꿀 가능성이 있다).

03. 청평댐을 예로 들어 저량(stock)과 유량(flow)을 설명하고 양자의 관계를 생각해보라.

📝 **문제 해답**

청평댐에 고여 있는 물이 저량이고 흘러들어오거나 흘러나가는 물이 유량이다. 흘러 들어오는 물이 많으면 고여 있는 물이 많아지고 고여 있는 물이 많아지면 똑같이 수 문을 열어 놓아도 수압 때문에 흘러나가는 물이 많아진다. 즉, 유량은 저량을 변화시 키고 저량은 다시 유량을 변화시킨다. 이는 저량인 부와 유량인 소득에 대하여도 마 찬가지이다(소득과 부의 관계에 관하여는 제19장 참조).

04. 소비면에서 대체관계에 있는 한 상품의 가격이 상승(하락)할 때 다른 상품의 수요량은 물론 수요도 증가(감소)하는 이유를 설명하라.

📝 **문제 해답**

X재의 가격이 상승하면 X재에 대한 수요량이 감소한다. 그러면 대체재 Y에 대한 수 요량이 증가한다. 이 수요량 증가는 현재의 Y재 가격하에 일어난다. 그런데 Y재 수 요곡선은 현재의 Y재 가격뿐 아니라 있을 수 있는 많은 Y재 가격수준에 대응하는 Y 재 수요량을 나타낸다. 있을 수 있는 각각의 Y재 가격수준에서도 X재 가격이 상승하 면 Y재 수요량이 증가할 것이다. 따라서 Y재 수요곡선 전체가 오른쪽으로 이동하는 수요의 증가가 일어난다. 같은 논리로 X재의 가격이 하락하는 경우에 Y재 수요의 감 소가 발생함을 설명할 수 있다.

05. "한 상품의 구입량은 항상 판매량과 똑같다. 이는 시장이 균형에 있든 있지 않든간에 어떤 가격에서도 성립하는 명제이다. 그런데 어떻게 수요와 공급이 특정한 거래량을 결정한다고 말할 수 있는가?" 논평하라.

📝 **문제 해답**

실제 구입량은 실제 판매량과 항상 똑같다. 그러나 수요량(소비자가 구입하고자 하 는 수량)과 공급량(생산자가 판매하고자 하는 수량)은 다르다. 이 수요량과 공급량이 똑같아지는 수준에서 시장이 균형을 이룬다고 보는 것이 수요·공급의 이론이다. 시 장수요량과 공급량이 같으면 소비자들이 의도한 소비계획과 생산자들이 의도한 생 산계획이 맞아 떨어져 다른 상태로 바뀔 유인이 없는 균형상태이다. 수요곡선이 우 하향하고 공급곡선이 우상향하면 균형가격과 균형거래량은 유일하게 결정된다.

06. "쌀은 정상재이고 보리는 열등재이다." 논평하라.

📋 문제 해답

> 우리나라의 경우 1960~1970년대에는 타당한 기술이다. 그러나 1980년대부터는 쌀밥이 온갖 성인병의 근원이라는 인식하에 고소득층은 쌀밥보다 보리밥, 잡곡밥을 더 즐겨 먹고 있다. 한 상품이 정상재인가 열등재인가는 시대상황, 소득수준 등에 따른 소비자선호의 변화에 따라 달라진다.

07. "임금이 올랐기 때문에 일을 더하는 사람에게 여가는 열등재이다." 논평하라.

📋 문제 해답

> 일을 더하는 것은 여가를 줄이는 것이다. 임금이 상승하여 일을 더하면 소득이 증가하는데 여가를 줄이는 것이기 때문에 여가는 열등재이다.

08. "욕망이 무한한 것이기 때문에 수요는 무한히 클 수 있다." 논평하라.

📋 문제 해답

> 수요는 구매력(소득)을 전제로 한 개념이다. 소득이 유한하기 때문에 수요 또한 유한하다.

09. 다음 기술에 대하여 옳고 그름을 밝히고 그 이유를 설명하라.

① 수요량과 가격이 서로 다른 방향으로 변하는 현상을 수요의 법칙이라 한다.
② 돼지고기는 열등재이고 쇠고기는 정상재이다.
③ 장발이 유행하면 이발서비스에 대한 수요곡선이 왼쪽으로 이동한다.
④ 편승효과가 존재하는 시장에서는 개별수요의 수평적 합계보다 시장수요가 더 크다.
⑤ 경유가격이 오르면 경유차의 판매량이 감소한다.
⑥ P_X = 200원, P_Y = 100원일 때 X재의 Y재에 대한 상대가격은 2이다.
⑦ 오존파괴물질에 대한 규제가 심해지면 냉장고 가격이 오른다.

📋 문제 해답

① ○

② × (우리나라의 경우 1970년대까지는 타당. 그 이후 소득이 증가함에 따라 삼겹살 등에 대한 선호도가 높아져 이러한 구분은 퇴색되었다.)

③ ○ (이발소에 가는 횟수가 줄어든다.)

④ ○ (제7장 제3절 소비자선택이론의 평가에서 편승효과 참조)

⑤ ○ (휘발유, LPG와의 상대가격이 오르면)

⑥ ○ ($P_X/P_Y = 200/100 = 2$)

⑦ ○ (프레온가스를 대체할 냉매를 개발하는 데에 비용이 들기 때문에)

04 | 수요와 공급의 탄력도

01. 소득(I) 전부를 서화수집에 투입한다면 서화의 평균단가를 P, 서화수요량을 Q^D라 할 때 $PQ^D = I$라는 뜻이다.

$P \cdot Q^D = I$에서 서화에 대한 수요함수는 $Q^D = \dfrac{I}{P}$이다.

① 수요의 가격탄력도($\varepsilon_{d,\,P}$) = 1. 왜냐하면 $Q^D = \dfrac{I}{P}$는 직각쌍곡선 형태의 수요곡선이기 때문(혹은 $P \cdot Q^D = I$에서 P가 어떻게 변해도 총지출액이 I로 불변이니까)

② 수요의 소득탄력도($\varepsilon_{d,\,I}$) = 1. 왜냐하면 $Q^D = \dfrac{I}{P}$에서 P가 일정한 채 I가 1% 변화하면 Q^D도 1% 변화하기 때문

③ 수요의 교차탄력도($\varepsilon_{d,\,C}$) = 0. 우표의 가격이 어떻게 변하든 서화수요는 $Q^D = \dfrac{I}{P}$로 일정하다.

02. 택시요금을 인상하더라도 운송수입이 감소하지 않고 증가할 것이라고 생각하여 요금을 인상한 것이다. 이는 승객들의 택시탑승에 대한 수요가 가격(요금)비탄력적이라는 것과 같다. 요금 인상구간에서 승객들의 택시탑승수요의 가격탄력도가 1보다 적으면 택시요금 인상률보다 택시탑승 수요감소율이 작기 때문에 택시운송수입이 증가한다.

03. 재정경제부: 공산품에 대한 수요가 가격탄력적이라고 봄.
대기업: 제12장, 제13장에서 배우는 바와 같이 독과점기업들은 탄력적인 구간에서만 생산하므로 가격인하는 판매수입을 증가시킴. 그러나 기업의 목표는 총판매

수입의 극대화가 아니라 이윤의 극대화임. 이른바 「박리다매」(薄利多賣)를 통해 총수입이 증가하더라도 이것이 이윤의 증가로 반드시 직결되는 것은 아님. 많은 공산품들은 필수품이어서 가격비탄력적임. 이 경우에 가격을 인하할 때 총수입이 감소할 수도 있음.

04. $\varepsilon_{d,P}=0.8,\ \varepsilon_{d,I}=0.3,\ \varepsilon_{d,C}=0.2$

① 소득 10% 상승: $\varepsilon_{d,I}=\dfrac{\Delta Q_X/Q_X}{0.10}=0.3 \rightarrow \Delta Q_X/Q_X=0.03$: 전기수요량 3% 증가

② 전기요금 5% 인상: $\varepsilon_{d,P}=\dfrac{-\Delta Q_X/Q_X}{0.05}=0.8 \rightarrow -\Delta Q_X/Q_X=-0.04$: 전기수요량 4% 감소

③ 전체적인 전기수요량은 1% 감소. 따라서 전기수요량을 1% 증가시키는 방향으로 도시가스요금을 조정해야 한다.

$$\varepsilon_{d,C}=\frac{0.01}{\Delta P_Y/P_Y}=0.2 \rightarrow \Delta P_Y/P_Y=0.05$$

⇒ 도시가스요금을 5% 인상시키면 전기수요량을 종전과 같이 유지시킬 수 있다.

05. P_A가 10% ↓ → Q_A는 11,000: A재에 대한 총지출액(TE_A) = 900 × 11,000 = 9,900,000

P_A가 0.1% ↓ → Q_A는 10,010: $TE_A' = 999 \times 10,010 = 9,999,990$

⇒ 가격변동폭이 적을수록 총지출액의 변동폭은 적어진다. 수요가 단위탄력적일 때 가격이 변해도 총지출액이 변하지 않기 위해서는 가격변화분이 아주 작아야 한다. 본문의 [표 4-1]은 점탄력도와 총지출액과의 관계를 나타내는 것임에 유의하자.

06. (1) 균형상태에서는 $Q_D=Q_S=Q_E$이고 수요가격 = 공급가격 = P이다. 이를 이용하면 $2,400-2OQ_E=2Q_E^2$이다.

$Q_E^2+10Q_E-1,200=0$

$(Q_E-30)(Q_E+40)=0$

Q_E는 양이므로 Q_E+40은 0이 될 수 없다. 따라서 $Q_E=30$.

이 Q_E를 수요함수에 대입하면

$P_E=2,400-20(30)=2,400-600=1,800$원

공급함수에 대입해도 마찬가지 값을 얻는다.

(2) 수요의 가격탄력도 ε_d는

$$\varepsilon_d=\left|\frac{dQ^D/Q^D}{dP/P}\right|=\left|\frac{dQ^D}{dP}\right|\frac{P}{Q^D}$$

그런데 $P = 2400 - 20Q_D$에서 $\dfrac{dP}{dQ^D} = -20$

$\therefore \dfrac{dQ^D}{dP} = -\dfrac{1}{20}$

따라서 $\varepsilon_d = \dfrac{1}{20} \times \dfrac{P}{Q^D} = \dfrac{1}{20} \times \dfrac{1,800}{30} = 3$

공급의 가격탄력도(ε_S)는

$\varepsilon_S = \dfrac{dQ_S}{dP} \times \dfrac{P}{Q_S}$

그런데 $\dfrac{dQ_S}{dP} = \dfrac{1}{4Q_S}$

따라서 $\varepsilon_S = \dfrac{1}{4Q_S} \times \dfrac{P}{Q_S}$

균형점에서 $\varepsilon_S = \dfrac{1}{4 \times 30} \times \dfrac{1,800}{30} = \dfrac{1}{2}$

(3) $\varepsilon_d = \dfrac{1}{20} \times \dfrac{P}{Q^D} = \dfrac{1}{20} \times \dfrac{2,400 - 20Q^D}{Q^D}$가 1인 수요곡선상의 점을 구하기 위해서는

$\varepsilon_d = \dfrac{1}{20} \times \dfrac{2,400 - 20Q^D}{Q^D} = 1$로 놓고 Q^D를 구하면 된다.

$\dfrac{2,400 - 20Q^D}{20Q^D} = 1$에서 $\dfrac{120}{Q^D} - 1 = 1$

$\therefore Q^D = 60$

$P = 2,400 - 20 \times 60$에서 $P = 1,200$

수요량 60, 가격 1,200원인 점에서 수요의 점탄력도가 1이 된다.

07. 현재 입장료를 그대로 유지하는 것이 입장수입을 극대로 하는 길이다. 입장료를 3,000원보다 비싸게 올리면 수요가 탄력적이어서 입장료수입이 감소한다. 3,000원보다 싸게 입장료를 내리면 수요가 비탄력적이어서 이때에도 입장료수입이 감소한다.

08. 우리나라의 경우에도 미국의 숫자와 크게 다르지 않을 것이다. 다만 TV 수상기는 이제 생활필수품이라 할 수 있어 1 미만의 비탄력적 수요이기 쉽다. 휘발유, 담배, 야구경기, 노래방, 경제원론 교과서의 수요는 비란력적이기 쉬울 것이다. 사용자에게 필수품, 비사용자에게는 비필수품 성격의 상품이기 때문이다. 승용차와 금목걸이는 탄력적이기 쉬울 것이다. 많은 사용자들이 이것들을 사치품으로 생각하고 고가품이기 때문이다.

09. 수요가 탄력적인 B와 C 사이의 구간에서는 가격이 떨어질수록 가계지출이 증가한다. 수요가 비탄력적인 C와 A 사이의 구간에서는 가격이 떨어질수록 가계지출이 감소한

다. B에서 C로 갈수록 가계지출이 증가하다가 C에서 A로 갈수록 가계지출이 감소한 다면 점탄력도가 1인 C에서 가계지출이 최대가 된다. 그림을 그리면 다음과 같다.

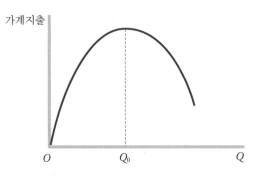

10. ① ○

② × (쌀은 필수품이고 가계지출에서 차지하는 비중이 작다.)

③ ○ (수요곡선이 우하향의 직선이면)

④ ○ (자동차는 상대적으로 사치품이고 가계지출에서 차지하는 비중이 크다.)

⑤ × (그림 4-6 참고)

⑥ × ($\varepsilon_d < 1$이어야 $P\uparrow \rightarrow TR\uparrow$)

⑦ × (소득과 수요량의 변동방향이 같기 때문에 정상재)

⑧ × (보완재수요의 교차탄력도는 음이다.)

⑨ ○

⑩ × (밀감의 가격이 오르면 대체재인 사과의 수요가 증가하여 사과수요곡선이 오른 쪽으로 이동한다. 이에 따라 사과판매량과 판매액이 증가한다. 아래 그림 참고)

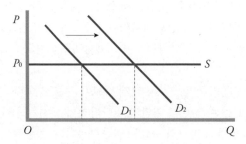

⑪ × ($\varepsilon_{d,P} = 4$, $\varepsilon_{d,I} = -2$

$\varepsilon_{d,P} = \dfrac{\varDelta Q/Q}{2\%} = 4 \qquad \therefore\ \varDelta Q/Q = 8\%$: 수요량 8% 증가

$\varepsilon_{d,I} = \dfrac{\varDelta Q/Q}{2\%} = -2 \qquad \therefore\ \varDelta Q/Q = -4\%$: 수요량 4% 감소.

따라서 순효과는 수요량 4% 증가)

⑫ × (가격불변)

⑬ ○ (가격이 어떻게 변해도 수요량은 불변이기 때문에)

⑭ ○ (대체상품이 많을수록 수요의 가격탄력도가 더 크다. 매일우유는 다른 회사 우유들과 대체관계이면서 두유 · 주스 · 콜라 등과 대체관계, 우유 일반은 두유 · 주스 · 콜라 등과만 대체관계)

⑮ ○ (수요의 가격탄력성이 1 보다 큰 상품의 가격이 내리면 기업의 수입은 늘어난다)

⑯ × (가계지출액에서 차지하는 비중이 감소)

⑰ ○ (해외시장에는 대체재가 훨씬 많다.)

⑱ ○ (석유가격이 조금만 올라도 천연가스수요는 크게 증가하고 이에 따라 석유수요는 크게 감소하기 때문에)

⑲ ○ (임금이 상승하면 고용이 줄어 각 생산물가격에서 공급량이 감소한다.)

⑳ ○

보충문제 Supplementary Question

01. [그림 4-6]과 [그림 4-7]에서 A점의 공급의 탄력도를 구하라.

문제 해답

그림 4-6 $\varepsilon_S = \frac{AO}{O} = \frac{AO}{0} = \infty$

그림 4-7 $\varepsilon_S = \frac{A}{OA} = \frac{0}{OA} = 0$

02. 그림 4-2에서 $\varepsilon_d = \frac{Q_1^D A}{OQ_1^D} = \frac{OP_1}{P_1B}$임을 확인하라.

문제 해답

삼각형 BP_1C와 삼각형 CQ_1^DA가 닮은꼴인 것을 이용하면 즉시 확인된다.

03. 아래 그림에서 수요곡선 AB와 $A'B'$은 평행이고 E점과 F점은 수평선상에 있으며 G점과 F점은 수직선상에 있다. E, F, G점에서의 수요의 가격탄력도를 비교하라.

문제 해답

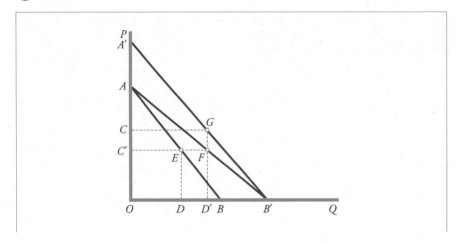

E, F, G점에서의 점탄력도는 모두 같다.

$$\varepsilon_d(E) = \frac{BD}{OD} = \frac{DE}{AC'} = \frac{OC'}{AC'}$$

$$\varepsilon_d(F) = \frac{B'D'}{FC'} = \frac{FD'}{AC'} = \frac{OC'}{AC'} \ (삼각형 \ B'D'F와 \ FC'A는 \ 닮은 \ 꼴)$$

$$\varepsilon_d(G) = \frac{B'D'}{GC} = \frac{B'D'}{FC'} = \frac{OC'}{AC'}$$

04. "동일한 가격구간에서 기울기가 서로 다른 수요곡선들을 비교해볼때 기울기가 큰 수요곡선일수록 수요의 호탄력도는 작아진다." 이 기술이 틀리는 경우를 들어라. 옳은 기술이 되기 위해서는 어떤 전제가 필요한가?

📝 **문제 해답**

가격구간이 같으면 가격의 변화율이 같다. 문제는 수요량의 변화율이다. 일반적으로 기울기가 크면 수요량의 변화율이 작다. 그러나 이 명제가 항상 성립하는 것은 아니다. 예컨대 그림에서 수요곡선 D^A의 수요량 변화율은

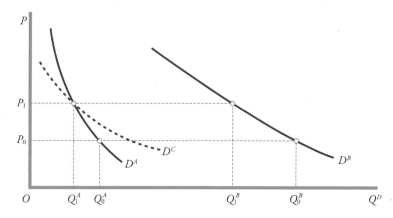

$\dfrac{Q_1^A Q_0^A}{\dfrac{Q_1^A + Q_0^A}{2}}$ 이고 D^B의 수요량의 변화율은 $\dfrac{Q_1^B Q_0^B}{\dfrac{Q_1^B + Q_0^B}{2}}$ 이다. D^B의 경우 분자가 커지지만

분모도 커지므로 D^A의 경우보다 수요량의 변화율이 꼭 크다고 단정할 수 없는 것이다. 만약 D^C처럼 D^A와 만난다면 교차점을 동일한 출발점으로 하여 기울기가 서로 다른 D^A와 D^C를 비교하기 때문에 문제의 기술은 항상 맞게 된다.

05. [그림 4-3]과 같은 수요직선으로부터 가격과 가계총지출의 관계를 그림으로 나타내고 설명하라. [표 4-2]는 총지출을 E라 할 때 $\Delta E = Q^D \cdot \Delta P(1-\varepsilon_d)$로 나타낼 수 있음을 확인하라.

📋 **문제 해답**

(1) 가격이 0일 때와 B일 때 가계총지출액은 0이다. 가격이 0에서 P_0까지 가계지출액은 증가한다. 가격이 P_0일 때 가계지출액은 최대수준 E_0가 된다. 가격이 P_0에서 B로 상승함에 따라 가계지출액은 감소한다. 따라서 아래 그림과 같이 그려진다.

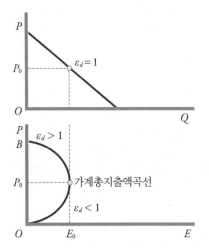

(2) $E = P \times Q^D$에서 P가 변하거나 Q^D가 변하면 E가 변한다. 따라서 $E + \Delta E = (P+\Delta P)(Q^D + \Delta Q^D)$이다. 이 식을 정리하면 $\Delta E = P \cdot \Delta Q^D + Q^D \cdot \Delta P + \Delta P \cdot \Delta Q^D$가 된다. 그런데

$$P \cdot \Delta Q^D = \frac{P \cdot \Delta Q^D}{Q^D \cdot \Delta P} \cdot Q^D \cdot \Delta P = -\left| \frac{\Delta Q^D/Q^D}{\Delta P/P} \right| \cdot Q^D \cdot \Delta P = -\varepsilon_d \cdot Q^D \cdot \Delta P$$

이므로 $\Delta E = Q^D \cdot \Delta P(1-\varepsilon_d) + \Delta P \cdot \Delta Q^D$이다. 점탄력도에서 $\Delta P \cdot \Delta Q^D$는 무시할 수 있을 정도로 작다. 따라서 $\Delta E = Q^D \cdot \Delta P(1-\varepsilon_d)$이다. 이 식이 [표 4-2]를 집약적으로 나타낸다. 예컨대 $\varepsilon_d > 1$일 때 $\Delta P < 0$(가격 하락)이면 $\Delta E > 0$(총지출 증가)이고, $\Delta P > 0$이면 $\Delta E < 0$이다. 가격의 변동폭이 클 때는 $\Delta P \cdot \Delta Q^D$가 무시할 수 있을 정도로 작지 않게 되어 [표 4-2]가 정확하게 성립하지 않는다. [표 4-2]는 가격의 변동폭이 아주 미소한 점탄력도에 대해 정확히 성립한다.

06. 풍년이 들어 쌀생산이 증가하면 쌀생산농가의 소득이 으레 감소하는 것을 설명하라.

📋 문제 해답

> 생활필수품인 쌀에 대한 수요의 가격탄력도는 1보다 작(비탄력적이)다. 풍년이 들어 쌀의 가격이 하락할 때 쌀에 대한 수요증가율(=판매량 증가율)은 쌀의 가격하락률보다 작다. 따라서 쌀을 판매하는 농가의 입장에서 보면 판매수입=쌀농가의 소득은 감소한다.

07. 공급이 증가할 경우 수요가 탄력적일수록 가격이 덜 떨어지는 것을 그림을 그려가며 설명하라.

📋 문제 해답

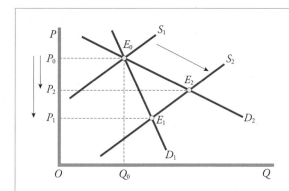

옆 그림에서 D_1보다 D_2가 더 가격탄력적인 수요곡선이다. 공급이 S_1에서 S_2로 증가할 때 D_1의 경우 가격이 P_0에서 P_1으로 하락하는데 D_2의 경우에는 P_2로 덜 하락한다.

08. 공급곡선이 직선이고 비탄력적인 경우에 공급량이 증가할수록 탄력도가 더 커짐을 설명하라.

📋 문제 해답

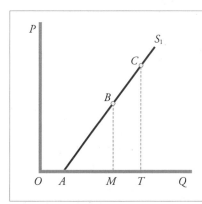

옆 그림은 본문의 [그림 4-7]을 그대로 옮긴 것이다. 그림에서 S_1은 모든 점에서 가격 비탄력적인 공급직선이다. 그런데 B와 C 점에서의 탄력도를 비교해보면 $\varepsilon_B^S = \dfrac{AM}{OM}$ $< \varepsilon_C^S = \dfrac{AT}{OT}$로 공급량이 많을수록 탄력도가 커짐을 알 수 있다.

05 수요·공급의 이론의 응용

01. A재 수요가 증가하면 A재의 (시장) 수요곡선이 오른쪽으로 이동하여 A재 가격이 상승한다. A재 가격이 상승하면 A재 수요량이 감소한다(A재 수요가 감소하는 것이 아니다). 가격이 상승하지 않으면 Q_1'까지 증가할 것인데 가격이 P_1으로 상승함으로써 Q_1까지만 증가한다. 수요증가가 수요량을 증가시키지만 가격상승을 초래하기 때문에 가격상승이 없을 때만큼 수요량이 증가하지 않는다. 이를 잘못 이해한 주장이다.

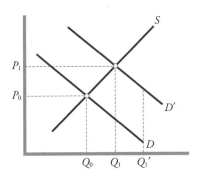

02. ① $P_E = 400$원, $Q_E = 700$개. 400원에서 초과수요 = 초과공급 = 0이기 때문에.
② 표의 조합을 대입하여 확인한다.
　　$Q^D = Q^S$를 이용하여 $1500 - 2P_E = 300 + P_E$, $3P_E = 1{,}200$　　∴ $P_E = 400$
　　$Q_E = 300 + Q_E = 700$
③ 300원의 수준에서 $Q^D = 900$, $Q^S = 600$　　∴ 초과수요 = 900 - 600 = 300 발생
④ 공급면에서 볼 때 세금부과 후 시장가격 X원은 세금부과 전 시장가격 $X - 200$원과

같다. 수요표는 불변이다.

P	100	200	300	400	500	600	700	800
Q^S	0	0	400	500	600	700	800	900
Q^D	1,300	1,100	900	700	600	300	−	−

⑤ 공급자가 자기 수입으로 삼을 수 있는 상품단위당 판매가격이 종전의 P에서 $P-200$원으로 바뀌었기 때문이다. 새 수요·공급표에서 새 균형가격과 거래량을 쉽게 확인할 수 있다. 수요함수가 $P=500$원일 때 $Q^D=1,500-2P$로 묘사되지 않는 불연속이 있기 때문에 수식으로는 쉽게 확인할 수 없다.

⑥ $P_E=500$, $Q_E=600$

⑦ $P_E=500$원이므로 종전보다 소비자는 제품 1단위당 100원을 더 부담한다. 공급자는 종전보다 제품 1단위당 100원을 더 받으나 200원을 세금으로 내야 하니까 실제로는 100원을 덜 받게 되어 100원어치의 세금을 부담. 즉 소비자부담액 = 100원, 공급자부담액 = 100원.

⑧ 200원 × 600단위 = 120,000원

⑨ 소비자로서는 시장가격과는 별도로 200원의 세금을 내야 하기 때문에 세금 부과 후 시장가격 X원은 부과 전 $X+200$원과 같다. 공급표는 불변이다.

P	100	200	300	400
Q^S	900	700	600	300
Q^D	400	500	600	700

⑥′ $P_E=300$, $Q_E=600$원

⑦′ 제품 1단위당 소비자 부담 100원, 공급자 부담 100원

⑧′ 총부담: 소비자 부담 6,000원, 공급자 부담 60,000원으로 총 세금수입 120,000원은 앞에서와 같다. 즉 조세귀착은 어느 쪽에 세금을 부과하든 같다.

⑩ 소비자가 치르는 가격이 종전의 P원에서 $(P+200)$원으로 올랐다. 종전에 수요량은 1,500개에서 가격의 두 배를 뺀 수량이었다. 따라서 이 계획표대로 새로운 수요량은 $Q^D=1,500-2(P+200)$이다.

⑪ $\Delta P=600-500=100$, $P_1=500$, $P_2=600$

$\Delta Q^S=900-800=100$, $Q_1^S=800$, $Q_2^S=900$

$$\therefore \frac{\Delta Q^S/Q^S}{\Delta P/P}=\frac{\Delta Q^S}{\Delta P}\cdot\frac{P_1+P_2}{Q_1^S+Q_2^S}=\frac{100}{100}\cdot\frac{500+600}{800+900}=\frac{1,100}{1,700}=\frac{11}{17}$$

⑫ 수요량에 관계없이 $P=400$으로 고정되어 수요곡선이 수평일 때 물품세를 전액 공급자가 부담한다($P=400$을 수요표로 나타내 보라).

03. (1) 공급곡선이 모든 공급량 수준에서 50원씩 아래로 평행이동한다.

(2) 수요곡선이 모든 수요량 수준에서 50원씩 위로 평행이동한다.

(3) 세금을 낮춤으로써 마이너스 후생손실, 즉 후생이득을 누릴 수 있음을 그림으로 쉽게 확인할 수 있다.

04. 쌀 농사가 흉작이면 금년의 쌀 공급곡선(S')은 예년의 쌀 공급곡선(S)보다 왼쪽으로 이동하여 수요곡선이 주어져 있을 때 가격이 P_0에서 P_1으로 상승한다. 쌀 수요가 비탄력적이면 정의에 의해 쌀 수요량의 감소율보다 쌀 가격 상승률이 더 크다. 따라서 농가의 쌀 판매수입, 즉 농가소득은 종전보다 더 증가한다. 즉 □$P_1E_1AP_0$ > □$AE_0Q_0Q_1$ → 종전의 쌀 판매수입(□$P_0E_0Q_0O$) < 새로운 쌀 판매수입(□$P_1E_1Q_1O$)

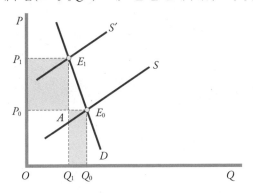

05. ① 일반 시중에서의 (시장)수요곡선이 D, 공급곡선이 S라면 콜라가격과 거래량이 P_0과 Q_0에서 결정된다.

체육관 안에서는 판매업자들이 소수여서 시장지배력을 행사한다면 그들은 수요곡선에서 한계수입(MR)곡선을 유도해 내고 공급곡선은 한계비용(MC)곡선으로 본다. 그리하여 체육관 안에서도 밖과 같은 크기의 시장 수요가 있다 해도 가격은 P_1, 거래량은 Q_1에서 결정된다(제12장 참조).

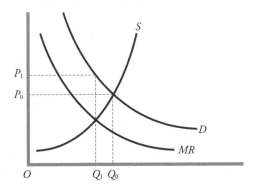

② 임대아파트 수요곡선의 오른쪽 이동으로 설명할 수 있다.

③ 졸업 시즌에는 다른 시즌보다 꽃 수요가 늘어난다($D \rightarrow D_1$). 이를 꽃장사들이 미리 예상하여 꽃 공급을 늘리면($S_0 \rightarrow S_1$) 그렇지 않을 경우에 비해 꽃 가격은 P'로 낮아져도 비(非)졸업시즌 꽃값 P_0보다 꽃값이 비싸다.

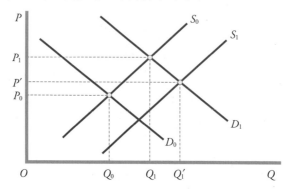

④ 정부미 가격 인하 → 정부미 수요량 증가 → 일반미 수요 감소 → 일반미 가격 약세. 정부미와 일반미는 대체재다.

⑤ 과일풍작 → 과일 공급곡선이 오른쪽으로 이동 → 과일가격 하락

⑥ 신형차 등장 → 구형차 수요 감소 → 구형차 가격 하락. 휴가철에는 구형차에 대한 수요도 증가하여 구형차 가격이 유지될 수 있다.

⑦ 겨울 딸기는 비닐재배, 가외노동 투입 등으로 생산비가 비싸서 매기당 여름공급곡선보다 겨울공급곡선이 윗쪽에 있다.

⑧ 중국산 고추 수입, 고추공급 증가 → 고추가격 하락(고추는 수요·공급 모두 비탄력적이어서 공급이 조금만 증가해도 가격이 큰 폭으로 하락)

06. ① $Q^D = 400$에서 그은 수직선

② 수요가 완전비탄력적이므로 모든 점에서 수요의 가격탄력도가 0

③ 공급곡선이 우상향하면 그림에서 보는 바와 같이 소비자가격이 세금부과액만큼 상승한다. 따라서 수요가 완전비탄력적이면 소비자가 모든 세금을 부담한다.

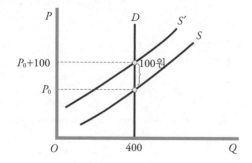

07. ① $P = 200$에서 그은 수평선

② 수요가 완전탄력적이므로 모든 점에서 수요의 가격탄력도가 ∞

③ 100원의 물품세가 부과되어도 소비자가격이 불변이어서 수요가 완전탄력적이면 공급자가 모든 세금 부담. 시장거래량이 Q_0에서 Q_1으로 감소

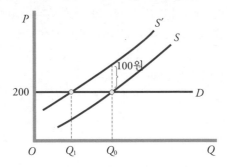

08. 많은 군대가 행군하면서 식료품 수요가 평소보다 급증하였기 때문이다. 수요 급증에 따른 가격폭등을 칙령으로 억제할 수 없다.

09. 암표상은 시간을 투자(창구 앞에 줄을 서서 표를 구입)하여 수요가격이 높은(줄을 서서 표를 사기보다는 그 시간에 다른 일을 하고, 그 대신 높은 가격으로 표를 구입하고자 하는) 실수요자에게 파는 것이다. 이 교환거래는 암표상과 수요자 양쪽에게 이득을 가져다 준다. 암표상이 표를 매점하는 것도 아니고 다른 사람들에게 큰 피해를 준다고 할 수 없기 때문에 이런 작은 비리는 당국도 방관한다.

10. 가격이 아무리 높거나 낮거나 간에 모나리자 원화는 하나뿐이다. 따라서 공급곡선은 $Q = 1$에서 수직선이고 공급의 탄력도는 0이다. 경매에 부치면 최고 수요가격(예컨대 500억원)을 부르는 사람에게 팔릴 것이다. 이 경우 500억원 모두가 생산자잉여(정확하게 말하면 원 그림 소유자의 잉여)이다. 수요곡선은 최고수요가격 500억원부터 그 이하 수요가격들을 보여주는 수직선으로 표시된다.

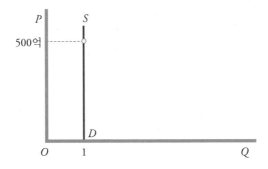

11. (1) 농산물에 대한 수요가 비탄력적인 것은 대부분의 농산물이 기본생활필수품이기 때문이다.

(2) 농산물의 공급이 비탄력적인 것은 공산품보다 생산기간이 길고 보관이 어려우며 기후 등에 의해 영향을 많이 받기 때문이다. 가격이 비싸다고 생장기의 농산물을 내다 팔 수가 없다. 가격이 쌀 때 보관하고 비쌀 때 파는 조절을 하기가 보관문제로 여의치 않다. 나쁜 기상 여건으로 흉작이 되어 가격이 비쌀 때 맘껏 공급을 늘릴 수 없다.

(3) 어느 해의 배추값이 P_0였고 이 가격수준 이 다른 농산물에 비해 좋은 시세라면 다음해에 배추 재배 증가 → 공급곡선 오른쪽 이동($S_0 \to S_1$) → 배추 가격 P_1으로 폭락 → 배추재배 감소 → 배추 공급곡선 S_2로 왼쪽 이동 → 배추가격 급등
이처럼 배추가격이 급락하거나 급등하여 배추파동을 유발하는 것은 배추의 수요 및 공급곡선이 비탄력적이기 때문이다.

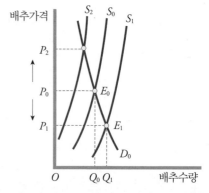

(4) 배추풍작 → 가격 하락–농가판매수입액(농가소득) 감소. 그림에서 최초가격 P_0에서 농가소득이 $OP_0E_0Q_0$였다면 배추풍작으로 배추가격이 P_1으로 하락한 후에는 농가소득이 $OP_1E_1Q_1$으로 오히려 감소한다. 이것은 배추에 대한 수요가 비탄력적이어서 공급증가로 인한 가격하락폭이 가격하락에 따른 수요증가폭보다 크기 때문이다.

(5) 농산물에 대한 최저가격제를 실시하면 최저가격 P_F하에서 AB만큼의 잉여농산물이 발생한다. 따라서 이 잉여농산물을 어떻게 처리하느냐가 관건이다. 시간이 지날수록 소비자들은 P_F가격이 너무 높기 때문에 대체품을 찾아 가격지지 농산물에 대한 소비를 줄이고 생산자들은 가격이 매력적이기 때문에 더 많이 생산하여 장기적으로 초과공급이 더욱 커지는 문제가 있다.

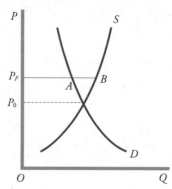

12.

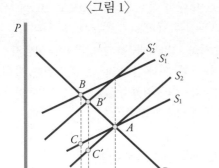

〈그림 1〉

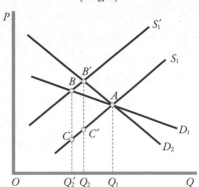

〈그림 2〉

그림 1에서 공급곡선 S_1이 S_2보다 더 탄력적이다. S_1일 때 조세부과의 후생손실은 $\triangle ABC$로 S_2일 때의 $\triangle AB'C'$보다 크다.

그림 2에서 수요곡선 D_1이 D_2보다 더 탄력적이다. D_1일 때의 후생손실은 $\triangle ABC$로 D_2일 때의 $\triangle AB'C'$보다 크다.

따라서 수요와 공급의 가격탄력도가 클수록 조세부과에 따르는 사회적 후생손실은 커진다.

13. (1) 수요곡선이나 공급곡선이 수평이동하지 않고 각 가격의 일정비율로 이동한다.

(2) 종량세 부과의 경우와 정성적(定性的)인 효과는 같다.

(3) 정액세를 공급자에게 부과하거나 소비자에게 부과하거나 효과가 똑같지만 종가세의 경우는 달라진다.

14. (1) 최저임금은 저임금 해소로 임금격차를 완화하여 소득분배 개선에 기여하고, 근로자에게 일정한 수준 이상의 생계를 보장해 줌으로써 근로자의 생활을 안정시키고 근로자의 사기를 올려주어 노동생산성을 향상시키고, 저임금을 바탕으로 한 경쟁방식을 지양하고 적정한 임금을 지급토록 하여 공정한 경쟁을 촉진하기 위한 목적으로 도입된 제도이다.

최저임금이 높을수록 근로자에게 좋지만 기업의 부담이 커져 수익성이 악화된다. 최저임금이 낮을수록 기업의 수익성이 높아지지만 근로빈곤층을 양산한다. 이런 장단점을 헤아려 OECD는 평균임금의 1/2을 중용의 수준이라고 판단했다.

최근 OECD주요국의 최저임금 관련 실태는 최저임금위원회의 홈페이지(http://www.minimumwage.go.kr)에 있는 「주요국의 최저임금제도」(2018.6), 「최저임금 심의를 위한 주요노동경제지표」(2018.6) 등을 참고할 것.

(2) 2018년 우리나라의 최저임금은 1인당 GNI를 기준으로 할 때 OECD국가 중 4위이

다. 2018년 기준 우리나라의 1인당 GNI 대비 최저임금을 100으로 했을 때 우리나라보다 높은 나라는 프랑스(123.5), 뉴질랜드(122.1), 호주(103.8) 등이다. 한국에 이어 캐나다, 독일, 영국, 폴란드 순서로 나타났다. 우리나라는 2019년 최저임금 8,350원을 기준으로 하면 호주보다 높아져 3위에 달할 것으로 전망된다. 자세한 내용은 아래 표를 참고할 것. 아래 표는 최저임금위원회에서 발간한 「최저임금 심의를 위한 주요노동경제지표」(2018.6)에서 인용한 것이다.

표 1　국가별 1인당 GNI 대비 최저임금 상대격차

국가	적용연도	산정 기준	원화 환산		1인당GNI		상대 격차 (A/B, 지수)
			최저임금액 (원)	비율A (한국= 100, %)	('16,$)	비율B (한국= 100, %)	
캄보디아	'18.1~	월	185,515	11.7	1,140	4.1	282.3
파라과이	'17.6~'18.5	월	387,813	24.6	4,060	14.7	167.5
베트남	'18.1~12	월	189,042	12.0	2,060	7.5	160.9
인도네시아	'18.1~12	월	287,478	18.3	3,400	12.3	148.3
필리핀	'17.10.5~	일	9,948	16.5	3,580	13.0	127.3
프랑스	'18.1~12	시	13,048	173.3	38,720	140.3	123.5
뉴질랜드	'18.4~	시	12,867	170.9	38,640	140.0	122.1
호주	'18.7~'19.6	시	15,355	203.9	54,230	196.5	103.8
대한민국	'18.1~12	시급 (일환산) [월환산]	7,530 (60,240) [1,573,770]	100.0	27,600	100.0	100.0
캐나다	'18.1~12	시	11,914	158.2	43,880	159.0	99.5
독일	'17.1~18.12	시	11,675	155.0	43,940	159.2	97.4
남아프리카공화국	'18.2~'19.1	월	303,138	19.3	5,480	19.9	97.0
루마니아	'18.1~	월	522,158	33.2	9,480	34.3	96.6
영국	'18.4~'19.3	시	11,075	147.1	42,370	153.5	95.8
콜롬비아	'18.1~	월	337,340	21.4	6,310	22.9	93.8
폴란드	'18.1~12	월	661,269	42.0	12,680	45.9	91.5
태국	'18.1~	일	11,122	18.5	5,640	20.4	90.3
터키	'18.1~	월	557,789	35.4	11,230	40.7	87.1
아일랜드	'18.1~	시	12,612	167.5	53,970	195.5	85.7
벨기에	'17.6~	월	2,0636,651	131.1	42,610	154.4	84.9
그리스	'13.1~	월	903,332	57.4	18,880	68.4	83.9
일본	'17.10~'18.9	시	8,445	112.1	38,000	137.7	81.5
헝가리	'18.1~12	월	580,987	36.9	12,570	45.5	81.1
이스라엘	'17.12~	월	1,638,023	104.1	36,250	131.3	79.2
네덜란드	'18.1~6	월	2,084,002	132.4	46,610	168.9	78.4
중국	'17.9~	월	340,258	21.6	8,250	29.9	72.3
포르투갈	'18.1~	월	765,983	48.7	19,870	72.0	67.6
칠레	'18.1~18.6	월	506,501	32.2	13,540	49.1	65.6

체코	'18.1~	월	633,472	40.3	17,630	63.9	63.0
스페인	'18.1~12	월	971,874	61.8	27,580	99.9	61.8
아르헨티나	'18.1~	월	421,705	26.8	11,970	43.4	61.8
브라질	'18.1~12	월	310,189	19.7	8,840	32.0	61.5
대만	'18.1~12	월	807,466	51.3	23,258	84.3	60.9
미국	'10.7~	시	7,826	103.9	56,850	206.0	50.5
말레이시아	'16.7~	월	275,380	17.5	9,860	35.7	49.0
러시아연방	'18.5~12	월	206,063	13.1	9,720	35.2	37.2
멕시코	'18.1~12	일	5,084	8.4	9,040	32.8	25.8
우즈베키스탄	'17.12~	월	22,391	1.4	2,220	8.0	17.7

주 1) 환율(2018.1.1.~5.18 기간 평균 최종고시 기준)1$ = 1,079.50원, 1€ = 1,274.51원
　　2) '국가명' 기준 가나다 순으로 정렬
　　3) OECD 국가는 국가명에 음영 표시
출처: 최저임금액(해당국 주재 대사관), 1인당 GNI(세계은행, http://worldbank.org)

(3) 주요 선진국 중 2년 연속 최저임금을 두 자리수로 올린 나라는 거의 찾아볼 수 없다. 아래 표를 보면 OECD국가 중 2010~2017년 기간 중 우리나라를 제외하고 최저임금의 실질증가율이 높은 나라는 체코, 에스토니아, 헝가리, 라트비아, 터키, 리투아니아 등 동유럽국가들과 러시아, 남미의 브라질 등이다. 이들 최저임금 인상률이 상대적으로 높은 나라들의 인상배경을 정확히 알기는 어렵다. 이들 나라들은 대부분 정치적 민주화가 더디게 진행되거나 지체된 나라들이다. 또한 상대적으로 시장보다는 정부의 역할이 큰 나라들이다.

표 2　OECD국가의 실질 최저임금　　　　(2017년 기준, 단위: 달러)

	2000	2005	2010	2015	2017	연평균 증가율
Australia	19,998.3	20,794.9	20,946.8	21,785.7	22,234.8	0.62
Belgium	20,760.9	20,644.6	21,401.8	21,324.9	21,096.3	0.09
Canada	13,964.5	13,607.5	16,030.4	16,849.5	17,407.4	1.30
Chile	4,288.6	4,862.3	5,543.2	6,450.4	7,086.2	2.95
Czech Republic	5,034.4	7,615.1	7,374.4	7,890.3	9,145.8	3.51
Estonia	2,989.8	4,826.0	6,173.1	7,768.0	9,039.1	6.51
France	16,815.0	18,959.1	19,879.6	20,469.2	20,538.7	1.18
Germany	..	..	..	21,172.2	21,544.6	0.58
Greece	12,930.1	13,891.4	15,152.5	11,914.5	11,880.5	−0.50
Hungary	3,974.4	6,685.0	6,630.2	8,503.6	10,061.1	5.46
Ireland	15,646.3	17,496.7	18,971.7	18,117.6	19,307.0	1.24
Israel	10,566.4	11,101.6	11,253.8	12,496.2	13,736.2	1.54

Japan	13,001.2	13,577.0	14,905.2	15,812.7	..	1.42
Korea	7,031.6	10,344.4	12,515.4	14,307.5	16,116.5	4.88
Latvia	2,060.7	2,942.8	5,938.9	7,659.9	7,924.8	7.92
Luxembourg	19,968.3	21,811.2	22,583.2	23,340.9	23,777.0	1.03
Mexico	1,788.4	1,811.9	1,798.1	1,855.8	1,982.0	0.60
Netherlands	21,668.8	22,005.7	22,764.9	22,180.0	22,631.1	0.26
New Zealand	13,597.8	15,162.4	17,824.9	19,034.9	19,838.7	2.22
Poland	6,144.4	6,764.4	9,116.9	11,203.8	12,627.9	4.24
Portugal	10,683.8	10,765.6	12,523.5	12,438.5	13,452.2	1.36
Slovak Republic	4,981.0	6,041.2	7,365.0	8,364.7	9,500.8	3.80
Slovenia	9,204.0	10,928.9	13,521.3	14,186.2	14,245.8	2.57
Spain	13,499.6	13,612.8	15,280.6	14,693.1	15,755.8	0.91
Turkey	6,716.8	8,981.3	9,013.3	10,551.6	12,294.8	3.56
United Kingdom	13,009.6	16,371.5	17,173.4	17,376.1	17,988.6	1.91
United States	15,248.1	13,445.1	16,951.7	15,595.5	15,080.0	−0.07
Colombia	5,923.0	6,348.1	6,827.5	7,264.6	7,416.0	1.32
Costa Rica	7,255.3	7,317.7	7,978.2	8,744.9	8,848.0	1.17
Lithuania	4,403.5	5,151.1	6,095.6	7,333.4	8,875.2	4.12
Brazil	2,359.8	3,033.9	4,293.5	4,793.6	5,067.3	4.50
Russia	339.6	952.9	3,426.4	3,114.6	3,599.6	13.89

출처: https://stats.oecd.org/

[표 3]은 OECD국가들의 근로자 전체의 연평균 임금 대비 최저임금 비율을 나타낸 것이다. 표를 보면 OECD의 최저임금 권고기준인 최저임금이 연평균 임금의 1/2을 달성한 나라는 프랑스, 뉴질랜드, 콜롬비아 등이다. 우리나라는 최저임금이 근로자 전체 연평균 임금의 41%에 달하고 있다. 이는 일본의 36%, 미국의 24%보다 높은 것으로 나타나고 있다.

표 3　OECD국가의 전체 근로자 연평균 임금 대비 최저임금의 비중

Time Country	2000	2005	2010	2015	2017
Australia	0.50	0.49	0.45	0.44	0.46
Belgium	0.45	0.43	0.42	0.41	0.40
Canada	0.38	0.36	0.39	0.40	0.41
Chile	0.39	..	0.44	0.46	0.49
Czech Republic	0.28	0.36	0.32	0.33	0.35

Estonia	0.28	0.32	0.34	0.35	0.35
France	0.50	0.54	0.50	0.50	0.50
Germany	..	..	..	0.43	0.43
Greece	0.37	0.31	0.38	0.33	0.33
Hungary	0.28	0.35	0.35	0.40	0.40
Ireland	0.59	0.46	0.38	0.37	0.38
Israel	..	0.40	0.41	0.42	0.44
Japan	0.28	0.29	0.33	0.34	0.36
Korea	0.24	0.30	0.36	0.38	0.41
Latvia	0.26	0.30	0.38	0.41	0.39
Luxembourg	0.45	0.45	0.46	0.45	0.43
Mexico	0.33	0.30	0.27	0.29	0.31
Netherlands	0.47	0.41	0.41	0.39	0.39
New Zealand	0.45	0.47	0.51	0.51	0.52
Poland	0.33	0.34	0.37	0.41	0.44
Portugal	0.32	0.33	0.36	0.40	0.43
Slovak Republic	0.34	0.35	0.37	0.37	0.38
Slovenia	..	0.43	0.48	0.49	0.48
Spain	0.29	0.30	0.32	0.31	0.34
Turkey	0.24	0.39	0.39	0.40	0.42
United Kingdom	0.34	0.37	0.38	0.41	0.44
United States	0.29	0.24	0.28	0.25	0.24
Colombia	..	..	0.56	0.57	0.58
Costa Rica	..	..	0.49	0.49	0.49
Lithuania	0.39	0.37	0.40	0.40	0.43
Romania	0.20	0.32	0.32	0.40	0.44

출처: https://stats.oecd.org/

(4) 최저임금 인상에 대한 정부와 노동계의 논리: 임금은 경제에 소득채널과 비용채널을 통해 영향을 미친다(최저임금의 양면성에 대해서는 26장 읽을거리 26-2를 참고할 것). 최저임금을 1만원까지 인상해야 한다는 정부와 노동계의 논리는 임금의 양면 중 소득채널에 주목한 것이다. 최저임금의 소득채널은
최저임금 인상 → 저소득 가계 소득 증대 → 소비 증가 → 생산 증가, 투자증가, 고용 증가 → 가계소득 증가의 선순환이 일어나므로 최저임금 인상이 경제성장과 고용에 긍정적 역할을 한다는 것이다. 그러나 최저임금이 1만원은 되어야 한다는 경제적 논리는 제시하지 못하고 있다.

(5) 최저임금의 소득채널을 강조하는 정부와 노동계의 입장은 실제로 최저임금 인상을 감내해야 되는 자영업자와 소상공인 등의 입장을 상대적으로 덜 고려한 것이다. 이들에게는 최저임금의 비용채널이 중요하다. 최저임금의 비용채널은 최저임금 인상 → 실질임금 상승 → 노동수요 감소 → 고용 감소 → 생산 감소 → 가계소득 감소 → 소비 감소 → 생산 감소의 악순환이 일어난다는 것이다.

실제로 최저임금이 대폭 인상된 2018년 자영업자와 소상공인들이 저임근로자를 해고하고 가족을 일자리로 불러내는 일이 많이 일어났다. 따라서 향후 최저임금 인상 논의는 소득채널과 비용채널이 갖는 장·단점을 균형있게 고려해야 한다.

15. (1) 자금의 초과수요가 엄청 많은 상황에서 이자율이 가격변수로서의 역할을 해야 한다고 판단했기 때문이다.

(2) 대부시장에서의 왕성한 자금수요를 감안할 때 그 정도 고율의 이자율이 지나치게 높다고 판단하지 않았기 때문이다.

(3) 양자가 결합된 결과이다. 외환위기와 금융위기가 일어남으로써 경제적으로 난관에 부딪친 사람들이 평소보다 많이 늘어났다. 이자제한법이 폐지되어 금리 상한이 없기 때문에 이들의 생활자금수요가 커짐에 따라 금리도 지나치게 높은 수준으로 올라갔다. 금리가 지나치게 오름에 따라 많은 사람들이 높은 이자 부담 때문에 신용불량자로 몰렸다.

둘 중에서 경제위기가 일어난 것이 수백만 명의 신용불량자를 낸 1차적인 원인이다. 이자제한법이 있어도 상한 금리로 공금융기관으로부터 대출을 받지 못하는 사람들은 울며 겨자먹기로 고금리의 사채를 끌어 쓸 것이기 때문에 신용불량자로 전락하기 쉽다.

(4) 빚을 못 갚더라도 인신매매를 강요하는 것 자체가 불법이다. 소비자들이 이를 인지하여 즉각 고발하고 사법당국은 일벌백계로 엄정하게 처벌해야 한다.

(5) 최고금리를 많이 낮출수록 좋을 것 같지만 많이 낮추면 신용취약자들이 공금융기관으로부터 소외되는 부작용이 크기 때문이다.

(6) 어떤 활동이나 정책에도 장점(편익)과 단점(비용)이 있게 마련이다. 장점만 있거나 단점만 있는 건 없다. 금리규제는 가격변수의 왜곡을 통해 대부자금의 만성적인 초과수요와 사금융의 성행이라는 자원배분의 왜곡을 낳는다. 본서는 이 가격통제의 폐해를 중시하여 금리규제의 문제점을 강조하고 있다. 한편으로 금리규제는 자금을 이미 빌려 쓰고 있는 사람의 입장에서는 낮은 금리 혜택을 본다. 사회적 약자의 복지를 중시하는 정부는 이 편익을 중시하여 금리규제를 선호한다.

(금리규제를 지지할 만한 이유가 하나 더 있다. 제17장에서 배우는 역선택문제 때문이다. 돈을 빌리려는 사람들의 신용상태를 알지 못하는 금융기관은 실상 금리규

제가 없어도 금리를 임의로 높게 매길 수 없다. 너무 높으면 자금 상환 능력이 없는 사람이 될대로 되라는 심정으로 빌리고 나중에 파산선언을 할 수 있기 때문이다. 이런 파산의 가능성이 높은 사람들과 상대하게 될 가능성을 금리규제가 낮추어줄 수 있다. 대부시장(나아가 금융시장)에 돈을 빌리는 사람의 신용상태를 해당 본인 만큼 금융기관이 알지 못하는 정보의 비대칭성이 존재하기 때문에 정책당국이 시장에 개입하는 것이 정당화될 수 있다.)

16. ① ○
    ② ○
    ③ ○
    ④ × (구매자가 더 부담)
    ⑤ ○ (보리가격 상승 → 보리수요량 감소 · 쌀수요 증가, 쌀 수요곡선 오른쪽 이동)
    ⑥ ○ (가격을 조금만 높여도 수요량이 0이 되기 때문에)
    ⑦ ○
    ⑧ × (초과수요량이 생겨 가격이 상승할 때 이 가격 상승을 막기 위해 최고가격제 실시, 초과공급량 → 최저가격제)
    ⑨ ○
    ⑩ × (수요와 공급이 탄력적일수록 조세부과로 인한 순후생손실이 크다.)
    ⑪ ○
    ⑫ × (소비자잉여가 0이거나 0에 가까운 플러스이다.)

01. 2018년 11∼12월에 우리나라 농민들이 '쌀값이 자판기 커피보다 싸다'며 '밥 한 공기 쌀 값 300원 보장'을 요구하는 시위를 벌였다.

(1) 2018년 11월 말 현재 쌀 한 가마(80kg)의 산지가격은 193,700원이었다. 밥 한 공기(100g)로 따지면 242원임을 확인하라.

(2) "밥 한 공기 값이 자판기 커피 한 잔 평균(300원) 값도 되지 않는 것은 말이 안 된다"는 농민들의 주장을 수요·공급의 이론으로 설명해 보라.

(3) 정부는 쌀 목표 가격(2018년 현재 한 가마 196,000원, 쌀 100g당 245원)을 300원보다 훨씬 낮은 수준에 설정하였다. 이 목표 가격은 5년 전보다 낮은 가격이다. 왜 그럴까?

(4) 정부의 쌀 가격지지정책의 내용을 알아보라. 왜 쌀 가격을 정부가 뒷받침해 주는가?

📝 **문제 해답**

> (1) $80,000\text{g} : 193,700 = 100\text{g} : x \quad \Rightarrow x = 242$
>
> (2) 쌀 값은 쌀의 수요·공급, 커피 값은 커피의 수요·공급으로 결정된다. 각 상품에 대한 수요공급으로 결정되는 가격을 수평적으로 비교하여 가격이 높고 낮다고 평가할 수 있지만 그런 가격구조가 부당하고 정의롭지 못한 것으로 주장할 수는 없다.
>
> (3) 기본적으로 쌀의 수요가 지속적으로 크게 감소하기 때문이다. 농업인구의 고령화로 쌀 경작면적과 공급이 감소하지만 수요 감소에 미치지 못하고 있다.
>
> (4) 정부는 비축미를 통해 공급을 조절하고 목표가격을 정하여 쌀 시장가격이 목표가격보다 낮을 경우 (변동) 직불금으로 보전해 주고 있다. 정부가 쌀 가격을 뒷받침해 주는 이유는 쌀이 우리나라 주곡이고 농가의 주요 소득원이기 때문이다. 선진국에서도 주곡은 정부가 으레 가격을 뒷받침한다. 기후 변화나 기후 불순으로 세계적인 기근이 생기면 식량 확보에 비상이 걸릴 수 있다. 식량 안보의 차원에서 그리고 농민들의 복지 차원에서 주곡 가격을 뒷받침해 준다.

02. 핸드폰에 대한 수요가 크게 증가했다고 하자. 이것이 생산자잉여에 미치는 영향을 수요·공급곡선을 이용하여 설명하라.

📑 **문제 해답**

핸드폰에 대한 수요 증가 → 핸드폰 수요곡선 오른쪽 이동 → 핸드폰가격 상승으로 생산자잉여는 그림의 A에서 $A+B+C$로 바뀌어 $B+C$만큼 증가한다.

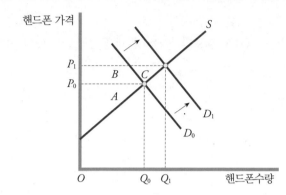

03. 컴퓨터 생산비가 크게 떨어졌다고 하자. 이것이 ① 컴퓨터 가격과 거래량, ② 소비자잉여와 생산자잉여에 미치는 영향을 수요 · 공급곡선을 이용하여 설명하라.

📑 **문제 해답**

(1) 컴퓨터 생산비 하락 → 컴퓨터 공급곡선 오른쪽 이동 →
$\begin{cases} \text{컴퓨터 균형가격 하락}(P_0 \to P_1) \\ \text{컴퓨터 균형수급량 증가}(Q_0 \to Q_1) \end{cases}$

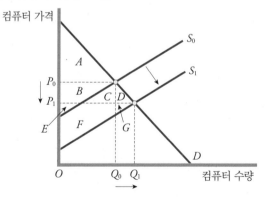

(2) 소비자잉여 : 가격 하락으로 소비자잉여는 A에서 $A+B+C+D$로 증가.
　　　　　　　$B+C+D$만큼 증가
　　생산자잉여 : 가격 하락으로 생산자잉여는 $B+E$에서 $E+F+G$로 이동.
　　따라서 생산자잉여는 $F+G-B$만큼 변화. $F+G-B$는 플러스일 수도 있고 마이너

스일 수도 있음. 즉 가격 하락으로 생산자잉여가 감소하는 반면 수량증가로 생산
자잉여가 증가하기 때문에 최초보다 생산자잉여는 늘어날 수도 있고 줄어들 수도
있다.

04. 시장에서 결정된 균형수량보다 작거나 많게 생산될 경우 왜 총 잉여가 감소하는지 설
명하라.

📋 **문제 해답**

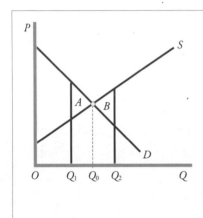

최초의 균형수량은 그림에서처럼 Q_0이다. 이
때 어떤 이유로 균형수량 Q_0보다 작은 Q_1만
큼만 생산된다면 소비자들이 지불하고 싶은
가격이 생산비보다 크기 때문에 총잉여는 그
만큼 감소한다. 만약 균형수량 Q_0보다 많은
Q_2만큼 생산한다면 소비자들이 지불하고 싶
은 가격이 생산비보다 작기 때문에 총잉여는
B만큼 감소한다. 결국 Q_0에서 추가적인 1단
위 생산에 드는 생산비＝소비자들이 지불하
고 싶은 가격이 되기 때문에 총잉여가 극대
가 된다.

05. 1인당 조세부담이 커짐에 따라 순후생 손실과 조세수입에 어떤 영향을 미치는가를 분
석하라.

📋 **문제 해답**

이 문제는 수요 및 공급곡선의 탄력도에 따라 대답이 달라질 수 있다. 여기서는 수요
및 공급곡선의 탄력도에는 차이가 없는 경우 조세규모에 따라 조세 수입과 후생손실
이 어떻게 달라지는지 살펴본다.

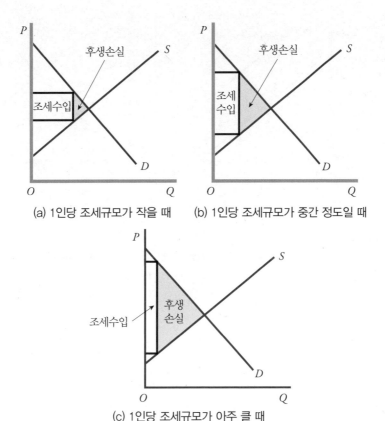

(a) 1인당 조세규모가 작을 때   (b) 1인당 조세규모가 중간 정도일 때

(c) 1인당 조세규모가 아주 클 때

위의 그림을 통해 알 수 있듯이 조세규모가 커질수록 후생손실도 커진다. 그러나 조세수입은 조세규모가 크다고 반드시 늘어나는 것은 아니다. 조세규모가 지나치게 커서 경제주체들의 인센티브에 부정적 영향을 주게 되면 시장 규모가 축소되어 조세수입이 오히려 줄어들 수 있음을 그림 (c)는 보여주고 있다.

06. 쇠고기에서 인체에 유해한 O-157균이 검출되었다는 보도가 있었다. 이 경우 쇠고기 시장과 돼지고기 시장에 어떤 변화가 있겠는가?

 문제 해답

쇠고기를 X, 돼지고기를 Y라 하자.

① 쇠고기에서 O-157균검출

- 쇠고기 수요 감소 → 쇠고기 수요곡선 왼쪽 이동 → 쇠고기가격·수요량 감소
- 돼지고기 수요 증가 → 돼지고기 수요곡선 오른쪽 이동 → 돼지고기 가격·수요량 증가

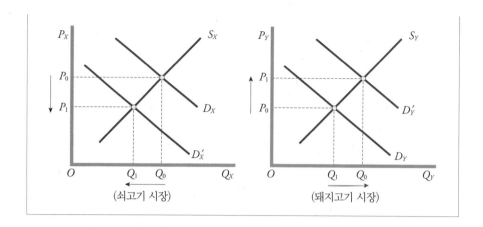

(쇠고기 시장)　　　　　　　　　(돼지고기 시장)

07. 일반적으로 종량세를 부과할 때 공급이 탄력적일수록 소비자 부담이 커지고 수요가 탄력적일수록 공급자 부담이 커진다. 왜 그러한가?

📝 **문제 해답**

> 탄력적이라는 것은 그만큼 대안이 많다는 것이기 때문에 상대적으로 수요가 탄력적이면 소비자가 여러 대안을 모색하여 소비자 부담을 줄일 수 있다는 것이고, 상대적으로 공급이 탄력적이면 생산자가 여러 대안을 모색하며 생산자 부담을 줄일 수 있다는 것이다. 극단적으로 수요(공급)가 완전비탄력적이라면 이것은 소비자(생산자)가 아무 대안도 없다는 것이고 이 경우에는 아무 대안도 없는 소비자(생산자)가 세금 전부를 부담할 것이다.

08. 다음 각각의 경우에 해당하는 상품과 연관상품의 균형가격 및 거래량이 어떻게 변하겠는가? 수요·공급의 이론으로 설명하라.
① 밀감 수확기에 한파가 덮치다.
② 정부가 자동차회사에 배기가스정화장치 부착을 의무화하다.
③ 디스코춤이 크게 유행하다.
④ 골프붐이 일어나다.
⑤ 컬러TV가 미국시장에서 덤핑판정을 받다.
⑥ 결혼식 개성화시대가 도래하다.
⑦ 신도시 건설로 건설경기가 과열이다.
⑧ 「컴팩트 디스크」가 LP레코드보다 성능이 우수하다는 것이 판명되다.
⑨ 중동에 전쟁이 발발하여 원유수입이 어려워지다.

📝 문제 해답

① 밀감공급이 감소하여 밀감공급곡선이 왼쪽으로 이동하여 밀감가격이 오르고 밀감거래량이 감소한다.
② 배기가스정화장치 부착으로 자동차 생산비용이 상승하여 자동차 공급곡선이 왼쪽으로 이동한다. 이에 따라 자동차가격이 오르고 자동차판매량이 감소한다.
③ 디스코 텍에 대한 수요가 증가하여 디스코 텍 수요곡선이 오른쪽으로 이동하여 입장료가 상승하고 텍 출입횟수도 늘어난다.
④ 골프수요가 증가한다. 이에 따라 골프채와 골프볼값, 골프장 입장료 등이 상승한다.
⑤ 반덤핑관세가 부과되면 컬러TV의 공급가격이 상승하여 TV공급곡선이 왼쪽으로 이동한다. 이에 따라 TV수출가격이 상승하고 거래량(수출수량)이 줄어든다.
⑥ 공원·성당·경기장·사원 등 다양한 장소에서 결혼식을 올리게 되므로 인구가 일정하다면 예식장 임대수요가 감소한다. 이에 따라 예식장 이용자수가 줄고 임대료가 하락한다.
⑦ 시멘트·철근·자갈·덤프트럭 등 건축자재와 건설관련 장비 수요가 증가하여 이들 값이 오르고 거래량이 증가한다.
⑧ CD수요가 증가하여 CD가격이 오르고 CD거래량이 증가한다. LP레코드 수요가 감소하여 LP레코드 가격이 내리고 거래량이 감소한다.
⑨ 원유공급이 감소하여 원유가격이 오르고 거래량이 감소한다.

09. 우리나라 신규 분양아파트에 분양가 상한제가 실시되면 적지 않은 가격 프리미엄 현상이 생길 것으로 예측된다. 이를 가격통제와 연관시켜 분석해 보라.

📝 문제 해답

우리나라 신규 분양아파트의 분양가에 일정한 상한이 설정되면 그림과 같이 아파트 수요량은 공급량에 비해 훨씬 크다. 공시가격＝상한가격이 P_C이면 실질적인 공급곡선이 SFS'가 되어 P_B가 유통시장 가격이 된다. 즉 P_BP_C만큼의 프리미엄이 형성된다.

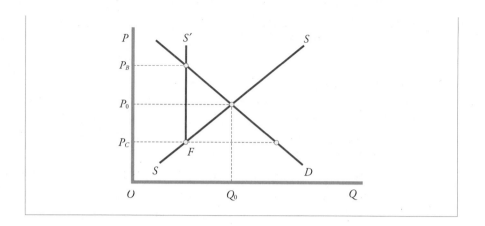

10. "최고가격제도를 계속 실시하면 공급부족현상이 심화되어 문제를 더 악화시킨다." 논평하라.

📋 **문제 해답**

시간이 흐르면 수요곡선과 공급곡선이 더 완만한 기울기를 가진다. 이에 따라 초과수요가 $Q_S Q_D$에서 $Q'_S Q'_D$으로 확대된다.

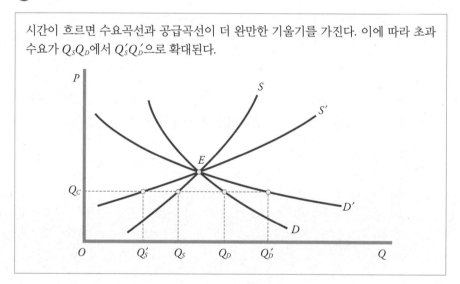

11. [그림 5-10]이 대부시장이라 하자. 개도국 정부가 애용하는 정책 금융과 금융기관이 자구책으로 애용해 온 「꺾기」에 대하여 알아보고 그림과 연관시켜 설명하자. 정책당국의 엄포에도 불구하고 「꺾기」현상이 근절되지 않는 이유는?

📋 문제 해답

정부가 전략산업을 중점 육성하기 위해 정책적으로 이들 산업에 시장균형이 자율보다 낮은 규제이자율로 대출하도록 금융기관에게 강요하는 것이 정책금융이다. 이러한 상황에서 금융기관이 기업에 대출해 주는 대신 그 중 일정 몫을 자기 은행에 예금토록 강요하는 것이 꺾기이다. 예금이자율은 대출이자율보다 낮다. 따라서 기업이 실제로 지불하는 이자율(실효금리)은 규제이자율보다 높다. [그림 5-10]에서 P_E가 균형이자율, P_C가 규제이자율이면 기업들은 OQ_D만큼 자금을 차입하고자 하고 금융기관은 OQ_S만큼만 대출해 주려 한다. 가용대출자금이 Q_S뿐이면 이 수준에서 기업들은 P_B만큼 높은 금리를 더 지불하고 자금을 차입할 용의가 있다. 따라서 실효금리가 P_B보다 높지 않는 한 기업은 꺾기를 당하면서도 기꺼이 자금을 차입하려 한다. 이런 만성적인 자금의 초과수요가 있는 한 꺾기는 근절되기 어렵다.

12. 서울지역에서 바나나가 생산되지 않는 것을 수요·공급곡선으로 설명해 보라.

📋 문제 해답

S는 외지에서 생산되어 서울에 보급되는 바나나의 공급곡선이다. 수요곡선 D와 공급곡선 S가 만나는 P_E 수준에서 바나나 가격이 형성되나 서울에서 바나나를 생산하기에는 기후조건 때문에 P_E보다 훨씬 비싼 생산비가 필요하다. 서울지역에서 생산할 때의 바나나 공급곡선은 S'로 표시되어 S'와 D가 만나지 않는다.

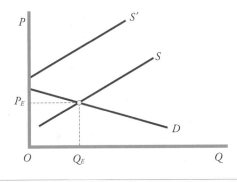

13. 공급이 완전탄력적일 때와 완전비탄력적일 때의 조세의 귀착을 그림을 그려가며 설명하라.

📋 문제 해답

① 〈그림 1〉에서 공급이 완전탄력적일 때 가격이 세금부과액만큼 상승. 따라서 소비
   자가 모든 조세를 부담함.
② 〈그림 2〉에서 공급이 완전비탄력적일 때 공급곡선의 모든 점이 상방으로 세금부
   과액(t)만큼 이동함. 따라서 공급곡선은 종전과 똑같고 다만 하한이 t원 이상이다.
   가격이 불변이어서 공급자가 모든 세금 부담.

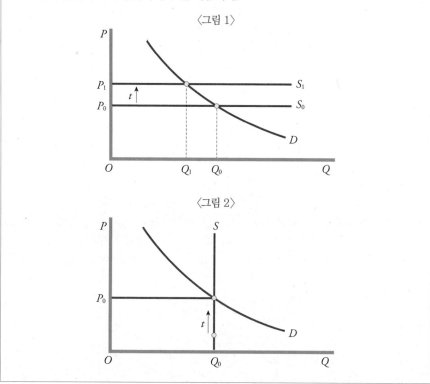

〈그림 1〉

〈그림 2〉

14. 수요가 감소하였는데도 가격은 종전보다 더 비싸다면 왜 그럴까?

📋 문제 해답

수요의 감소보다 공급의 감소가 더 큰 경우

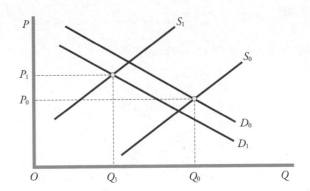

해당 상품생산이 사양산업이라고 생각하여 기존기업 중 상당수 기업이 전업해 버리고, 남은 기업들도 생산설비를 축소시킨다면 이런 일이 일어날 수 있다. 경제학에서는 이런 기업의 진입·퇴거와 생산설비조정은 장기에 가능하다고 본다. 단기에는 수요가 감소하면 가격이 떨어지고 거래량이 줄어든다.

15. "소비세를 부과하면 사치품의 소비를 효과적으로 억제할 수 있다." 논평하라.

📝 **문제 해답**

소비세를 부과하면 공급가격이 상승하며 공급곡선이 위로 이동한다. 이에 따라 가격이 오르고 거래량이 감소한다. 사치품은 가격탄력적이기 때문에 가격의 상승률보다 더 큰 비율로 거래량이 감소한다.

16. 일반적으로 생활필수품에는 소비세를 부과하지 않는다. 그 이유는?

📝 **문제 해답**

일반적인 경우에 생활필수품은 가격 비탄력적이다. 따라서 소비세를 부과할 경우 소비자의 부담이 더 커지기 때문에 소비자를 보호할 목적으로 생활필수품에는 소비세를 부과하지 않는 것이 불문율이다.

17. 매점매석의 효과를 분석하라. 어느 때 매점매석이 성행하는가? 매점매석에 대한 대책을 논하라.

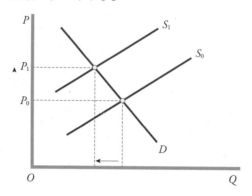

매점매석 = 공급 제한(감소) → 가격 상승

한 상품을 공급하는 기업들이 그 상품의 수요가 증가하여 가격이 크게 오를 것으로 예상될 때 상품출하를 꺼리기 때문에 공급곡선이 왼쪽으로 이동하여 가격을 올리고 부당하게 높은 이윤을 취한다. 이 경우 정부비축물자제도의 활용, 수입자유화 등으로 공급을 원활하게 하여 가격이 과도하게 오를 여지를 없앤다.

18. 그림 5-6에서 종량세가 부과될 때 소비자 후생과 생산자 후생은 얼마나 감소하나? 사회 전체의 후생은 얼마나 감소하나? 흔히 조세부과는 사회후생의 순손실을 가져온다고 말하는데 그 이유를 설명해 보아라.

소비자 가격이 P_0에서 P_B로 올랐기 때문에 소비자잉여는 사각형 $P_0P_BE'E$만큼 감소한다. 생산자수취가격이 P_0에서 P_S로 하락하였기 때문에 생산자잉여는 사각형 P_0EFP_S만큼 감소한다. 따라서 사회후생은 오각형 $P_BE'EFP_S$만큼 감소한다. 그런데 정부조세수입은 사각형 $P_BE'FP_S$이다. 이는 상실된 사회후생보다 삼각형 $E'EF$만큼 적다. 이 몫이 사회후생의 손실이다.

19. 다음 기술이 맞는가 틀리는가를 밝히고 그 이유를 설명하라.
① 수요곡선은 주어진 가격수준에서 소비자가 구입할 수 있는 수량을 나타낸다.
② 농산물가격지지제도는 항상 농민의 소득증대를 가져온다.
③ 수요는 탄력적이고 공급이 비탄력적일 때 소비세를 부과하면 가격은 하락한다.
④ 5원의 소비세를 부과했을 때 가격이 5원 오른 상품에 대한 수요는 완전가격비탄

력적이다.

⑤ 아이스크림은 겨울보다 여름에 가격이 비싸다.

⑥ 대형 *TV*에 대한 수요의 가격탄력도는 소형 *TV*의 그것보다 크다.

⑦ 완전탄력적인 수요곡선을 갖는 상품의 가격은 일정하다.

⑧ 가격이 높을수록 소비자잉여는 작아지고 생산자잉여는 커진다.

⑨ 최고가격제를 실시하면 상품의 질이 떨어진다.

⑩ 대체제의 종류와 범위가 작은 상품일수록 소비세로 인한 소비자부담이 크다.

⑪ 주택전세계약 기간을 2년으로 늘리면 사글세가 오른다.

⑫ 계획경제에서는 인위적으로 시장균형가격보다 낮게 가격을 설정하기 때문에 시장경제에서보다 소비자잉여가 항상 크다.

⑬ 토지세는 땅주인 대신 토지를 임대한 사람이 모두 부담한다.

⑭ 조세부과로 순후생손실이 야기되지 않았다면 조세수입도 없다.

⑮ 식료품에 조세를 부과하면 대부분의 세금이 소비자에게 귀착된다.

📋 문제 해답

① × (여러 가격수준에서 소비자가 구입하고자 하는 최대수량을 나타낸다.)

② × (균형가격과 지지가격 수준에서 수요가 가격탄력적이라면 가격지지제도는 농민의 소득 감소로 연결된다.)

③ × (소비세가 부과될 경우 수요의 탄력성이 ∞인 경우를 제외하고는 수요의 탄력성이나 공급의 탄력성에 관계없이 가격은 상승한다. 다만 수요 · 공급의 탄력도는 가격상승의 정도를 다르게 하여 조세부담의 상대적인 비중을 다르게 할 뿐이다.)

④ × (수요가 가격에 대해 완전비탄력적이다.)

⑤ ○ (수요 · 공급의 이론에 의하면 여름에 수요가 훨씬 많기 때문에 그렇다. 현실세계에서는 아이스크림 생산업체들이 독과점업체로서 공급곡선을 가지지 않고 가격을 일정하게 관리한다.)

⑥ ○ (소득에서 차지하는 대형 TV 지출액이 더 큼)

⑦ ○ (수요곡선이 수평일 때 아무리 공급이 변화해도 가격은 불변이다.)

⑧ ○ (어떤 한 상품에 국한시켜 보면 옳다. 한 상품 가격이 종전보다 낮아지면 소비자잉여가 커지고 생산자잉여는 작아진다.)

⑨ ○ (최고가격제로 제 가격을 못 받는 경우 상품의 질이 떨어지기 쉽다.)

⑩ ○ (대체재의 종류와 범위가 작을수록 수요가 비탄력적이어서 소비세를 부과할 때 가격이 큰 폭으로 오른다.)

⑪ ○ (임대업자가 계약기간 내에 올리지 못하는 임대료 손실을 사글세를 올려 소비자에게 전가시키기 때문에)

⑫ × (줄서서 기다리는 시간, 기다려도 못 사는 경우 등을 고려하면 소비자잉여가 항

상 크다고 할 수 없다.)

⑬ × (토지의 공급이 완전비탄력적이면 땅주인이 전부 부담)

⑭ × (토지처럼 공급이 완전비탄력적인 경우 순후생손실을 야기하지 않고도 조세
수입이 있을 수 있다.)

⑮ ○ (대부분 생필품인 식료품에 대한 수요가 비탄력적이기 때문)

06 한계효용이론

01. 각 소비량에서 $\dfrac{MU_X}{P_X}$와 $\dfrac{MU_Y}{P_Y}$를 계산하고 양자가 같은 소비조합을 구한다. 그 소비조합이 $P_X X + P_Y Y = 80$의 예산제약식을 만족시키는가 확인한다.

(1) X재 2단위, Y재 6단위에서

$MU_X/P_X = MU_Y/P_Y = 10$이고 $P_X X + P_Y Y = 80$이므로

균형$(X, Y) = (2, 6)$

총효용 $= TU_X + TU_Y = (110 + 100) + (190 + 170 + 150 + 130 + 120 + 100)$

$\qquad = 1{,}070$

(2) (1)과 같은 방법으로 균형$(X, Y) = (6, 5)$

$\qquad\qquad$ 총효용 $= 1{,}270$

(3) $P_X = 10$원일 때 X재 수요량 2개, $P_X = 5$원일 때 X재 수요량 6개 이 두 점을 이으면 X재 수요곡선이다.

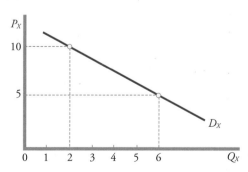

02. (1) 가격 = $\dfrac{\text{지불한 금액}}{\text{구입한 수량}}$ 이다. 100원을 저축(구입한 수량)하기 위하여 100원을 지불해

야 하기 때문에 저축의 가격 = $\dfrac{100원}{100원}$ = 1이다(소득의 가격도 1임을 참조).

(2) 균형$(A, B, C, D, S) = (0, 3, 3, 4, 4)$

저축 = 4원

(3) 상품 A. $\dfrac{MU_A}{P_A}$가 A상품을 1단위만 소비할 때에도 다른 상품에 비해 작기 때문에,

즉 다른 상품에 비해 상품 A에 대한 선호도가 매우 작음.

(4) 균형$(B, C, D, S) = (3, 3, 4, 4)$단위까지의 한계효용을 모두 더하면 최대 효용 = 2,944

03. (1) 갑: $RD = OC$, 을: $PB = OA$

(2) 갑: $OGDR$, 을: $OGBP$

(3) 갑: $SEDR$만큼 감소, 을: $PBFS'$만큼 증가

$PS' = SR$이므로 갑의 효용감소분보다 을의 효용증가분이 크다.

(4) 갑의 소득 = 을의 소득일 때 두 사람의 총효용의 합계가 최대가 된다.

(5) 현실 세계에서는 모든 사람의 MU_m(화폐의 한계효용)곡선이 똑같다는 보장이 없
다. 따라서 완전 균등분배를 이론적으로 옳다고 주장할 수 없다. 더욱 완전균등 분
배시 일을 열심히 하든 안 하든 모두 똑같이 소득을 받기 때문에 열심히 일하려는
유인이 사라져 사회가 정체하는 치명적인 문제가 발생한다.

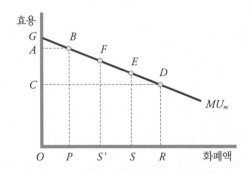

04. $\dfrac{MU_X}{MU_Y} > \dfrac{P_X}{P_Y}$: 양변에 $\dfrac{MU_Y}{P_X}$를 곱해 주면 $\dfrac{MU_X}{P_X} > \dfrac{MU_Y}{P_Y}$가 됨. 따라서 X재 소비를 증가

하고 Y재소비를 감소.

$\dfrac{MU_X}{MU_Y}$는 소비자가 주관적으로 느끼는 X재의 (Y재로 표시한) 가치이고 $\dfrac{P_X}{P_Y}$는 시장이

객관적으로 평가하는 X재의 가치이다. 주관적으로 느끼는 X재의 가치가 객관적인 X
재의 가치보다 크면 X재를 더 소비하고 Y재를 덜 소비하는 것이 효용을 증대시키는
길이다.

$\dfrac{MU_X}{MU_Y} < \dfrac{P_X}{P_Y}$: 양변에 $\dfrac{MU_Y}{P_X}$ 를 곱해 주면 $\dfrac{MU_X}{P_X} < \dfrac{MU_Y}{P_Y}$ 가 됨. 따라서 Y재 소비를 증가하고 X재 소비를 감소.

05. ① ○ (포화점을 넘어서 과다소비하지 않으면.)

② ○ (한계효용은 변화분을 토대로 한 개념이기 때문에 증가·감소에 관계없이 정의될 수 있다.)

③ ○ (총효용의 증가분이 0이라는 것은 총효용이 더 이상 증가할 수 없는 수준에 도달했다는 의미이다.)

④ ○ (0단위 때의 총효용이 0이라고 전제할 때 옳다.)

⑤ × (X: 쇠고기, Y: 돼지고기일 때 현재의 소비수준에서 $\dfrac{MU_X}{P_X} = \dfrac{60}{10} = 6 = \dfrac{MU_Y}{P_Y} = \dfrac{30}{5}$ =6이기 때문에 돼지고기를 사든 쇠고기를 구입하든 무차별하다.)

⑥ ○ (소득에 대한 한계효용이 부자보다 가난한 사람의 경우가 더 크기 때문에)

⑦ ○ (매 단위의 한계효용을 합치면 총효용이 된다. 소비량이 0일 때의 효용을 0으로 놓고 그리는 것이 관행)

⑧ × (소득제약조건이 추가되어야 한다.)

⑨ × (X재를 더 구입해야 한다.)

⑩ × (한계효용>0인 한 한계효용이 감소해도 총효용은 증가한다.)

⑪ × (구입하고자 하는 재화의 최대수량)

⑫ ○ (소비량이 아주 작은 상태에서 한계효용이 체증할 수 있기 때문에)

⑬ ○ (같은 가격이면 효용이 더 큰 (더 좋은) 재화)

⑭ ○ (재('goods')의 소비량이 0일 때 (총)효용을 0으로 상정하기 때문에 공해물질('bads')의 소비량이 +일 때 효용을 −로 상정하는 것이 자연스럽다.)

⑮ ○ (한계효용이 양인 다른 상품들을 소비하는 것이 합리적이다.)

⑯ × (가격에 대응한 수요량만을 직접 나타낼 뿐이다.)

⑰ ○

⑱ ○ (단위와 단위 사이의 가격−수요량의 대응관계를 정립할 수 없기 때문에)

01. "특정재화, 예컨대 콜라의 한계효용은 기간을 하루로 잡느냐 일주일로 잡느냐에 따라 다르다." 이를 논평하라.

📋 **문제 해답**

> 사람의 욕망은 한 번 채워진 후 일정기간이 지나면 다시 살아나기 때문에 기간의 장단에 따라 한계효용은 다르게 나타난다. 콜라 한 병, 두 병 …의 한계효용은 기간을 하루로 잡을 때보다 일주일로 잡을 때 더 클 것이다.

02. "각종 재화의 1원당 한계효용을 정확하게 계산하기는 어렵다. 따라서 한계효용이론은 소비자 최적선택을 설명하기에 역부족인 탁상공론에 불과하다." 이를 논평하라.

📋 **문제 해답**

> 화폐 1원당 한계효용을 정확하게 계산할 수 없다. 그래서 다른 정교한 소비자이론이 등장한 것이다. 그러나 한계효용이론은 가치의 역설을 최초로 해결해 주면서 소비자 행동의 기본 원칙을 쉽게 설명해 준다는 점에서 이론적인 면으로 볼 때 크게 쓸모가 있다.

03. 한계효용곡선의 기울기가 가파른 상품과 완만한 상품의 차이는 무엇인가?

📋 **문제 해답**

> (1) 가파른 한계효용곡선: 빨리 물리거나 쉽게 식상하는 상품
> (2) 완만한 한계효용곡선: 천천히 물리는 상품

04. 갑과 을은 둘 다 사과를 아주 좋아한다고 말한다. 그런데 둘의 사과소비량을 보면 갑보다 을이 훨씬 많은 양의 사과를 먹는다. 이 차이는 무엇일까?

📋 문제 해답

> 다음 두 가지 중 어느 하나일 것이다.
> ① 갑과 을의 다른 재화에 대한 선호가 같을 때: 을의 소득이 갑의 소득보다 많다.
> ② 갑과 을의 소득이 같은 경우: 을이 다른 재화보다 사과를 선호하는 정도가 갑이 다른 재화보다 사과를 선호하는 정도보다 크다.

05. 표 6–2를 보면서 물음에 답하라.

(1) 소비자의 소득이 300원일 때 X재와 Y재를 각각 0.5단위씩 산다면 소비자가 얻는 총효용 수준은 얼마인가?

(2) 소득이 600원일 때의 최적소비수준은 유일하게 결정되는가? 그때의 총효용수준은?

(3) 소득이 1,600원, 1,800원, 2,100원, 2,800원일 때의 최적소비수준을 각각 구하라.

📋 문제 해답

> (1) $TU_X + TU_Y = (1,800 \times 0.5) + (2,800 \times 0.5) = 2,300$
>
> (2) 분수단위로 상품을 구입할 수 있다는 가정이 필요하다. 소득＝600원일 때 Y재 ＝1단위와 X재＝1단위를 구입하면 100원이 남는다. 만약 분수단위로 상품을 구입할 수 있다면 소비자는 나머지 100원으로 Y재 $\frac{1}{3}$ 단위를 구입할 것이다. 즉 최적소비수준$(X, Y) = \left(1, \frac{1}{3}\right)$이고 이때 총효용수준은 $1,800 + 2,800 + \left(2,600 + \frac{1}{3}\right)$ ＝5,470이 된다(Y재 $\frac{1}{3}$ 단위의 효용은 Y재 2단위의 한계효용과 비례한다고 가정함).
>
> (3) 소득＝1,600원: 균형$(X, Y) = (2, 4)$
>
> 소득＝1,800원: 균형$(X, Y) = (3, 4)$
>
> 소득＝2,100원: 균형$(X, Y) = (3, 5)$
>
> 소득＝2,800원: 균형$(X, Y) = \left(4, 6\frac{2}{3}\right)$
>
> (분수단위로도 상품구입이 가능하다고 가정함.)

06. 가난한 사람들의 시장보는 시간이 부유한 사람들의 그것보다 긴 것이 보통이다. 효용의 개념을 이용하여 그 이유를 설명하여보자.

📋 문제 해답

> 시장을 오래 보는 이유는 물건을 싸게 사기 위해서인데 이는 화폐에 대한 효용보다 시간에 대한 효용이 상대적으로 작기 때문이다. 시간에 대한 효용이 크면 시장을 빨리 보게 된다. 시간에 대한 효용이 상대적으로 크다는 것은 예컨대 100원을 깎기 위해서 10분을 소비하기보다는 그 10분을 다른 데에 사용하면 100원 이상의 소득을 올릴 수 있다는 것을 의미한다. 10분의 기회비용이 부유한 사람의 경우가 더 큰 것이다.

07. 수요 · 공급의 이론을 이용하여 가치의 역설을 설명하라.

📋 문제 해답

> 한계효용이론에서 보듯이 다이아몬드의 수요가격은 높고 물의 그것은 낮다. 따라서 다이아몬드의 수요곡선(D_0)은 물의 수요곡선(D_W)보다 북서쪽에 있게 된다.
>
> 한편 다이아몬드의 생산비용은 물의 생산비용보다 훨씬 비싸고 생산량도 적다. 따라서 다이아몬드의 공급곡선(S_D)도 물의 공급곡선(S_W)보다 북서쪽에 있게 된다.

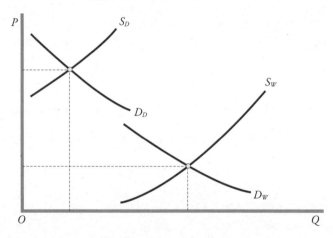

08. "갑이 3,000만원의 중형차를 구입하지 않고 1,500만원의 소형차를 구입했다면 갑은 중형차보다 소형차를 선호하였다고 할 수 있다." 이를 논평하라.

📋 문제 해답

> $\dfrac{MU_X}{P_X} > \dfrac{MU_Y}{P_Y}$ 이면 소비자는 X재를 구입할 것이다 소형차를 샀다면 $\dfrac{MU_\text{소}}{1500} > \dfrac{MU_\text{중}}{3000}$

라고 해석할 수 있다는 의미에서 본문의 기술이 옳다.

09. 다음 기술이 맞는가 틀리는가를 밝히고 그 이유를 설명하라.

① 음의 한계효용은 존재할 수 없다.
② 스미스의 역설은 결국 역설적인 현상이 아니다.
③ 자원의 희소성은 소비자에게 소득제약조건으로 나타난다.
④ 공장매연과 폐수의 효용은 0이다.
⑤ 「많을수록 좋다」라는 말은 소비자에게 항상 성립한다.
⑥ 쓰레기는 수거료를 내야 치워지기 때문에 경제재이다.

🖹 문제 해답

① × (포화점 이상의 소비량에서 한계효용 < 0이다.)
② ○ (한계효용이론이 나오기 전이라 설명할 수 없었을 뿐이지 한계효용이론에 의하면 합리적인 현상이다.)
③ ○
④ × (모든 공해는 음의 효용을 갖는다. 음의 효용을 갖는 재화를 비효용재라 한다.)
⑤ × (비효용재의 경우 많을수록 더 나쁘다.)
⑥ × (쓰레기 수거료는 쓰레기에 대한 가격이 아니라 쓰레기 수거 서비스에 대한 가격이다. 소비로 효용을 얻어야 (경제)재이다.)

07 무차별곡선이론

01. 경제학에서 대상으로 하는 재화는 한계효용이 양의 값을 갖는 재화(효용재)이다. 쓰레기를 한쪽 축에 잡으면 쓰레기는 「다다익악(多多益惡)」이기 때문에 무차별곡선이 우상향한다. 그러나 쓰레기 대신 「쓰레기를 치우는 서비스」로 바꾸면 정상적인 우하향의 무차별곡선을 그릴 수 있다. 쓰레기 수거 서비스는 많이 받을수록 좋다. 따라서 다다익선은 강한 가정이 아니다.

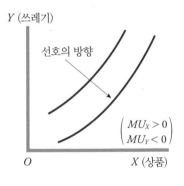

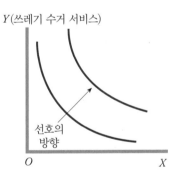

02. (1)

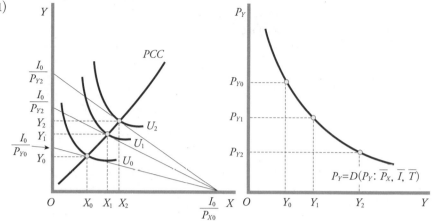

(2) $P_X X + P_Y Y = I$에서 P_X, P_Y, I가 똑같이 $100 \times \alpha\%$ 감소한다면
$[(I-a)P_X]X + [(1-a)P_Y]Y = (1-a)I$로 된다. 이는 $P_X X + P_Y Y = I$로 정리되므로 원래의 예산선과 똑같다. 따라서 X재 수요량은 불변이다.

03. (1) ① 당초 E_0에서 균형

② $P_X \uparrow \rightarrow AB$에서 $A'B$로 가격선 이동: E_1에서 새로운 균형

③ $A'B$와 평행이며 U_0와 접하는 가상의 예산선 $A''B'$를 그려 접점을 G라 하면

대체효과: $X_0 X_1'(-)$

$\underline{+)\ 소득효과:\ X_1' X_1(-)}$

가격효과: $X_0 X_1(-)$

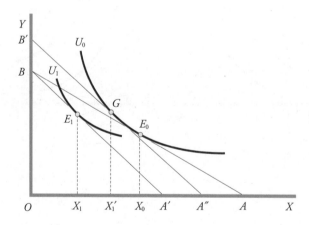

(2) X재: 열등재

　　　대체효과: $X_0 X_1'(-)$

　$+)$ 소득효과: $X_1 X_1'(+)$

　　　가격효과: $X_0 X_1(-)$

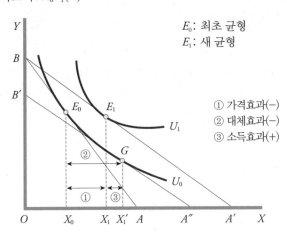

E_0: 최초 균형
E_1: 새 균형

① 가격효과$(-)$
② 대체효과$(-)$
③ 소득효과$(+)$

04. (1)

X재	1	2	3	4	5	6
Y재	20	15	11	8	6	5
MRS_{XY}		5	4	3	2	1

(2), (3)

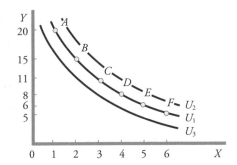

(4) $\dfrac{P_X}{P_Y} = MRS_{XY}$

$P_X \cdot X + P_Y \cdot Y = I$

단, $P_X = 30$, $P_Y = 10$, $I = 200$을 만족하는 점은 $MRS_{XY} = 3$인 C점(X재 3단위, Y재 11단위)

(5) 새 예산선은 $3,000X + 1,000Y = 20,000$

　　이는 (4)의 예산선 $30X + 10Y = 200$과 같다.

따라서 최적소비조합은 (4)와 같다.

(6) (5)에서처럼 소득이 100배 오르더라도 가격이 100배보다 더 오르면 살 수 있는 재의 수량이 줄어들어 효용이 감소한다.

05. (1) 적정하지 못하다.

$$MRS_{맥 \cdot 소} = 2 > \frac{P_{맥주}}{P_{소주}} = \frac{1,000}{1,000} = 1$$

→ 시장에서 소주 한 병 소비를 줄이면 맥주 1병을 소비할 수 있다. 주관적으로는 맥주 한 병을 더 소비하기 위해 소주 2병을 포기할 용의가 있다. 따라서 소주 소비를 줄이고 맥주 소비를 늘림으로써 높은 효용을 얻을 수 있다. $\left(\frac{\varDelta 소주}{\varDelta 맥주} \right|_{\bar{U}} = 2$ 이고 $\frac{P_{맥주}}{P_{소주}} = 1$이면 $\frac{MU_{소주}}{P_{소주}} = 1 < \frac{2}{1} = \frac{MU_{맥주}}{P_{맥주}}$ 가 되기 때문에 소주소비를 줄이는 대신 맥주 소비를 늘리면 효용이 증가한다$\Big)$.

(2) 역시 적정치 못하다. 소주 소비를 늘리고 맥주 소비를 줄여야 한다. 소주 1병을 더 마시기 위해서 맥주 1.25병까지 포기할 용의가 있는데 실제로는 맥주를 1병만 포기해도 되기 때문이다.

$$MRS_{맥 \cdot 소} = 0.8 < \frac{P_{맥}}{P_{소}} = 1 \left(\frac{\varDelta 소주}{\varDelta 맥주} \right|_{\bar{U}} = 0.8 \text{이고} \ \frac{P_{맥주}}{P_{소주}} = 1 \text{이면} \ \frac{MU_{소주}}{P_{소주}} = 1 > 0.8 = \frac{MU_{맥주}}{P_{맥}}$$

가 되기 때문에 맥주소비 줄이는 대신 소주소비 늘리면 효용이 증가한다$\Big)$.

(3) 변화 있다.

(1)의 경우는 맥주로 계속 대체해도 여전히 $MRS_{맥 \cdot 소} > \frac{P_{맥}}{P_{소}}$ 이므로 결국 맥주만을 소비.

(2)의 경우는 소주만을 소비.

06. (1) 전소득으로 X만 구입할 때 $X = 50$이므로 $X = \frac{I}{P} = 50 \to 50 = \frac{500}{P_X}$

$$\therefore P_X = \frac{500}{50} = 10$$

(2) $E_1 : P_Y = 50, \ Y = \frac{500 - 330}{50} = 3.4$

$E_2 : P_Y = 10, \ Y = 28$

$E_3 : P_Y = 4, \ Y = 100$

(3)

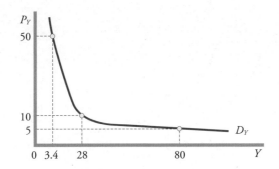

(4) 대체제: P_X 일정한데 P_Y가 하락함에 따라 Y재 수요량이 증가하고 X재 수요가 감소하기 때문에. 즉 Y재가 상대적으로 저렴해지고 X재가 상대적으로 비싸짐에 따라 X소비를 줄이고 대신 Y소비를 늘려가고 있기 때문에 X재와 Y재는 대체재이다.

(5) E_3에서 $E_2 \to P_Y$가 상승하는 상황

BA에서 P_Y가 상승함에 따라 $B'A$의 E_2에서 균형 → 가격효과$(Y_3 Y_2)$

새로운 가격조건으로 E_3와 동일효용을 얻을 수 있도록 소득을 늘려 보면

$B''A'$의 E_4에서 균형 → 대체효과$(Y_3 Y_4)$

가격효과$(Y_3 Y_2)$ → 대체효과$(Y_3 Y_4)$ + 소득효과$(Y_4 Y_2)$

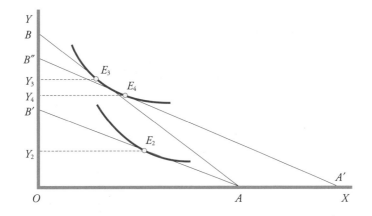

07. (1) 종전에 X재 한 단위를 소비할 때 P_X를 지불하면 되었지만 이제 t원을 더 지불해야 하므로 소비자 입장에서 X재 1단위를 소비할 때 $(P_X + t)$원을 지출해야 한다.

(2) 종량세 부과의 효과

  ① 당초 E_0에서 균형.

  ② X재에 물품세 부과: $Y_1 X_1 \to Y_1 X_2 \to$ 가격선 이동: E_1에서 새로운 균형.

  ③ 소비자는 OX_0'을 구입키 위해 $Y_1 C = DE_1$의 Y재수량을 지출, OX_0'을 납세 전의 가격으로 산다면 DA의 Y재수량만 지출하면 됨.

  ④ 따라서 Y재수량으로 표시한 납세액은 $DE_1 - DA = AE_1$임.

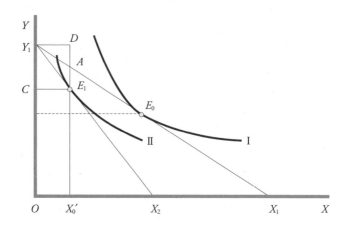

08. 감자를 X재, 쇠고기를 Y재라고 하면

(1) 감자가격이 상승할 때 감자의 상대가격$\left(\dfrac{P_X}{P_Y}\right)$이 커져 예산선이 AB에서 AC로 이동한다.

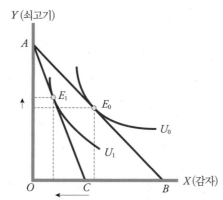

(2) 감자와 쇠고기 모두 정상재인 경우:

　① 대체효과

　　감자가격 상승 → 상대적으로 비싸진 감자소비 감소

　　　　　　　　　상대적으로 싸진 쇠고기 증가

　② 소득효과

　　감자가격 상승 → 실질소득 감소 → 감자소비 감소

　　　　　　　　　　　　　　쇠고기소비 감소

　대체효과가 소득효과보다 크다면 감자소비는 줄고 쇠고기소비는 증가하므로 최적소비점은 E_0에서 E_1으로 이동한다.

(3) 감자가 열등재인 경우:

　감자가격 상승으로 실질소득이 줄면 열등재인 감자소비는 오히려 늘어난다. 그러

나 대체효과가 소득효과보다 크다고 가정하면 여전히 감자소비는 줄고 쇠고기소
비는 증가하므로 최적소비점은 E_0에서 E_1으로 이동한다.

(4) 감자가 기펜재인 경우:

감자가 기펜재이면 소득효과로 인해 감자소비가 오히려 늘어나고 이 소득효과가
대체효과보다 크기 때문에 감자가격 상승시 감자소비는 오히려 증가한다. 비싸진
감자의 소비량이 증가하기 때문에 가계예산제약식에 의해 쇠고기소비는 감소한
다. 따라서 최적소비점은 아래 그림에서처럼 E_0에서 E_1'으로 이동한다.

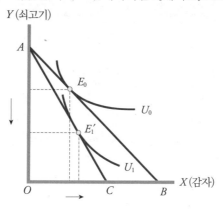

09. ① ○

② × (소득의 변화에 따른 소비자 균형점을 표시함. 가격변화에 따른 소비균형점은
가격소비곡선이 표시함.)

③ × (열등재 중 기펜재 같이 소득효과의 절대값이 대체효과의 절대값을 초과할 경우
에만 수요의 법칙에 위배된다.)

④ × (이론적으로는 한계대체율도 체증하는 경우와 0이 되는 경우가 있다. 다만 한계
효용이 체증하는 경우나 0이 되는 경우가 경제학에서 무의미하듯이 한계대체율
이 체증하는 경우나 0인 경우도 경제학에서 무의미하다.)

⑤ ○

⑥ × (예산선이 변하지 않기 매문에 소비자균형은 불변이다.)

⑦ ○

⑧ × (소득이 증가함에 따라 X, Y수요량이 증가하기 때문에 X, Y 모두 정상재)

⑨ ○ (아래 그림과 같이 가격소비곡선이 수직이면 가격변화가 X재 수요량에 영향을
주지 못하기 때문에 X재 수요곡선은 수직이 됨.)

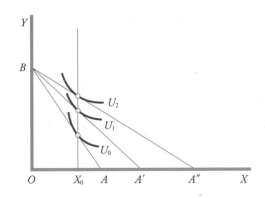

⑩ ○

⑪ × (음의 값을 가지며 그 크기에는 제한이 없다.)

⑫ × (대체효과도 존재한다.)

⑬ × (열등재 중 기펜재의 경우에만 가격하락시 수요를 감소시킨다.)

⑭ ○ (가격변화와 같은 방향으로 수요량 변화가 일어나기 때문에)

⑮ × (무차별곡선은 가격선과 관계없이 그릴 수 있다.)

⑯ ○ (주의: 열등재가 모두 기펜재는 아니다.)

⑰ ○

⑱ ○ (원점을 지나는 45° 직선)

⑲ ○

01. 식 (7–1)에서 $\frac{\Delta Y}{\Delta X}\Big|_{\bar{U}}$의 부호가 음인 것처럼 보인다. MRS의 정의와 관련하여 ΔY와 ΔX의 부호가 어떻게 되는지 확인하라. MRS가 일정한 경우의 무차별곡선은 어떤 형태를 취하게 되는가?

📋 문제 해답

① MRS는 「X재 한 단위를 증가시킬 때 종전과 같은 효용을 유지하기 위해 감소시켜야 하는 Y재의 수량」이다. 즉, X재가 증가(감소)하면 Y재는 감소(증가)해야 한다. MRS를 $-\frac{\Delta Y}{\Delta X}\Big|_{\Delta_{U=0}}$로 표시하면 수학 기호 자체가 음(−)인 것으로 혼동하나 실제로는 X재와 Y재의 수량의 변화 방향이 반대라는 뜻으로 음의 부호가 붙었을 뿐 MRS는 양이다.

② MRS가 일정하면 무차별곡선은 다음과 같이 우하향하는 직선의 형태를 갖는다.

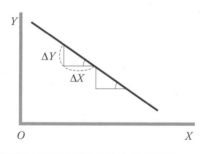

02. [그림 7–13]과 관련하여 다음 그림에서 왜 M이나 N점이 최적소비점이 못되는가?

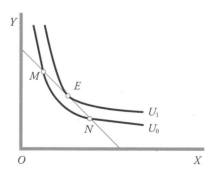

📑 **문제 해답**

> 그림에서 E, M, N점은 모두 소득제약조건은 만족하지만 M, N점은 E점보다 낮은 효용수준을 나타낸다. 경제원칙에 따라 행동하는 소비자는 당연히 M, N점보다 E점을 선택한다. 즉 E점에서 주어진 소득으로 극대만족을 얻는다.

03. [그림 7–15]에서 Y가 열등재이고 X가 정상재라고 하면 소득소비곡선은 어떤 형태를 가지게 되는가?

📑 **문제 해답**

> ① 당초 $E(X_0, Y_0)$에서 균형
> ② 소득 증가: $AB \rightarrow A'B'$로 가격선 이동: E_1에서 새로운 균형 → 열등재(Y)의 소비는 Y_0에서 Y_1으로 감소, ICC곡선이 우하향.

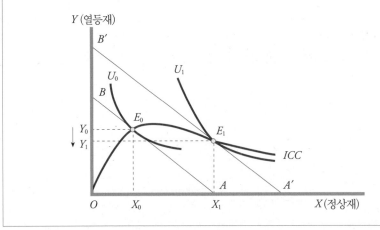

04. 을은 100단위의 커피와 80단위의 설탕을 샀다. 그런데 커피의 가격은 40원 올랐고 설탕의 가격은 50원 하락했다. 다른 조건이 일정하다고 할 때 을의 커피소비는 어떻게 변할 것인가?

📑 **문제 해답**

> 두 재화의 가격변동에도 불구하고 소비자가 원한다면 전체적으로는 종전의 소비수준을 유지할 수 있다. 커피 100단위 구입하는 데 들어가는 추가비용과 설탕 80단위 구입하는 데 절약되는 비용이 같기 때문이다. 그러나 상대가격이 달라지기 때문에

예산선이 그림에서처럼 종전의 AB에서 $A'B'$로 바뀐다. 새로운 균형점은 원래의 균형점 E_0보다 동남쪽에 있기 마련. 따라서 소비자는 설탕소비를 늘리고 커피소비를 줄인다(만약 무차별곡선이 L자형이라면 소비점이 불변인 것을 독자들은 확인하라).

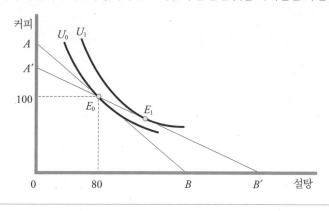

05. 본문 [그림 7-13]에서 $P_X = 20$원, $P_Y = 10$원이고 소비자는 U_2의 E가 최적소비점이고, 그 때의 최소지출액은 100원임을 설명하라.

📋 **문제 해답**

> 그림 7-13의 E점에서 $Y = 4$, $X = 3$, $\dfrac{\Delta Y}{\Delta X} = \dfrac{10}{5} = 2$
>
> $P_X = 20$, $P_Y = 10$이라면
> $I = P_X X + P_Y Y = (3 \times 20) + (4 \times 10) = 100$
> $\dfrac{\Delta Y}{\Delta X} = MRS_{XY} = 2 = \dfrac{P_X}{P_Y} = \dfrac{20}{10} = 2$
> 와 같이 최적소비조건이 만족된다.

06. 본문 [그림 7-18]에서 X재의 가격하락으로 인한 소득증가분은 어떻게 계산할 수 있는가?

📋 **문제 해답**

> [그림 7-18]에서 예산선 $A'B$는 X재의 가격하락으로 인한 새로운 예산선이다. 소비자는 X재의 가격하락으로 더 높은 효용수준을 달성하고 있는 것이다. 이제 소비자를 X재의 가격이 하락하기 전의 효용수준으로 되돌려 놓기 위해서 얼마간의 소득을 덜어 낸다고 해 보자. 그러면 예산선은 $A''B'$가 될 것이다. 따라서 예산선 $A'B$와 $A''B'$의

차이, 즉 $BB' \times P_{Y0} = A'A'' \times P_{X1}$이 X재의 가격하락으로 인한 소비자의 소득증가분이 된다.

07. $P_Y = 5$원이고 $I = 600$원 일 때 균형점이 $X = 35$, $Y = 20$이라면 균형점에서 한계 대체율은 얼마인가?

📋 **문제 해답**

① 전소득으로 Y만 구입한다면

$$Y = \frac{I}{P_Y} = \frac{600}{5} = 120$$

② 가격선은 $Y = 120$인 점에서 출발하여 균형점 E_0를 통과해야 하므로 가격

선의 기울기 $\dfrac{P_X}{P_Y} = \dfrac{120 - 20}{35} = \dfrac{100}{35} = \dfrac{20}{7} = 2\dfrac{6}{7}$

③ E_0에서 $MRS = \dfrac{P_X}{P_Y}$ 이어야 하므로 $MRS = 2\dfrac{6}{7}$

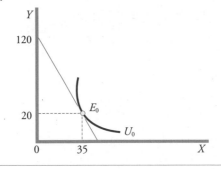

08. 한계대체율이 일정한 경우와 체증하는 경우의 무차별곡선을 그려 보고 이들이 왜 소비자균형이론에서 논외의 대상이 되는가를 설명하라.

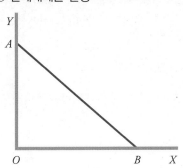

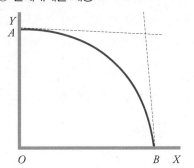

① 한계대체율 일정	② 한계대체율 체증
무차별곡선이 직선일 때 무차별곡선의 기울기와 가격선의 기울기가 같으면 AB 직선상의 모든 점이 소비자균형점이 된다. 즉 소비자균형을 정의할 수 없게 된다. 무차별곡선의 기울기와 가격선의 기울기가 다르면 소비자는 Y재만 소비하거나 X재만 소비하게 된다.	무차별곡선이 원점에 대하여 오목하면 소비자균형은 가격선의 기울기에 따라 A점에서 이루어지나 B점에서 이루어지거나 한다. 즉 Y와 X 중 어느 한 재화만 소비하는 경우가 되는데 이는 일반적인 소비행태라 할 수 없다. 이러한 해를 모퉁이 해(corner solution)라고 한다.

09. 두 상품 X, Y 중 ① X는 효용재인데 Y는 비효용재 일 때, ② X, Y 모두 비효용재일 때의 무차별곡선을 그리고 선호의 방향을 표시하라.

📋 문제 해답

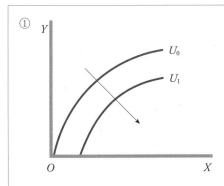

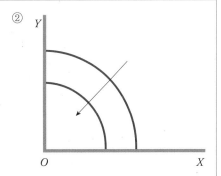

① $MU_X > 0$, $MU_Y < 0$
② 화살표 방향으로 효용 증가

① $MU_X < 0$, $MU_Y < 0$
② 화살표 방향으로 효용 증가

10. 다음 각 기술이 맞는가 틀리는가를 밝히고 그 이유를 설명하라.

① 특이한 경우 예산선도 무차별곡선과 같이 곡선으로 그려질 수 있다.

② 무차별곡선은 주어진 소득으로 구입할 수 있는 두 상품의 모든 조합들을 나타낸다.

③ 동일한 직각좌표에 고소득자와 저소득자의 무차별 곡선을 그리면 전자가 후자보다 원점에서 더 멀리 떨어진다.

④ $X=1$ 일 때 $\dfrac{MU_X}{P_X} < \dfrac{MU_Y}{P_Y}$ 이면 X재를 소비하지 않는다.

⑤ 오른쪽 구두와 왼쪽 구두 사이의 무차별곡선은 원점에 대하여 오목하게 그려진다.

📋 **문제 해답**

① ×

② × (소득에 관계없이 소비자의 선호를 반영. 따라서 각각의 소득수준에 따른 무수히 많은 무차별곡선이 그려질 수 있음)

③ × (상품의 조합에 따라 교차할 수도 있다.)

④ × (본문 p.194 읽을거리 7-3 참조.)

⑤ × (오른쪽 구두와 왼쪽 구두는 짝이 맞아야 효용이 발생한다. 오른쪽 구두 한 짝 있을 때 왼쪽 구두는 한 짝만 있으면 되지 두 짝이 있다 해도 가외의 한 짝으로 효용이 증가하지 않는다. 따라서 무차별곡선은 아래 그림과 같이 L자 형태가 된다.)

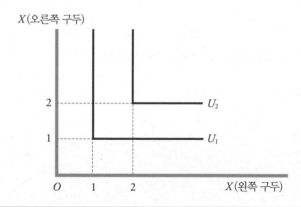

08 소비자선택이론의 응용과 확장

01. (1) 아래 그림에서처럼 소비자는 최초의 균형점 E_0에서 보조량 OX_1보다 많은 OX_2를 소비하고 있기 때문에 OX_1을 현물로 보조해도 불필요하게 더 소비해야 하는 경우가 발생하지 않는다. 현금으로 보조하더라도 새 균형점이 최초의 균형점 E_0보다 북서쪽인 $A'C$구간에서 형성될 수 없다. E_1처럼 E_0보다 북동쪽에 새 균형이 형성된다.

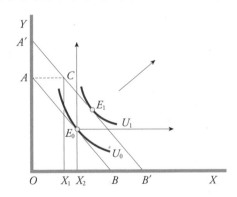

(2) 저소득층이 분배받은 현금으로 예컨대 술을 소비하며 건강을 해치는 경우, 잉여양곡문제를 해결하기 위하여 양곡소비를 촉진하고자 하는 경우 등에 정부가 현물보조방법을 사용할 수 있다.

02. (1) 소득은 횡축에 표시한 양곡 이외의 모든 재화로 생각할 수 있다. 따라서 Y재(양곡 이외의 모든 재화)와 X재 사이의 무차별곡선의 문제가 된다.

(2) $I = P_X X + P_Y Y$에서 소득의 가격은 1이기 때문에 $I = P_X X + Y$가 된다.

(3) 가격보조금만큼 현금보조를 하는 것이 아니라 가격보조로 달성할 수 있는 효용수

준 U_1을 달성할 수 있도록 현금보조를 해 주면 소비자의 예산선은 $F'G'$로 평행이 동한다. 따라서 U_1을 달성하게 하기 위한 가격보조액은 HJ인 데 비하여 현금보조액은 KJ이기 때문에 현금보조의 경우가 재정부담이 덜하다.

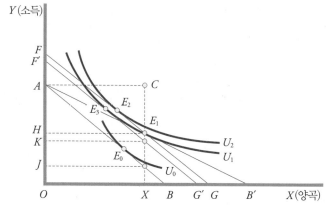

03. (1)

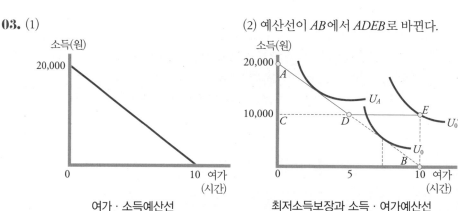

여가 · 소득예산선

(2) 예산선이 AB에서 $ADEB$로 바뀐다.

최저소득보장과 소득 · 여가예산선

(3) 그림에서처럼 무차별곡선의 형태에 따라 종전의 근로시간을 유지하거나 (U_A의 무차별곡선을 가진 사람), 전혀 노동을 하지 않거나 (U_0의 무차별곡선을 가진 사람) 둘 중의 한 가지가 될 것이다. U_0 유형인 사람은 종전에 일을 하다가 기본소득 보장 후에 일을 하지 않고도 U_0'의 높은 효용을 누린다. 일반적으로 최저소득이 보장되면 노동공급이 줄어든다.

04. (1) 현재소비와 미래소비 사이의 한계대체율(MRS)이 예산선의 기울기의 절대값 $(1+r)$과 같다. MRS는 현재소비 1단위를 포기하는 대신 받고자 하는 미래소비재 수량이다. $1+r$은 현재소비 1단위를 포기하고 저축할 때 차기에 받을 수 있는 미래소비재 수량이다. 현재소비와 미래소비 사이의 주관적인 교환비율이 객관적인 교환비율과 같아지도록 소비를 조정하는 것이 최적이다.

(2) 이자율이 상승하면 현재소비재 1단위의 소비를 줄일 때 미래소비재 수량이 많아진다. 따라서 현재 소비재의 가격이 미래소비재에 비해 비싸진다. 이는 미래소비재의 가격이 현재소비재에 비해 싸진 것을 뜻한다.

(3) 식 $(8-5)$가 $P_2C_2 = P_2Y_2 + P_1(Y_1 - C_1)(1+r)$로 바뀐다. 이 식을 정리하면 $C_2 = Y_2 + \dfrac{1+r}{1+\pi}Y_1 - 1 + \dfrac{1+r}{1+\pi}C_1$이 되어 예산선의 기울기가 $-(1+r)$에서 $-\left(\dfrac{1+r}{1+\pi}\right)$로 바뀐다.

단, $\pi = \dfrac{P_2 - P_1}{P_1} =$ 예상인플레이션율.

$r =$ 명목이자율, $\pi =$ 예상인플레이션율이기 때문에 예산선의 기울기 $-\left(\dfrac{1+r}{1+\pi}\right) \approx$ $-(1+r-\pi)$에서 $r-\pi$가 실질이자율이다.

(4) 현재소비의 가격은 1원(혹은 1단위)이다.

05. 이 도박의 당첨확률은 $\dfrac{1}{100}$, 기대소득은 10,000원이다.

이 도박의 참가비용이 10,000원이면 공정한 도박, 10,000원을 초과하면 불리한 도박, 10,000원 미만이면 유리한 도박이다.

06. 기대소득 $= 0.2(100,000) + 0.8(10,000) = 28,000$원

복권가격이 25,000원일 때: 복권 구입함

복권가격이 30,000원일 때: 복권 구입하지 않음

복권가격이 28.000원일 때: 복권 구입 여부에 무차별

07. (1)

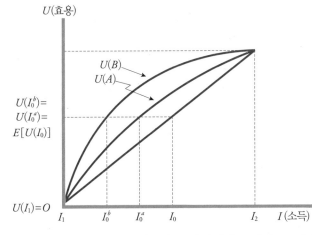

위험기피정도 $A < B$

$U(B)$: B의 소득총효용곡선

$U(A)$: A의 소득총효용곡선

A의 보험료최대한도액: $I_2 I_0^a$

B의 보험료최대한도액: $I_2 I_0^b$

$I_2 I_0^b > I_2 I_0^a$

* 위험기피정도가 큰 사람일수록 소득효용곡선이 아래로 더 오목하다.

(2) [그림 8-6]에서 상금이 20만원이라고 하자. 그러면 원점과 20만원이 주는 효용의

크기를 연결한 선분은 선분 OA보다 기울기가 작다. 이에 따라 위험프리미엄이 커지는 것을 쉽게 확인할 수 있다.

(3) 동일한 금액의 소득임에도 그것이 기대소득일 때의 효용은 확정소득일 때의 효용보다 작다. 도박금액이 커짐에 따라 똑같은 당첨확률에도 위험프리미엄은 높아진다. 이 때문에 무한대의 기대소득(불확실한 소득)이 예상되는 도박을 하지 않는다는 것을 기대효용이론으로 설명. 본문 p.216 기대효용이론 참조할 수 있다.

08. (1) 기대소득 = 0.8(100) + 0.2(25) = 85만원

(2) 기대효용 = $0.8(\sqrt{100}) + 0.2(\sqrt{25}) = 8 + 1 = 9$. 확실성등가는 81만원

(3) 보험회사가 받을 수 있는 최대보험료 = 갑이 지불하고자 하는 최대보험료
   = 100만원 − 81만원 = 19만원

(4) $U(I) = I$일 때 → 직선의 소득효용곡선 → 위험중립적

   ① 기대소득 = 0.8(100) + 0.2(25) = 85만원

   ② 기대효용 = 0.8(100) + 0.2(25) = 85

   ③ 기대효용과 똑같은 효용을 주는 실제소득은 85만원. 따라서 최대보험료는 15만원. 보험료가 15만원 이상이면 이 사람은 보험에 가입하지 않는다.
   위험중립자이기 때문에 위험프리미엄을 내려 하지 않는다.
   위험프리미엄 = 기대소득 − 확실성등가 = 85 − 81 = 4만원
   적정보험료 = 최대보험료 − 위험프리미엄 = 19 − 4 = 15만원
   15만원의 보험료 내고 사고가 날 때 81만원을 보장받는 보험에 가입.

09. 신이 존재할 확률과 존재하지 않을 확률은 각각 0.5이다. 우리 인간의 기대효용은 신이 존재할 때의 효용과 존재하지 않을 때의 효용을 평균한 것이다. 유신론자는 경건한 생활을 해서 영원생명을 얻는다. 무신론자는 유신론자에 비해 덜 경건하고 방종한 생활을 한다. 신이 존재한다면 무신론자는 천벌을 받기 쉽다.

(1) 유신론자의 기대효용 = $0.5u$(영생) + $0.5u$(신앙생활)

(2) 무신론자의 기대효용 = $0.5u$(천벌) + $0.5u$(방종한 생활)

파스칼의 사유에 따르면 내가 유신론자가 될 것인가 무신론자가 될 것인가는 (1)과 (2)를 비교하여 결정한다.

u(신앙생활)이 무미건조하여 u(방종한 생활)보다 값이 낮을지 몰라도 u(영생)이 u(천벌)보다 말할 수 없이 크다. (1)이 (2)보다 훨씬 크다. 따라서 유신론자가 되는 것이 무신론자가 되는 것보다 낫다.

10. 로또의 1등은 1~45까지의 숫자 중에 6개의 숫자를 순서에 관계없이 맞추는 것이다.

따라서 첫 번째 숫자를 뽑을 확률은 $\frac{6}{45}$, 2번째 $\frac{5}{44}$, 3번째 $\frac{3}{43}$, 4번째 $\frac{3}{42}$, 5번째 $\frac{2}{41}$, 6번째 $\frac{1}{40}$이 되고, 이를 전부 곱해 주면 $\frac{6}{45} \times \frac{5}{44} \times \frac{4}{43} \times \frac{3}{42} \times \frac{2}{41} \times \frac{1}{40} = \frac{1}{8,145,060}$이 된다. 더 간단하게는 $_{45}C_6$으로 계산된다.

11. ① ○ (효용면으로 보면 현금보조가 현물보조보다 낫다. 그러나 현금보조를 할 경우 결식아동이 그 돈으로 식사 대신 군것질이나 장난감 구입 등 다른 곳에 소비할 수 있기 때문에 결식아동문제를 해결하기 위해서는 현물보조를 하는 것이 확실함.)

② ○ (현금이 선물받는 사람의 효용을 더 증대시킨다.)

③ ○ (미래소득의 현재가치 = 미래소득

④ ○ (현재소득의 미래가치 = 현재소득$(1 + r)$)

⑤ ○

⑥ × (소득이 높아지면 소득효과가 커져 노동공급이 감소하는 후방굴절 노동공급곡선이 존재할 수 있다.)

⑦ ○ (소비자에게 부과하는 경우)

⑧ ○

⑨ ○

⑩ ○

⑪ ○

⑫ ○ (위험기피자, 애호자, 중립자인가에 따라 소득효용곡선의 형태가 다르다.)

⑬ ○ (위험기피자이면 보험서비스를 파는 대신 사게 됨)

⑭ ×

⑮ ○

⑯ × (실험횟수가 훨씬 많아야 대수의 법칙이 성립한다.)

보충문제

Supplementary Question

01. 동일한 액수의 현금보조·현물보조·가격보조가 이루어질 때 왜 현물보조나 가격보조보다 현금보조가 소비자를 더 유리하게 하는가를 설명하라. 이를 근거로 해서 자원의 효율적인 배분을 위해 필요한 시장기구의 기본전제가 무엇인가를 논하라.

📋 **문제 해답**

현물보조나 가격보조는 특정상품의 가격에 영향을 주어 상품들의 상대가격을 변동시키기 때문에 소비자의 최적선택을 제약한다. 그러나 현금보조는 소득수준에 영향을 줄 뿐 상대가격을 변동시키지 않기 때문에 소비자 최적선택을 제약하지 않는다. 즉 자율적인 경제활동의 보장이 자원의 효율적인 배분을 위한 기본전제라 할 수 있다.

02. "소득세가 소비세보다 소비자후생을 덜 감소시키는 것은 현금보조가 현물보조나 가격보조보다 소비자후생을 더 증가시키는 것과 같은 맥락이다." 논평하라.

📋 **문제 해답**

소득세는 현금보조와 마찬가지로 소득수준을 변동시킬 뿐 상대가격을 교란시키지 않는 반면에 소비세는 현물보조나 가격보조의 경우와 같이 상대가격을 교란시킨다. 소득세는 음의 현금보조, 소비세는 음의 현물보조 혹은 가격보조이다.

03. 갑은 하루에 16,000원의 소득만 있으면 만족스러워 하는 낙천적인 사람이고 그의 하루 가용시간은 10시간이다.
(1) 시간당 임금률이 2,000원일 때 갑의 하루 노동시간은?
(2) 시간당 임금률이 4,000원일 때 갑의 하루 노동시간은?
(3) 위의 문제에 대한 해답으로부터 갑의 노동공급곡선이 후방굴절하는 형태로 그려짐을 보여라.

092

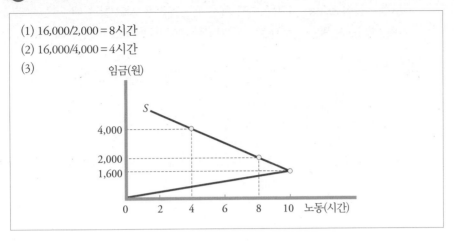

(1) 16,000/2,000 = 8시간

(2) 16,000/4,000 = 4시간

(3)

04. 본문 식 (8-5)를 정리하면 $C_2 = Y_2 + Y_1(1+r) - C_1(1+r) = \overline{Y}_2 - C_1(1+r)$이 된다. 여기서 $-(1+r)$의 경제적 의미는 무엇인가? 이를 시간선호율이라고도 하는데 그 이유는 무엇인가?

📝 문제 해답

$-(1+r)$은 C_1(현재소비)과 C_2(미래소비)의 상대가격이다. r이 상승하여 $|1+r|$이 커지면 C_1의 가격이 상승하고 C_2의 가격이 하락한 셈이 되기 때문에 C_1을 줄이는 대신 C_2를 증가시키게 된다. 즉 $|1+r|$의 크기에 따라 소비의 시점이 달라진다는 점에서 시간선호율이라고도 한다. 원래 시간선호율은 미래를 위한 참을성의 정도를 말한다. 시간선호율이 크면 참을성이 커져 현재소비를 줄이고 미래소비를 늘린다.

05. "자동차의 연료 리터당 주행거리(Km Per Litter: KPL)가 증가하면 자동차로 인한 매연공해는 감소한다." 논평하라.

📝 문제 해답

① KPL이 증가하면 주행거리당 연료비가 감소하여 주행거리가 증가하고 이것이 총 연료소비를 증가시켜 궁극적으로 공해가 증가할 수 있다.

② 평균주행거리가 일정할 때 KPL이 증가하면 연료소비가 감소하며 공해가 감소할 수 있다. 위 ①과 ② 중 어느 것이 크냐에 따라 공해는 증가할 수도 감소할 수도 있다.

06. 을이 자동차 사고를 낼 확률은 0.2이고 을의 소득(I)으로 표시한 효용함수는 $U(I) = \sqrt{I}$ 이다. 을의 소득이 사고를 내지 않을 때 100만원, 사고를 낼 때 25만원이라면 을은 보험료가 3만원인 자동차 보험에 가입할 것인가? 보험료가 5만원이라면?

📋 **문제 해답**

> 기대소득 $= 0.8(100) + 0.2(25) = 85$만원
> 기대효용 $= 0.8(\sqrt{100}) + 0.2(\sqrt{25}) = 8 + 1 = 9$
> 기대효용과 똑같은 효용을 주는 실제소득: $\sqrt{I} = 9$에서 $I = 81$만원
> 따라서 갑이 지불하고자 하는 보험료의 최대한도는 $100 - 81 = 19$만원
> ∴ 18만원일 때는 가입, 20만원일 때는 불가입

07. 다음의 기술이 옳은가 그른가를 밝히고 그 이유를 설명하라.
① 불확실성하에서 소비자선택의 기준은 기대소득이다.
② 같은 액수의 세금이라도 소비자에게는 소득세가 소비세보다 낫다.
③ 이자율이 오르면 현재소비를 줄이고 미래소비를 늘린다.
④ 최대보험료에서 위험프리미엄을 뺀 것이 적정보험료이다.
⑤ 확실성등가는 기대소득에 위험프리미엄을 합친 것과 같다.
⑥ 경기가 안 좋은데도 비싼 수입 명품이 잘 팔리는 현상을 속물효과라고 한다.

📋 **문제 해답**

> ① × (기대효용이다.)
> ② ○ (소득세는 상대가격을 변동시키지 않음)
> ③ ○
> ④ ○
> ⑤ ×
> ⑥ × (베블린 효과)

09 기업과 생산함수

01. 개인이 자유롭고 융통성 있게 경제활동을 하되 무한책임을 지는 개인기업보다 법인 기업은 다양한 법적 제약을 받는 대신 유한책임을 진다. 사회적 기업은 이윤만을 추구 하지 않고 구성원의 복지와 공익 등을 증진하는 것을 주요목표로 삼는 기업이다. 협동 조합이 대표적인 사회적 기업이다. 구체적인 것은 각자 찾아보고 확인할 것.

02. 시장경제의 치열한 경쟁에서 이기기 위해 개별 경제주체가 자체적으로 계획하고 내 부통제를 하는 것은 당연하다. 시장경제가 분권화된 체제라고 말하는 것은 정부의 무 분별한 경제개입과 개별 경제주체들에 대한 통제를 경계하는 말이지 개별 경제주체 에 대해 말하는 것이 아니다. 일반적으로 기업이라는 조직의 비민주적 의사결정구조 가 다른 조직들의 분권화·민주화 구조와 유별나게 다른 아이러니는 있다. 이는 특정 기업의 문제가 아니라 기업 일반의 문제이다.

03. ① $\dfrac{5 \times 170 + x}{6} = 171$에서

$x = 6 \times 171 - 5 \times 170 = 1{,}026 - 850 = 176cm$

여섯 사람이니까 새로운 평균이 종전보다 1cm 더 크기 위해서는 종전 평균보다 6cm 더 커야 한다.

② 평균 170cm보다 12cm가 적어야 종전보다 평균이 2cm 줄어든다. 따라서 158cm

③ 170cm

④ (i) 한계량 > 평균량 → 평균량 증가

(ii) 한계량 < 평균량 → 평균량 감소

(iii) 한계량＝평균량 → 평균량 불변

04.

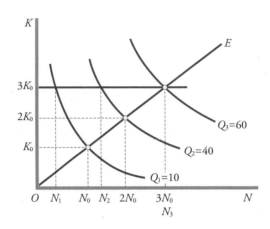

그림은 자본과 노동을 2배, 3배로 증가시킴에 따라 생산량은 4배, 6배로 증가하므로 규모에 대한 보수가 증가하는 경우이다. 단기에 자본이 $3K_0$로 고정되어 있다고 하자. 그러면 $Q_1 = 10$, $Q_2 = 40$, $Q_3 = 60$ 생산에 필요한 노동은 각각 N_1, N_2, N_3이다. 즉 자본을 고정시키고 노동을 증가시키면 생산량 증가에 필요한 노동량은 점점 커지고 있다. 따라서 규모에 대한 보수는 증가하는데 노동의 한계생산물은 감소하여 수확체감의 법칙이 작용하고 있음을 보여준다.

규모에 대한 보수가 증가하는 경우에 한계생산물은 증가하거나 불변일 수도 있다. 마찬가지로 규모에 대한 보수가 불변이거나 감소할 때도 한계생산물은 증가하거나 불변이거나 감소할 수 있다. 단기적 현상인 수확체감의 법칙은 장기에 어떠한 형태의 규모에 대한 보수와도 양립할 수 있다.

05. A점에서 등량곡선에 그은 접선의 기울기가 수직이므로 $MRTS = \infty$.

$MRTS = \dfrac{MP_N}{MP_K} = \infty$이기 위해서는 $MP_K = 0$. 이는 C점 같이 A점 위쪽의 등량곡선상에서는 $MP_K < 0$임을 의미함 → 비경제적인 범위.

B점에서 등량곡선에 그은 접선의 기울기가 수평이므로 $MRTS = \dfrac{MP_N}{MP_K} = 0$.

$\dfrac{MP_N}{MP_K} = 0$이기 위해서는 $MP_N = 0$. 이는 B점 오른쪽의 무차별곡선상에서는 $MP_N < 0$임을 의미함 → 비경제적인 범위, 이 장의 보충문제 4의 경우가 이에 해당.

따라서 무차별곡선의 AB구간만이 경제적 의미를 갖는다.

06. 규모에 대한 보수 증가, 감소, 불변이 혼재해 있다.

07. 체계화된 정보를 지식이라 한다. 지식을 기술이라는 독자적인 생산요소로 보고 $Q=AF(N, K)$의 A로 수용할 수 있다.

08. (1) $Q=\sqrt{16N}=4\sqrt{N}$이 단기총생산함수이다.

(2) $AP_N=\dfrac{Q}{N}=\dfrac{\sqrt{4N}}{N}=\dfrac{4}{\sqrt{N}}=4N^{-\frac{1}{2}}$

$MP_N=\dfrac{dQ}{dN}=\dfrac{d}{dN}\left(4N^{\frac{1}{2}}\right)=4\left(\dfrac{1}{2}\right)N^{-\frac{1}{2}}=\dfrac{2}{\sqrt{N}}=2N^{-\frac{1}{2}}$

N이 증가하면 AP_N과 MP_N이 감소하면서 $AP_N>MP_M$ 따라서 $MP_N<AP_N$이면 AP_N이 감소한다는 본문의 설명이 적용된다.

(3) $Q=\sqrt{25N}=5\sqrt{N}$

$AP_N=\dfrac{5}{\sqrt{N}}$

$MP_N=\dfrac{5\times\dfrac{1}{2}}{\sqrt{N}}=\dfrac{2.5}{\sqrt{N}}$, $AP_N>MP_K$

(4) $4=\sqrt{KN}$, $KN=16$

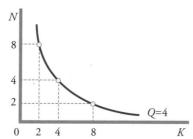

(5) $Q=\sqrt{NK}=N^{\frac{1}{2}}K^{\frac{1}{2}}$

$MP_N=\dfrac{dQ}{dN}=\dfrac{1}{2}N^{-\frac{1}{2}}K^{\frac{1}{2}}=\dfrac{1}{2}\left(\dfrac{K}{N}\right)^{\frac{1}{2}}$

$MP_K=\dfrac{dQ}{dK}=\dfrac{1}{2}N^{\frac{1}{2}}K^{-\frac{1}{2}}=\dfrac{1}{2}\left(\dfrac{K}{N}\right)^{-\frac{1}{2}}$

(6) 생산의 자본탄력도 $\dfrac{\Delta Q/Q}{\Delta K/K}\approx\dfrac{dQ}{dK}\dfrac{K}{Q}$

$=MP_K\cdot\dfrac{K}{Q}=\dfrac{1}{2}\left(\dfrac{K}{N}\right)^{-\frac{1}{2}}\cdot\dfrac{K}{N^{\frac{1}{2}}K^{\frac{1}{2}}}=\dfrac{1}{2}$

같은 방식으로 생산의 노동탄력도도 $\dfrac{1}{2}$로 계산된다.

(7) $MP_N\times N+MP_K\times K$

$=\dfrac{1}{2}\left(\dfrac{K}{N}\right)^{\frac{1}{2}}\cdot N+\dfrac{1}{2}N^{\frac{1}{2}}K^{-\frac{1}{2}}\cdot K$

$$= \frac{1}{2}K^{\frac{1}{2}}N^{\frac{1}{2}} + \frac{1}{2}K^{\frac{1}{2}}N^{\frac{1}{2}} = K^{\frac{1}{2}}N^{\frac{1}{2}} = Q$$

09. (1) $100 = 5N + 10K$

수직절편이 $\frac{100}{10} = 10$, 수평절편이 $\frac{100}{5} = 20$인 직선이다. $Q = 200$에 대해서도 쉽게 계산할 수 있다.

(2)
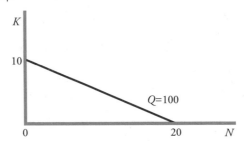

(3) 등량곡선이 직선이므로 한계기술대체율이 일정. 따라서 한계기술대체율 체감의 법칙을 위배(생산과정에서 노동과 자본간 완전대체관계)

10. (1) 평균생산물 및 한계생산물

노동시간 생 산 량	0 0	1 10	2 18	3 24	4 28	5 30
평균생산물 한계생산물	0	10 10	9 8	8 6	7 4	6 2

(2) 생산함수를 그림으로 그려보면 한계생산물이 체감하는 것을 반영하여 노동시간이 늘어날수록 생산함수가 완만해지는 것을 볼 수 있다.

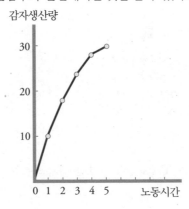

(3) 평균 및 한계생산물

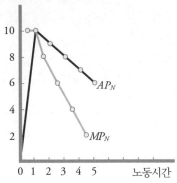

평균 및 한계생산물

위 그림에서 보듯이

① MP_N곡선이 AP_N곡선 위에 위치하면 AP_N곡선이 상승

② AP_N곡선의 극대점에서 MP_N과 AP_N곡선 교차

③ MP_N곡선이 AP_N곡선 아래에 위치하면 AP_N곡선이 하강하는 사실을 확인할 수 있다.

11. 예전에는 하나의 극장이 하나의 상영관만 가지고 있었는데 최근에는 복합상영관이 많아지고 있다. 이는 극장에 규모의 경제가 있기 때문이다. 그러나 15개를 넘는 상영 관을 보유하는 극장은 거의 없다. 너무 많은 상영관은 규모의 비경제를 시현하기 때문 일 것이다.

12. ① ○ (일반적으로 주식회사의 규모가 개인기업의 규모보다 훨씬 크다.)

② × (그림 9-1 참조)

③ ○ (단기에 성립)

④ ○

⑤ ○ (시설규모 확장은 장기에 가능)

⑥ × (전혀 대체가 이루어지지 않음을 뜻한다. 레온티에프생산함수 → L자형태의 등 량곡선)

⑦ × (단기적 현상인 수확체감의 법칙은 장기에 어떤 형태의 규모에 대한 보수와도 양립할 수 있다.)

⑧ × ($MRTS_{NK} = MP_N/MP_K = 4 \rightarrow MP_K/MP_N = \frac{1}{4}$)

⑨ × (분업, 전문화, 경영의 효율성 증대 등)

⑩ ○

⑪ × (범위의 경제와 규모의 경제는 별도의 개념)

⑫ ○ ($\alpha + \beta = 0.65\% + 0.35\% = 1\%$만큼 증가. 이 장의 〈부록〉 참조)

⑬ ○

⑭ × ($MP_N > AP_N$인 한 AP_N 증가)

⑮ ○ (요소투입량이 0이면 총생산량도 0이다.)

⑯ × (노동절약적 기술진보 = 자본집약적 기술진보 → K/N 증가)

⑰ ○

⑱ ○ ($Q = AK^{0.5}N^{0.5}$에서 생산의 자본탄력도$\left(= \dfrac{\text{생산량변화율}}{\text{자본량변화율}} \right)$가 0.5이므로 자본이 10% 증가하면 생산량은 5% 증가. 이 장의 〈부록〉 참조)

⑲ ○ (규모의 보수증가 구간이므로)

⑳ ○ ($MRTS_{NK} = MP_N / MP_K$에서 자본이 늘고 노동이 줄면 MP_N은 증가하고 MP_K는 감소하므로 $MRTS$가 증가한다.)

㉑ ○

01. 평균생산물이 증가하는 경우 한계생산물은 항상 평균생산물보다 크고, 평균생산물이 감소하는 경우 한계생산물은 평균생산물보다 작다. 그림을 이용하지 않고 그 이유를 서술적으로 설명하라.

📋 문제 해답

요소의 마지막 한 단위가 만들어 내는 생산물(한계생산물)이 평균생산물보다 크면 마지막 단위까지 포함한 요소의 평균생산물은 종전의 평균생산물보다 큰 것은 당연한 이치이다. 이는 이종범 선수의 타율이 어제까지 4할이었는데 오늘 게임에서 5타수 3안타이면 타율이 4할을 넘어서고 5타수 1안타이면 타율이 3할대로 떨어지는 것과 같다.

02. 두 가지의 생산요소가 완전대체될 수 있다면 두 요소를 동일한 요소로 간주할 수 있는가?

📋 문제 해답

두 생산요소가 완전대체될 수 있으면 두 요소를 동일한 요소로 간주할 수 있다. 예컨대 빵 하나를 만드는 데 사카린 1g을 쓰나 설탕 3g을 쓰나 마찬가지라면 사카린 1g을 설탕 3g으로 보아도 좋은 것이다.

03. 등량곡선이 직선이거나 원점에 대하여 오목하다면 한계기술대체율이 일정하거나 체증한다는 것임을 설명하라.

📋 문제 해답

한계기술대체율은 등량곡선의 기울기이다. 따라서 한계기술대체율(기울기)이 일정하면 등량곡선은 직선, 체증하면 원점에 대하여 오목, 체감하면 원점에 대하여 볼록한 곡선이 된다. 본문 [그림 9-6, 7, 8]의 설명을 통해 쉽게 확인할 수 있다.

04. 한계기술대체율이 0보다 작다는 것은 무엇을 의미하는가?

📝 **문제 해답**

동일한 생산수준을 유지하면서 노동을 추가로 한 단위 고용할 때 포기해야 하는 자본량이 음이라는 것으로서 자본량이 추가로 들어가야 한다는 것을 뜻한다. 노동을 한 단위 더 고용하면서 동일한 생산수준을 유지하기 위해 자본량이 더 들어가야 한다는 것은 $MP_N < 0$을 뜻한다. 과잉노동력을 억지로 안고 있는 사회주의 국가의 국영기업에서는 이런 일이 일어날 수 있다.

05. 규모의 경제, 범위의 경제, 집적경제는 서로 어떻게 다른가?

📝 **문제 해답**

(1) 규모의 경제: 기업의 규모를 키울수록 생산의 평균비용이 감소하는 현상.
(2) 범위의 경제: 한 종류의 상품을 생산할 때 보다 생산공정이 유사한 여러 종류의 상품을 생산할 때의 생산비가 저렴해지는 현상.
(3) 집적경제: 한 지역에 여러 기업이나 산업이 모여 활동하면 노동력, 경영기술, 경영정보 등을 쉽게 얻을 수 있어 모든 기업이나 산업이 이익을 보는 현상. 지역경제학에서 많이 나오는 용어임.

06. "기업의 목표는 돈을 벌어 이를 사회에 환원하는 것이다." 논평하라.

📝 **문제 해답**

기업의 1차적인 목표는 정당한 방법으로 가급적 이윤을 많이 내는 것이다. 이윤을 많이 내면 기업의 규모를 확대하고 다른 사업을 발굴하는 등의 투자로 더 많은 소득과 일자리를 창출할 수 있고 정부에 세금을 많이 낼 수 있다. 이것이 기업의 본질이다.

07. 다음 기술이 옳은가 그른가를 밝히고 그 이유를 설명하라.
① 범위의 경제가 존재하면 규모의 경제는 당연히 존재한다.
② L자형 등량곡선을 레온티에프등량곡선이라고도 한다.
③ 규모에 대한 보수가 증가하면 규모의 경제가 달성된다.
④ 평균생산물이 감소하면 총생산물도 감소한다.

⑤ 한계생산물체감의 법칙과 수확체감의 법칙은 같은 내용이다.

⑥ 가변비례의 법칙은 장기에도 성립한다.

⑦ 한 기업의 최고경영자를 CEO: Chief Executive Officer, 최고재무책임자를 CFO: Chief Finance Officer, 최고업무책임자를 COO: Chief Operating Officer, 최고정보관리자를 CIO: Chief Information Officer라 부른다.

⑧ 노동절약적 기술진보는 자본집약적 기술진보다.

📑 문제 해답

---

① × (규모의 경제와 범위의 경제는 별개의 문제)

② ○ (고정투입비율 생산함수를 레온티에프생산함수라고도 한다.)

③ ○

④ × (AP_N이 감소해도 $MP_N > 0$인 한 총생산물은 증가한다.)

⑤ ○

⑥ × (단기적인 현상인 수확체감의 법칙과 같은 말이다.)

⑦ ○

⑧ ○

10 생산과 비용함수

01. (1) $TC = w \cdot N + r \cdot K$ 에서

$$3,000 = 150K + 120N \rightarrow K = 20 - \frac{4}{5}N$$

(2) $4,500 = 150K + 120N \rightarrow K = 30 - \frac{4}{5}N$

(1)의 경우보다 등비용선이 오른쪽으로 평행이동

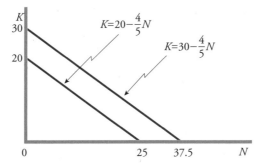

(3) $3,000 = 120K + 120N \rightarrow K = 25 - N$

총지출액이 고정되어 있는 상황에서 한 요소가격이 내리면 K와 N 모두 증가하는 것이 일반적이다(K와 N이 생산과정에서 보완적인 역할을 한다).

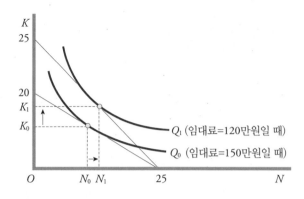

02. (1) 회계적 이윤＝총수입－명시적 총비용＝5－(2＋1＋0.3＋0.3＋0.2＋0.2)

$$＝5－4＝1억원$$

경제적 이윤＝회계적 이윤－잠재적 비용

$$＝1－(0.3＋0.4＋0.3＋0.5)$$

$$＝1－1.5＝－0.5억원＝5,000만원 손실$$

(2) 건물·기계·시설 중 일부는 사장 소유이고 다른 일부는 빌린 것이다.

(3) ① 경제적 비용＝명시적 총비용＋잠재적 비용＝4＋1.5＝5.5억원

② 고정비용＝임대료＋감가상각비＋이자＋잠재적 비용

$$＝0.3＋0.2＋0.2＋1.5＝2.2억원$$

③ 가변비용＝임금(2)＋원재료비(1)＋광고·접대비(0.3)＝3.3억원

(4) 이자율이 연 10%이면 자기가 보유하고 있는 현금이 4억원, 건물·기계 시설의 가치는 3억원인 셈이다. 따라서 자기자본은 7억원이다.

한편 지불이자가 0.2억원이므로 2억원을 차입했다. 자산＝자기자본＋부채이므로 7＋2＝9억원이다. 그런데 감가상각비 0.2억원을 적립하고 있으므로 실제 총자산은 9.2억원인 셈이다.

03.

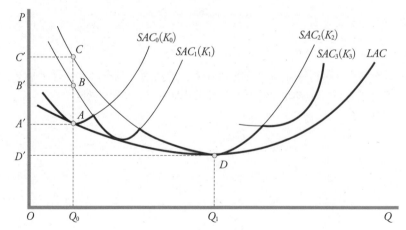

(1) 매기 Q_0 생산시 $AC(K_0) = OA'$ $TC(K_0) = OQ_0 \times OA'$

               $AC(K_1) = OB'$ $TC(K_1) = OQ_0 \times OB'$

               $AC(K_2) = OC'$ $TC(K_3) = OQ_0 \times OC'$

K_1, K_2 설비하에서는 K_0 설비하에서보다 AC와 TC가 훨씬 커진다.

매기에 Q_1을 생산할 때에는 K_2 설비를 가지는 것이 AC와 TC를 최소로 한다. 따라서 $AC(K_2) = OD'$, $TC(K_2) = OQ_1 \times OD'$

(2) 단기에 수확체감의 법칙을 반영하여 U자형태를 취하고 장기에는 설비의 변화가 가능하다. 큰 설비를 가지고 매기당 조금만 생산하면 평균고정비용이 커져 평균비용도 커진다. 매기당 생산량이 Q_0처럼 작으면 생산설비는 K_0가 좋다. 그러나 생산량이 커지면 큰 생산설비를 가져야 평균비용이 작아진다. 생산량이 너무 커지면 규모의 비경제가 생겨 평균비용이 커진다. 따라서 단기평균비용곡선이 그림처럼 그려진다.

(3) 그림과 같이 네 개의 SAC를 아래에서 싸고 도는 굵은 곡선(envelope curve)이 LAC이다(본문 [그림 10-14]와 보충연습문제 4번 참고).

(4) 최적시설규모가 다른 생산설비가 무수히 많이 있다는 가정이 필요. 이 가정으로 본문에서와 같이 장기평균비용곡선이 단일의 U자형을 가짐.

(5) 장기평균비용곡선은 단기평균비용곡선들 중에서 각각의 산출량을 최소의 비용으로 생산하게 하는 점들만을 연결한 곡선이므로 장기평균비용곡선보다 위에 있는 점들은 최소비용보다 많이 드는 비효율적인 생산점이다. 장기평균비용곡선보다 아래에 있는 점들은 그 비용으로 생산할 수 없는 점들이다.

04. 생산량의 5단위의 요소조합 $(N, K) = (1, 1) \rightarrow TC_5 = 1{,}000 \times 1 + 2{,}000 \times 1 = 3{,}000$원

12단위의 요소조합 $(2, 1) \rightarrow TC_{12} = 1{,}000 \times 2 + 2{,}000 \times 1 = 4{,}000$원

   ⋮   ⋮   ⋮   ⋮

생산량 24단위의 요소조합 $(3, 2) \rightarrow TC_{24} = 1{,}000 \times 3 + 2{,}000 \times 2 = 7{,}000$원

(4가지 생산가능 조합 $(1, 6)$, $(2, 3)$, $(3, 2)$, $(6, 1)$ 중 최소비용을 가져오는 조합이 $(3, 2)$이므로)

   ⋮   ⋮   ⋮   ⋮

54단위 요소조합 $(6, 6) \rightarrow TC_{54} = 1{,}000 \times 6 + 2{,}000 \times 6 = 18{,}000$원

⇒ 생산량$(5, 12, 24, 54)$을 횡축, 각각의 생산량에 대응하는 총비용$(3{,}000$원, $4{,}000$원, 7000원, $18{,}000$원$)$, 평균비용(TC/Q)을 종축으로 하여 장기총비용곡선과 장기평균비용곡선을 그려볼 것.

05. $TC = \dfrac{1}{2}Q^3 - 4Q^2 + 100Q + 25$

(1) $TFC = 25$: $Q = 0$일 때의 총비용

$$TVC = TC - TFC = \frac{1}{2}Q^3 - 4Q^2 + 100Q$$

(2) $AVC = \dfrac{TVC}{Q} = \dfrac{1}{2}Q^2 - 4Q + 100$

$\quad AFC = \dfrac{TFC}{Q} = \dfrac{25}{Q}$

(3) $AC = AVC + AFC = \dfrac{1}{2}Q^2 - 4Q + 100 + \dfrac{25}{Q}$

(4) $MC = \dfrac{dTC}{dQ} = \dfrac{3}{2}Q^2 - 8Q + 100$

(5) ① $AVC = \dfrac{1}{2}Q^2 - 4Q + 100$

$\qquad = \dfrac{1}{2}\left[Q^2 - 8Q + 16 - 16\right] + 100$

$\qquad = \dfrac{1}{2}(Q-4)^2 - 8 + 100$

$\qquad = \dfrac{1}{2}(Q-4)^2 + 92 \Rightarrow Q = 4$일 때 92의 최소값.

$\quad Q = 4$를 $MC = \dfrac{3}{2}Q^2 - 8Q + 100$에 대입하면

$\quad \dfrac{3}{2} \cdot 16 - 32 + 100 = 24 - 32 + 100 = -8 + 100 = 92$

따라서 MC는 AVC의 최저점을 지난다.

🔑 : AVC의 최저치는 $AVC\left(= \dfrac{1}{2}Q^2 - 4Q + 100\right)$의 도함수

$\qquad \dfrac{d(AVC)}{dQ} = Q - 4 = 0$일 때의 Q값에서 결정된다.

즉, $Q = 4$일 때 AVC가 최소가 된다.

② $AC = \dfrac{1}{2}Q^2 - 4Q + 100 + \dfrac{25}{Q}$의 최소치는

$\quad \dfrac{dAC}{dQ} = Q - 4 - \dfrac{25}{Q^2} = 0$일 때의 Q에서 결정된다.

$\quad \Rightarrow Q - 4 - \dfrac{25}{Q^2} = 0$

$\qquad = Q^3 - 4Q^2 - 25 = 0$

$\qquad = (Q-5)(Q^2 + Q + 5) = 0$

$\therefore Q = 5$에서 최소값 97.5

그런데 $Q = 5$에서 MC는 $\dfrac{3}{2} \cdot 25 - 40 + 100 = 97.5$이므로 MC는 AC의 최저점을

지난다.

(6) 본문 pp.280~281 설명 참조.

06. 한 산업의 기술구조가 L자형의 장기평균비용곡선으로 묘사된다고 하자. 그러면 그 산업 내에는 SAC_1의 단기평균비용곡선을 가지는 소기업, SAC_2 같은 중기업, SAC_3 같은 대기업이 모두 최소의 생산비용으로 생산하는 효율적인 기업이다. 따라서 대기업과 중소기업이 사이좋게 공존할 수 있다.

07. (1) ① ○

② ○

③ × (AFC는 우하향)

④ ○ ($AC = AVC + AFC$)

⑤ ○ (그림으로 확인할 것)

⑥ ○ (그림으로 확인할 것)

⑦ ○ ($AFC = \dfrac{TFC}{Q}$ 에서 Q가 증가하면 AFC가 감소하는데

$AC = AVC + AFC$이기 때문에)

⑧ ○

⑨ × (Q가 작을 때는 $AFC > AVC$)

⑩ × (MC가 증가하면서도 AC보다 작기만 하면 AC가 감소한다.)

⑪ ○

(2) ① ○ $\left(\dfrac{MP_N}{w} = \dfrac{MP_K}{r} \right)$

② ○

③ ○ (규모에 대한 보수가 증가 혹은 감소할 때는 최저점과 접할 수 없다.)

④ ×

⑤ × (TC가 체감적으로 증가하면 $MC > 0$이지만 MC는 감소)

⑥ ○ ($TC = TVC + TFC$에서 장기에 $TFC = 0$)

⑦ ×

⑧ ×

⑨ × (작거나 같다. 규모에 대한 보수 불변의 경우 $SAC = LAC$)

⑩ × ($MP_N = MP_K$이도록 K와 N이 결정된다.)

⑪ ○ $\left(MRTS = -\dfrac{MP_N}{MP_K} = \dfrac{w}{r} = 1 \right)$

⑫ × $\left(\dfrac{MP_K}{r} = \dfrac{3}{5} > \dfrac{MP_N}{\omega} = \dfrac{2}{4} = \dfrac{1}{2}$이어서 K를 더 고용$\right)$

⑬ × $\left(\dfrac{2}{5}\text{원이다.}\right)$

(3) ○

(4) × (AC는 증가, MC는 불변)

(5) ○

(6) × (AC곡선은 우하향하는 직각쌍곡선. MC곡선은 생산량축과 일치하는 수평선
  (MC = 0이기 때문에): 이 문제는 가변비용이 0이고 고정비용만 존재하는 경우
  와 같음)

(7) ○

(8) × (규모의 경제가 존재해도 단기에 요소의 한계생산물은 체감, 규모에 대한 보수
  와 수확체감의 법칙은 별개의 문제)

(9) ○ (그 역이 반드시 성립하지는 않는다.)

(10) × $\left(\dfrac{MP_N}{w} = \dfrac{MP_K}{r}\text{ 일 때 비용이 극소화}\right)$

01. 어느 시골출신 대학생이 서울 사립대학에 진학했다. 1년 대학 재학비용은 다음과 같다고 하자.

> 등록금 800만원, 교재비 100만원, 기숙사비 400만원, 교통비 140만원, 기타용돈 360만원, 합계 1,800만원

대학을 다니는 대신 취직하면 월(세후)소득 200만원을 벌고 직장생활에 따른 연간 지출비용은 다음과 같다고 하자.

> 월세 600만원, 식비 420만원, 교통비 140만원, 용돈 · 기타 480만원, 합계 1,640만원

(1) 대학 재학의 명시적 비용은 얼마인가?
(2) 취직의 명시적 비용은 얼마인가?
(3) 취직의 총가치와 순가치는 얼마인가?
(4) 대학 재학의 기회비용을 대학 재학의 명시적 비용＋취직의 순가치의 공식으로 계산하라.
(5) 대학 재학의 기회비용을 취직의 총가치＋대학 재학의 명시적 비용－취직의 명시적 비용의 공식으로 계산하라.
(6) 우리나라의 높은 대학 진학률을 대학 재학의 기회비용과 연관시켜 논하라.

⊟ 문제 해답

> (1) 대학 재학의 명시적 비용 ＝ 연 1,800만원
> (2) 취직의 명사적 비용 ＝ 연 1,640만원
> (3) 취직의 총가치 ＝ 연 2,400만원
>   취직의 순가치 ＝ 2,400 － 1,640 ＝ 연 760만원
> (4) 1,800 ＋ 760 ＝ 2,560만원
> (5) 2,400 ＋ (1,800 － 1,640) ＝ 2,560만원
> (6) 4년 대학 재학의 기회비용 2,560 × 4 ＝ 10,240만원보다 대학 재학의 편익이 크(다고 보)기 때문에 대학진학열이 높다. 대졸과 고졸 간의 임금 격차, 고등교육을 받음으로써 얻어지는 넓어지는 시야와 쌓이는 전공지식, 인적 네트워크 등의 편익을 감안하면 대학 재학의 편익이 1억 원의 기회비용보다 훨씬 크다고 생각되기 마련이다.

02. 평균가변비용곡선의 최저점이 항상 평균비용곡선의 최저점의 왼쪽에 위치하는 이유를 설명하라.

📋 **문제 해답**

AVC가 증가하는 생산량 수준에서도 AFC는 계속 감소하고 있으므로 AVC가 증가하더라도 AFC의 감소분이 AVC의 증가분보다 큰 초기단계에는 AC가 감소한다.

03. 한계비용곡선이 평균비용곡선과 평균가변비용곡선의 최저점을 통과하는 이유를 설명하라.

📋 **문제 해답**

한계량과 평균량의 관계에서 $MC<AC$일 때는 AC는 감소하지만 $MC>AC$이기만 하면 AC는 증가한다. 따라서 $MC=AC$일 때 AC가 감소에서 증가로 돌아서는 분기점이다. 즉 MC곡선은 AC곡선의 최저점을 통과한다. AVC와 MC에 대해서도 마찬가지 관계가 성립한다.
$AVC=\dfrac{TVC}{Q}$ 이고 $MC=\dfrac{\varDelta TVC}{\varDelta Q}$ 이기 때문이다.

04. 규모에 대한 보수가 감소하는 경우에 단기평균비용곡선의 최저점보다 오른쪽에서 장기평균비용곡선과 접점을 이루는 것을 [그림 10-14]로 설명하라.

📋 **문제 해답**

규모에 대한 보수가 감소하는 경우에는 생산시설규모를 늘릴 때 평균비용이 증가한다. 매기당 Q_2를 생산하고자 하는데 이 생산수준에서 단기평균비용이 최저가 되는 시설규모 K_3를 지으면 단기평균비용이 B로서 더 작은 시설규모 K_2하에서의 단기평균비용 A보다 높다. 따라서 이 경우에는 K_2의 시설규모로 생산하는 것이 유리하다. 독자들은 기업이 매기당 Q_2'를 생산하고자 할 때 어떤 시설규모를 택할지 확인할 수 있어야 한다.
① 일반적으로 LAC곡선이 수평선이 아니고 우하향이거나 우상향일 때는 LAC곡선이 SAC곡선의 최저점과 접하는 것은 불가능하다. 이를 그림으로 확인할 수 있어야 한다.
② 규모에 대한 보수가 증가(감소)할 경우 생산설비를 늘릴(줄일)수록 평균비용이 감소한다. 따라서 한 생산설비의 최적산출량수준에서 가동하기보다 조금 큰(작

은) 규모의 생산설비를 설치하여 최적산출량보다 적게(많이) 생산하는 것이 유리하다. 이것이 바로 장기평균비용이 하락(상승)하는 경우 각 생산설비수준에서 그려진 단기평균비용곡선의 최저점보다 왼쪽(오른쪽)에서 접하게 되는 이유이다.

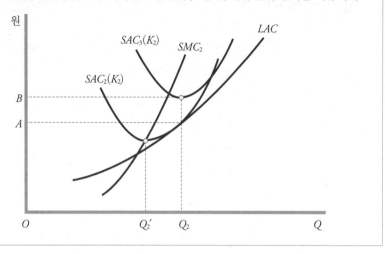

05. 제9장 [그림 9–8]의 레온티에프생산함수에서 확장경로가 OT임을 확인하라.

📋 **문제 해답**

> 100, 200단위의 제품을 생산할 때 R, S점을 각각 선택하는 것이 비용을 최소화하는 방법이다. 다른 점을 택하면 비용이 R, S점에서보다 더 커지는 것을 확인하라.

06. 총비용(TC)과 자본재 임대료(r)는 변하지 않고 있는데 시장임금(w)만 상승할 때 주어진 산출량을 생산하는 생산자의 균형이 어떻게 달라지는가를 설명하고 이를 통하여 임금상승이 계속될 때 필연적으로 기계화가 촉진되는 것임을 음미하여 보라.

📋 **문제 해답**

> 시장임금(w)이 상승하면 TC가 주어져 있을 때 요소고용량이 줄고 생산량도 감소한다. w가 계속 상승하면 노동이 상대적으로 비싼 요소가 되어 노동을 상대적으로 적게, 자본을 상대적으로 많이 사용한다. 즉 자본·노동비율이 증가한다.
> 일반적으로 임금·임대료비율(w/r)이 상승하면 자본·노동비율(K/L)이 증가한다. 이는 레온티에프생산함수가 아닌 한 항상 성립한다.

07. $MP_K = 100N - K$, $MP_N = 100K - N$, $rK + wN = 1,000$원, $r = 5$원, $w = 5$원일 때 최대산출량을 구하라.

📝 **문제 해답**

① $\dfrac{MP_K}{r} = \dfrac{MP_N}{w}$ 와 ② $rK + wN = 1,000$을 만족시키는 요소고용량이 최대 산출량을 낳는다. 임금(w)을 5원으로 바꾸어 계산한다.

① $\dfrac{100N - K}{5} = \dfrac{100N - K}{5}$

$100N - K = 100K - N$

$101N = 101K$,

$\therefore N = K$

② $5K + 5N = 1,000$

$K + N = 200$

①을 이용하면 $K = N = 100$

이 요소량을 사용하여 만드는 생산량이 최대산출량이다(여기에서처럼 한계생산물함수만 주어져 있으면 한계생산물함수를 적분하여 총생산함수를 구할 수 있다. 총생산함수는 $Q = 100NK - \dfrac{1}{2}N^2 - \dfrac{1}{2}K^2$이다. 최대산출량은 $Q = 100 \times 100 \times 100 - \dfrac{1}{2} \times 100^2 - \dfrac{1}{2} \times 100^2 = 990,000$이다. 원론수준에서 적분이 어려우므로 총생산함수가 주어져 있었어야 하는 문제이다.)

08. 농가에서 모를 심는 방법에는 손으로 심는 방법(손모)과 이앙기로 심는 방법이 있다. 최소비용원칙을 이용하여 아래 물음에 답하라.

(1) 농번기 일손이 달려 작년보다 임금이 높아졌다. 손모심는 논과 이앙기로 심는 논의 비중이 작년에 비해 어떻게 변할 것인가?

(2) 손모수확이 이앙기로 심은 논의 수확보다 큰 것으로 밝혀졌다면?

(3) 장기에는 어떤 양상을 예상할 수 있는가? 그 이유는?

📝 **문제 해답**

(1) 종전에 $\dfrac{MP_N}{w_0} = \dfrac{MP_K}{r_0}$의 최소비용원칙이 성립하고 있었다고 상정하여 새로운 여건의 변화가 어떤 상황과 조정을 낳는가를 보면 된다.

$w \uparrow (w_0 \to w_1) : \dfrac{MP_N}{w_1} < \dfrac{MP_K}{r_0}$

→ 이앙기로 심는 논의 비중이 늘어남 $\left(\dfrac{MP_N}{w_1} = \dfrac{MP_K}{r_0}$ 가 될 때까지$\right)$.

(2) MP_N이 예상보다 크므로 $\dfrac{MP_N}{w_0} > \dfrac{MP_K}{r_0}$: $\dfrac{MP_N}{w_0} < \dfrac{MP_K}{r_0}$ 가 될 때까지 손모로 심는 논의 비중이 늘어남.

(3) 장기에는 농가 일손이 모자라 임금이 계속 상승할 것이므로 기계로 모를 심는 논의 비중이 계속 늘어날 것이다. $\dfrac{MP_N}{w_0} = \dfrac{MP_K}{r_0}$ 이 되게 조정 됨.

09. 1970년대 말까지만 해도 시내버스와 고속버스마다 있던 여승무원이 없어졌다.

(1) 최소비용의 원칙을 이용하여 이를 설명하라.

(2) 생산요소의 완전한 가분성 가정이 강한 가정이라는 것을 이 문제와 관련하여 설명하라.

(3) 시골의 시외버스에 승무원이 아직도 있다면 이를 어떻게 설명해야 할까?

📝 **문제 해답**

(1) 여승무원 임금이 매년 올라 기존 상황에서 $\dfrac{MP_N}{w} < \dfrac{MP_K}{r}$.

여승무원을 고용하는 것보다 자동문을 설치운용하는 쪽의 비용이 저렴하기 때문에 여승무원 대신 자율버스 사용.

(2) 자동문 설치 비용과 맞먹는 수준으로 여승무원 고용수준을 줄일 수 있다면(예컨대 2/3인 또는 1/3인) 갑자기 여승무원이 완전히 없어지고 자동문 버스로 완전 대체되는 식의 기계화가 이루어지지 않았을 것이다. 그러나 사람(여승무원)을 1/2인(人), 1/3인 등으로 축소 고용할 수 없기 때문에(물론 파트 타임으로 고용한다면 이러한 축소 고용이 가능하나 여승무원들이 파트 타임으로 일하는 대신 다른 정규직종을 선호한다) 여승무원 고용을 전면 폐지할 수밖에 없음. 따라서 완전 가분성은 너무 강한 가정임.

(3) 도착지 및 노약자 안내, 장거리 여행에 따른 승객 서비스의 필요성 등 시외버스의 특성상 승무원 필요. 즉 시내버스의 MP_N보다 시외버스의 MP_N이 커서 시외버스에는 승무원이 있다. 그러나 임금이 계속 상승하는 한편 매표소 제도를 활용하고 자동적인 서비스 제공 기술이 발달함에 따라 시외버스에서 몇 년 전까지 있던 승무원들이 자취를 감추다시피 급격히 줄어들었다.

10. 처음부터 수확체감의 법칙이 발생할 때 단기비용곡선들을 그려라. 단기평균비용곡선이 수평이라면 무엇을 뜻하는가? 이때 단기한계비용곡선은 어떻게 그려지는가?

① 처음부터 수확체감의 법칙이 발생하는 경우의 단기비용곡선들은 일반적인 단기
비용곡선들 각각에서 MP곡선이 우하향부분에 대응하는 부분에 해당한다.

(i) $MP \to MC$

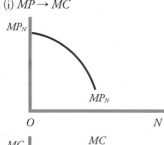

(ii) MP와 AP의 관계 → MC와 AVC의 관계

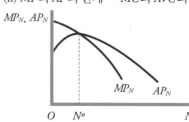

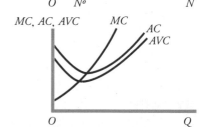

(iii) $MC \to TC$

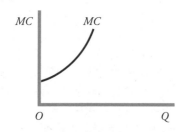

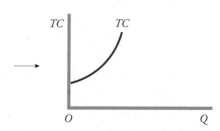

(iv) $TC = TFC + TVC \to AFC,\ AVC,\ AC,\ MC$

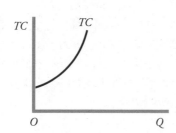

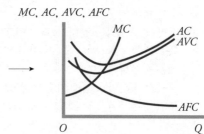

② 수평의 AC곡선 → $AC = \dfrac{TC}{Q}$ 일정 → $TC = AC \cdot Q$ 직선

$\quad\quad\quad\quad\quad\quad$ → 수평의 MC(MC는 TC곡선상의 각 점에 있어서의 기울기)

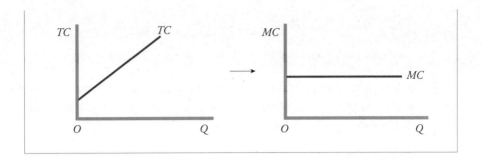

11. 규모에 대한 보수가 불변일 때에도 장기평균비용곡선이 단기평균비용곡선들의 포락 곡선이고, 장기총비용곡선이 단기총비용곡선들의 포락곡선임을 보여라.

📝 **문제 해답**

> [그림 10-12]에서 장기총비용곡선은 단기총비용곡선들을 아래에서 감싸는 포락곡 선(엄밀하게 말하면 포락직선)이다. [그림 10-13]에서 장기평균비용곡선은 단기평 균비용곡선들을 아래에서 감싸는 포락곡선이다.

12. 표 10-1에서 잠재적 비용은 기업가가 보유하는 생산요소의 기회비용이고 경제적 비 용은 치킨가게 일의 기회비용임을 설명하라.

📝 **문제 해답**

> 치킨가게 일을 하지 않으면 명시적 비용이든 잠재적 비용이든 가게 일로 쓰지 않고 다른 일에 쓸 수 있을 것이다. 따라서 치킨가게 일의 기회비용은 명시적 비용과 잠재 적 비용을 합친 경제적 비용이다.

13. 생산함수, 노동의 한계생산물함수, 자본의 한계생산물함수가 각각 $Q = A(NK)^{0.5}$, $MP_N = 0.5A(K/N)^{0.5}$, $MP_K = 0.5A(N/K)^{0.5}$로 주어졌다고 하자. 총비용함수를 구하라.

📝 **문제 해답**

> 요소가 노동과 자본 둘뿐이므로 총비용은
> $$TC = wN + rK \qquad \cdots ①$$
> 이다. 장기에 기업은 각 산출량을 최소의 비용으로 생산한다. 따라서

$$\frac{MP_N}{w} = \frac{MP_K}{r} \Rightarrow \frac{0.5A(K/N)^{0.5}}{w} = \frac{0.5A(K/N)^{-0.5}}{r}$$

$$\therefore \frac{0.5A(K/N)^{0.5}}{0.5A(K/N)^{-0.5}} = \frac{K}{N} = \frac{w}{r}$$

총비용함수는 요소가격이 주어져 있을 때 생산량이 변함에 따라 각 생산량을 산출하는 최소 총비용이 어떻게 변하는가를 나타낸다. 따라서 위 식에서 생산함수를 이용하여 요소량을 생산량으로 바꾸어야 한다.

$Q = A(NK)^{0.5}$에서 $NK = \left(\frac{Q}{A}\right)^2$

$$\therefore K = \frac{1}{N}\left(\frac{Q}{A}\right)^2 = \frac{w}{r}N \text{(두 번째 등호는 ②식에 의해)}$$

$$\left(\frac{Q}{A}\right)^2 = \frac{w}{r}N^2 \Rightarrow N = \left(\frac{w}{r}\right)^{-\frac{1}{2}}\frac{Q}{A}$$

$$K = \frac{w}{r}N = \frac{w}{r}\left(\frac{w}{r}\right)^{-\frac{1}{2}}\frac{Q}{A} = \left(\frac{w}{r}\right)^{\frac{1}{2}}\frac{Q}{A}$$

따라서

$$TC = wN + rK$$
$$= w\left(\frac{w}{r}\right)^{-\frac{1}{2}}\frac{Q}{A} = r \cdot \left(\frac{w}{r}\right)^{\frac{1}{2}}\frac{Q}{A}$$
$$= w^{\frac{1}{2}}r^{\frac{1}{2}}\frac{Q}{A} + r^{\frac{1}{2}}w^{\frac{1}{2}}\frac{Q}{A}$$
$$= 2(wr)^{\frac{1}{2}}\frac{Q}{A} = 2\sqrt{wr}\,\frac{Q}{A} \text{가 총비용함수이다.}$$

14. 다음 표는 어떤 피자가게의 비용정보이다.

수량(개)	총비용(원)	가변비용(용)
0	30	
1	40	10
2	55	25
3	75	45
4	100	70
5	130	100
6	165	135

(1) 이 피자가게의 고정비용은 얼마인가?

(2) 피자 1개당 한계비용을 총비용과 가변비용을 이용하여 각각 계산하라. 양자에 차이가 있는가?

(3) 평균가변비용과 평균비용, 한계비용을 계산하라.

(4) 각 비용곡선을 그리고 한계비용곡선과 평균비용곡선 및 한계비용곡선과 평균가변비용곡선의 관계를 설명하라.

(1) 고정비용 = 총비용 − 가변비용 = 30

(2) $MC = \dfrac{\varDelta TC}{\varDelta Q} = \dfrac{\varDelta TVC}{\varDelta Q}$ 이므로 가변비용으로 계산하거나 총비용으로 계산하거나 한계비용은 같음을 표에서 확인할 수 있다.

수량	총비용	가변비용	한계비용	평균가변비용	평균비용
0	30	0			
1	40	10	10	10	40
2	55	25	15	12.5	27.5
3	75	45	20	15	25
4	100	70	25	17.5	25
5	130	100	30	20	26
6	165	135	35	22.5	27.5

(3) $AVC = \dfrac{TVC}{Q}$ 및 $AC = \dfrac{TC}{Q}$ 를 계산하면 위의 표와 같다.

(4)

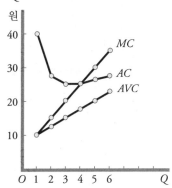

생산량이 4개 이하일 때는 한계비용곡선은 평균비용곡선 아래에 위치하고 있다. 물론 이때 평균비용은 하락한다. 생산량이 4 이상일 때 한계비용곡선은 평균비용곡선 위에 위치하고 이때 평균비용은 상승한다. 한계비용곡선은 항상 평균가변비용곡선 위에 위치하고 있음도 확인할 수 있다.

15. 어떤 노트북 전문판매업자의 고정비용은 20,000원이고 총가변비용은 다음과 같다고 하자.

1달간 판매대수

판매대수(대)	1	2	3	4	5	6	7
총가변비용(원)	10,000	20,000	40,000	80,000	160,000	320,000	640,000

(1) 평균고정비용, 평균가변비용 및 평균비용을 계산하라.

(2) 이 업자의 최적판매규모는 얼마인가?

📝 문제 해답

(1) 평균고정비용(AFC), 평균가변비용(AVC) 및 평균비용(AC)을 계산하면 다음 표와 같다.

Q	TVC	FC	TC	AFC	AVC	AC
0	0	20,000	20,000			
1	10,000	20,000	30,000	20,000	10,000	30,000
2	20,000	20,000	40,000	10,000	10,000	20,000
3	40,000	20,000	60,000	6,670	13,300	20,000
4	80,000	20,000	100,000	5,000	20,000	25,000
5	160,000	20,000	180,000	4,000	32,000	36,000
6	320,000	20,000	340,000	3,330	53,333	56,666
7	640,000	20,000	660,000	2,860	91,400	94,285

(2) 최적규모는 1달간 2대나 3대이다. 왜냐하면 이때 평균비용이 최소가 되어 효율적 생산이 이루어지기 때문이다.

16. 다음은 각기 다른 세 회사의 자기총비용이다. 표를 보고 어떤 회사가 규모의 경제 혹은 규모의 비경제를 보이고 있는지 설명하라.

(단위: 만원)

수　　량	1	2	3	4	5	6	7
A회사	60	70	80	90	100	110	120
B회사	11	24	39	56	75	96	119
C회사	21	34	49	66	85	106	129

세 회사의 평균비용을 계산하면 다음 표와 같다.

Q	A회사		B회사		C회사	
	TC	AC	TC	AC	TC	AC
1	60	60.5	11	11	21	21.5
2	70	35.5	24	12	34	17.5
3	80	26.7	39	13	49	16.3
4	90	22.5	56	14	66	16.5
5	100	20.5	75	15	85	17.5
6	110	18.7	96	16	106	17.7
7	120	17.1	119	17	129	18.4

A기업은 생산량이 늘어날수록 평균비용이 줄어들고 있으므로 규모의 경제를 시현하고 있다. B기업은 생산량이 증가할수록 평균비용도 증가하고 있으므로 규모의 비경제를 나타내고 있다. C기업은 3단위 생산까지는 규모의 경제를 시현하고, 그 이후의 생산에 대해서는 규모의 비경제가 나타나고 있다.

17. 다음 기술이 옳은가 그른가를 밝히고 그 이유를 설명하라.

① 최적시설규모란 단기적으로 가장 효율적인 시설규모를 뜻한다.

② 단기에 MC가 최소일 때 AC도 최소가 된다.

③ 경제적 비용은 항상 잠재적 비용보다 크다.

④ 매몰비용은 단기에 고정비용에 속한다.

⑤ 최소비용의 원칙과 최대생산량의 원칙은 모두 한계생산물균등의 법칙으로 귀결된다.

⑥ 최적시설규모보다 큰 규모에서는 $SMC > LMC$이다.

⑦ 고정비용이 증가하면 SMC, LMC 모두 증가한다.

⑧ 단기평균비용은 결코 장기평균비용보다 적을 수 없다.

📝 **문제 해답**

① × (LAC 최저점에 해당하는 시설규모 → 장기적으로 유일하게 존재)

② × (MC 또는 AVC가 증가해도 AFC감소분이 AVC증가분보다 크면 AC는 감소)

③ × (경제적 비용 = 잠재적 비용 + 명시적 비용)

④ ○

⑤ ○

⑥ × (여러 규모의 SMC가 존재한다.)

⑦ ×
⑧ ○

11 완전경쟁시장에서의 가격과 생산

01. (1) 이윤극대화생산량: Q_1

(2) 총수입: $\square OP_1JQ_1$

Q_1에서 그은 수직선이 AC곡선과 만나는 점을 M, M에 대응하는 가격을 P_5라 하면

(3) 총비용: $\square OP_5MQ_1$

(4) 이 윤: $-\square P_1P_5MJ$

즉 $\square P_1P_5MJ$만큼의 손실.

가격이 P_1일 때 $P=MR=MC$인 생산량 Q_1은 다른 어떤 생산량보다 손실을 적게 해 주는 생산량이다. 예컨대 Q_1보다 적은 생산량에서는 $MR>MC$이므로 생산을 늘 리면 이윤이 늘어난다(손실이 줄어든다).

02. (1)

Q	TC	TFC	TVC	AC	AFC	AVC	MC
1	100	50	50	100	50	50	50
2	140	50	90	70	25	45	40
3	177	50	127	59	$16\frac{2}{3}$	$42\frac{1}{3}$	37
4	216	50	166	54	12.5	41.5	39
5	265	50	215	53	10	43	49
6	324	50	274	54	$8\frac{1}{3}$	$45\frac{2}{3}$	59
7	399	50	349	57	$7\frac{1}{7}$	$49\frac{6}{7}$	75
8	496	50	446	62	$6\frac{1}{4}$	$55\frac{3}{4}$	97

(2) $Q=5$

(3) $Q=4$부터

한계비용 $MC=\varDelta TC/\varDelta Q=\varDelta TVC/\varDelta Q=\dfrac{w\cdot\varDelta N}{\varDelta Q}=\dfrac{w}{\varDelta Q/\varDelta N}=\dfrac{w}{MP_N}$. 따라서 수확체감의 법칙은 MC가 상승하기 시작하는 점부터 일어난다.

(4)

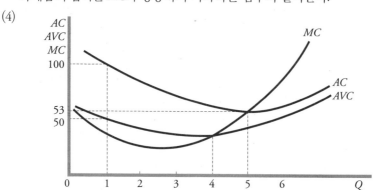

$Q=0$에서 $Q=1$ 사이의 한계비용이 50이라는 뜻에서 $Q=0.5$와 $MC=50$.
마찬가지로 $Q=1.5$와 $MC=40$을 짝짓는 식으로 MC곡선을 그리면 MC곡선이 AVC곡선과 AC곡선의 최저점을 지나게 된다.

(5) $Q=6$ set/주에서 $P=MC$이다. 따라서 월 생산량은 $Q=4$주(1달) $\times$ 6 set/주 $=24$ set
∴ $\pi=(P-AC)\times Q=(59{,}000-54{,}000)\times 24=120{,}000$원(초과이윤)

(6) 고정비용과 한계비용은 무관하다. 따라서 이윤극대화 생산량은 종전과 똑같다.

(7) ① $P=49{,}000$원일 때 주당 5 set 생산, 월 20 set 생산
$\pi=(P-AC)\cdot Q=(49{,}000-53{,}000)\times 20=-80{,}000$원(손실)

② 시장가격 49,000원이 최소 AVC 43,000원보다 크다. 따라서 가변비용을 회수하고 고정비용의 일부도 회수할 수 있으므로 단기에 생산을 계속한다.

03. (1) ① A의 X재 수요함수는 $\dfrac{800}{P_X}$, B의 X재 수요함수는 $\dfrac{400}{P_X}$ 이다. 따라서 X재의 시장 수요함수는 $Q_X=\dfrac{800}{P_X}+\dfrac{400}{P_X}=\dfrac{1{,}200}{P_X}$

P	1,200	600	400	300	240	200	150	100
Q_X	1	2	3	4	5	6	8	12

② Y재의 수요표는 $Q_Y=\dfrac{400+800}{P_Y}=\dfrac{1{,}200}{P_Y}$ 에서

P	1,200	600	400	300	240	200	150	100
Q_Y	1	2	3	4	5	6	8	12

(2) ① $P : 300 \rightarrow 100$

$$\varepsilon_d = \left| \frac{\Delta Q^D}{Q_1^D + Q_2^D} \middle/ \frac{\Delta P}{P_1 + P_2} \right| = \left| \frac{8}{4+12} \middle/ \frac{-200}{300+100} \right| = 1$$

② $P : 300 \rightarrow 200$

$$\varepsilon_d = \left| \frac{\Delta Q^D}{Q_1^D + Q_2^D} \middle/ \frac{\Delta P}{P_1 + P_2} \right| = \left| \frac{2}{4+6} \middle/ \frac{-100}{300+200} \right| = 1$$

(3)

Q_X	TC_X	TFC_X	TVC_X	AVC_X	AC_X	MC_X
0	400	400	0			
1	600	〃	200	200	600	200
2	800	〃	400	200	400	200
3	1,000	〃	600	200	333	200
4	1,200	〃	800	200	300	200
5	1,600	〃	1,200	240	320	400
6	2,200	〃	1,800	300	367	600

① 공급곡선: $P_X = 200$원 윗부분의 MC곡선

② 단기의 조업정지가격: AVC_X의 최저와 같은 수준인 200원

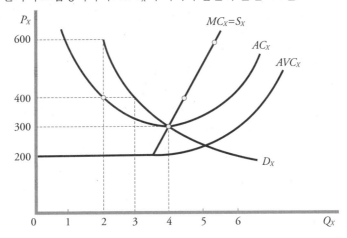

(4) X재의 균형가격: (3)의 그림에서 300원

Y재의 균형가격: 아래 그림에서 200원

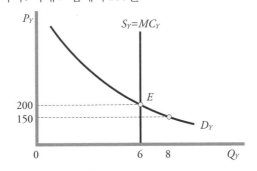

(5) ① X재의 균형산출량: 4단위((3)의 그림 참조)

   　 Y재의 균형산출량: 6단위((4)의 그림 참조)

   ② 갑의 이윤: $p=(P-AC) \cdot Q=(300-300) \times 4=0$

   　 을의 이윤: $p=(P-AC) \cdot Q=(200-200) \times 6=0$

(6) A의 Y재 수요함수는 $\dfrac{400}{P_Y}$, B의 Y재 수요함수는 $\dfrac{800}{P_Y}$이다. 따라서 Y재의 시장수

   요함수는 $Q_Y=\dfrac{400}{P_Y}+\dfrac{80}{P_Y}=\dfrac{1,200}{P}$

   을이 Y재를 6단위 생산하든 8단위 생산하든 총수입은 1,200원이다. 따라서 시설을
   구입하면 구입비 300원만큼 손실을 본다.

(7) 소비자가 B 한 사람뿐이면 X재를 구입하는 데 400원밖에 쓸 수 없으므로 수요곡선

   은 $Q_X=\dfrac{400}{P_X}$이 된다. 따라서 D_X에서 D_X'로 이동하게 된다.

   그러므로 균형수급가격은 200원이 되고 이 가격은 AVC_X곡선 최저점(shut-down
   point)이므로 단기에 2단위를 생산할 수도 있고 전혀 생산 안 할 수도 있다.

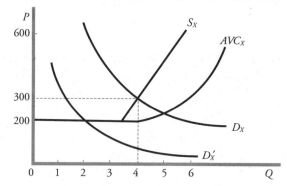

04. 아래 그림 (b)에서 가격이 P_1이면 개별기업은 q_1을 생산하여 $\square P_1mnh$만큼의 손실을 보
기 때문에 기존기업들은 생산을 줄이거나 일부기업이 다른 산업으로 빠져나간다. 그
결과 산업의 공급곡선은 S_1에서 S^*로 이동하게 되어 초과이윤$=0$인 균형상태를 되찾
게 된다.

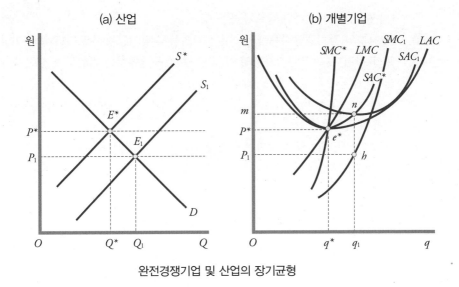

(a) 산업   (b) 개별기업

완전경쟁기업 및 산업의 장기균형

05. (1) U자형의 LAC에서 최적시설규모는 하나뿐이다. 따라서 모든 기업이 똑같은 SAC^* 곡선과 SMC^*곡선을 갖는다.

(2) 초과이윤 0이 장기균형조건이다.

(3) 가격이 SAC^*와 같다.

(4) 장기공급곡선이 수평이기 때문에 장기에 생산자잉여가 0이다.

06. 장기에 비용불변산업의 시장공급곡선은 수평선이고

비용감소산업의 시장공급곡선은 우하향한다.

비용증가산업의 시장공급곡선만 우상향한다.

07. ① ○ (항상 $P=AR=MR$이기 때문에)

② ○

③ ○ (단기에는 그렇다)

④ ○ ($MR=MC$에서 손실극대화도 발생한다.)

⑤ ○ ([그림 11–7]과 [그림 11–8]에서 확인요)

⑥ ○ (장기평균비용곡선의 최저점)

⑦ ○ (P가 생산량에 따라 변하지 않고 일정)

⑧ ○

⑨ × (손익분기점과 생산중단점은 비용측면에 의해 결정)

⑩ ○ (직각쌍곡선의 수요곡선 → $\varepsilon = 1$ → TR 일정 → $MR = 0$)

⑪ ○ (수평선의 수요곡선 → $\varepsilon = \infty$)

⑫ ○ (비용조건이 기업마다 다르기 때문에)

⑬ × (U자형의 장기평균비용곡선에서는 기업들의 장기균형점은 [그림 11-5]의 e^* 로 표시된다. 그러나 L자형의 장기평균비용곡선에서는 기업들의 생산량이 다를 수 있다.)

⑭ ○ (장기에는 고정비용이 없고 모든 비용이 가변비용이므로 평균비용＝평균가변비용의 관계가 성립한다.)

⑮ ○ (수입이 가변비용을 상회하는 한 운영하는 것이 유리하다.)

⑯ ○

⑰ ○

⑱ ○

01. 완전경쟁기업이 직면하는 상품의 수요곡선은 수평선인데 시장수요곡선은 우하향하는 이유는?

📋 **문제 해답**

> 완전경쟁기업이 직면하는 상품의 수요곡선은 각 기업이 가격수용자로서 주어진 시장가격에 따라 자기 제품을 얼마든지 팔 수 있어(얼마든지 판다고 하더라도 개별기업이 파는 수량은 전체시장의 판매량에 비하면 鳥足之血로 적다) 수평선이 된다. 시장수요곡선은 시장가격이 상승(하락)함에 따라 시장수요량이 감소(증가)하는 수요의 법칙에 의하여 우하향하는 곡선이 된다.

02. 시장형태에 관계 없이 기업의 이윤극대화 필요조건은 $MR = MC$이다. 그런데 완전경쟁기업의 경우 이윤극대화 필요조건으로 $P = MC$를 든다. 그 이유는?

📋 **문제 해답**

> 완전경쟁기업은 가격수용자이기 때문에 직선의 TR 곡선을 갖는다. 따라서 항상 $P = MR$이 성립하여 결과적으로 $MR = MC$가 된다. $P = MR$은 완전경쟁시장만의 독특한 특징이다.

03. 완경경쟁기업 및 산업의 단기균형을 그림을 그려가며 설명하라.

📋 **문제 해답**

> [그림 11-4 (a), (b)]에서 완전경쟁산업의 단기균형은 시장수요곡선과 시장공급곡선이 교차하는 점에서 균형수급량 Q_E와 균형가격 P_E가 결정된다. 완전경쟁기업은 가격수용자이므로 시장가격 P_E에서 그린 수평선이 수요곡선이자 $AR = MR$곡선이다. 이 MR곡선이 우상향하는 MC곡선과 만나는 q_E의 수량을 생산하게 된다. 물론 개별기업들의 공급량 q_E를 모두 합하면 시장공급량 Q_E가 된다.

04. "기업의 진입과 퇴거가 자유로울 때 완전경쟁산업의 장기공급곡선은 개별기업의 장기한계비용과 무관하다."를 논평하라.

📋 **문제 해답**

옳다. 산업의 장기공급곡선은 산업의 시장수요곡선이 먼저 이동한 경우를 상정하여 그에 따른 산업의 장기균형점들을 연결하여 도출한다.

05. 비용증가산업과 비용불변산업의 가격결정에 있어서의 차이를 단기와 장기로 구분하여 설명하라.

📋 **문제 해답**

(1) 비용불변산업
  ① 단기: 시장수요증가 → 가격상승, 초과이윤발생
  ② 장기: 신규기업진입, 기존기업생산 증가(생산요소에 대한 수요가 증가하더라도 생산요소가격이 불변이므로 비용곡선은 불변) → 수요증가만큼의 공급증가 → 가격이 원래의 수준으로 하락; 새 균형시장가격은 시장수요 증가 이전 수준에서 불변
(2) 비용증가산업
  ① 단기: 시장수요 증가 → 가격 상승, 초과이윤 발생
  ② 장기: 신규기업진입, 기존기업생산증가(생산요소수요 증가 → 생산요소가격 상승 → 비용곡선 상향이동) → 공급증가분이 수요증가분보다 적다 → 가격은 시장수요 증가에 따른 단기균형점의 가격수준에서 하락; 시장수요 증가 전에 비해 시장가격 상승

06. 을의 9번째 단위, y, 20번째 단위의 생산물에 대한 1일의 한계비용이 아래의 표와 같이 나타났다. 아래 표에서 처음 8단위를 생산하는 데 총비용이 3,600원(이 중 400원은 고정비용)이다. 물음에 답하라.

단위	9	10	11	12	13	14	15	16	17	18	19	20
MC(원)	410	410	411	413	416	420	430	450	490	630	700	900

(1) 시장가격이 450원일 때, 최대이윤을 얻기 위해서는 하루에 몇 단위를 팔아야 하는가?

(2) 하루에 10단위 팔다가 한 단위 더 팔면 얼마나 이윤이 늘어나는가? 하루에 17단

위 팔다가 한 단위 덜 팔면 얼마나 이윤이 늘어나는가?

(3) $MR > MC$이면 생산량을 늘리고 $MR < MC$이면 생산량을 줄여야 한다는 본문의 설명을 표에서 확인하라.

(4) 만일 (1)번의 수량보다 하루에 2단위를 더 판다면, 얼마의 이윤 또는 손실이 발생하는가?

(5) 하루 10단위를 생산·판매하고 있었는데 가격이 411원으로 변한다면, 생산과 판매를 계속할 것인가?

(6) 가격이 411원이고 하루 11단위를 생산·판매하고 있다면 얼마의 이윤 또는 손실이 발생하는가?

📝 **문제 해답**

(1) 16단위. 왜냐하면 16단위에서 $P = MC$이기 때문.

(2) ① 10단위보다 한 단위 더 팔면 시장가격만큼 수입이 늘고 한계비용만큼 비용이 늘기 때문에 $450 - 411 = 39$원만큼 이윤이 늘어난다.

② 17단위보다 한 단위 덜 팔면 시장가격 450원만큼 수입이 줄고 한계비용 490원만큼 절약된다. 절약되는 비용이 줄어드는 수입보다 40원이 크므로 그만큼 이윤이 늘어난다.

(3) $P = MR = 450$일 때 16단위가 될 때까지 생산량을 증가시키면 이윤이 증가하고 16단위 이상에서는 16단위로 생산량을 감소시키면 이윤이 증가한다. 구체적인 예를 (2)에서 확인했다.

(4) 17단위째를 팔면 40원 손실, 18단위째를 팔면 180원 손실이 생기므로 220원 손실.

(5) $P = 411$로 10단위를 생산할 때

$TC = 3,600 + 410 + 410 = 4,420$

$TR = 411 \times 10 = 4,110$

$p = 4,110 - 4,420 = -310$

손실분이 고정비용 400보다 작기 때문에 생산을 계속한다.

(6) $P = 411$로 11단위를 생산할 때

$TC = 4,420 + 411 = 4,831$

$TR = 411 \times 11 = 4,521$

$p = 4,521 - 4,831 = -310$

07. 쌀은 일반미와 통일벼 쌀, 같은 일반미 중에서도 상품·중품·하품으로 품질이 나누어진다. 그렇다면 상품의 동질성이 파괴되므로 쌀시장은 완전경쟁시장이 아니지 않는가?

문제 해답

> 일반미시장, 통일벼쌀시장, 일반미상품시장, 일반미중품시장, 일반미하품시장으로
> 세분하면 그 세부시장에서는 상품의 동질성이 확보되는 완전경쟁시장이다.

08. 해외건설이나 조선(造船)기업은 1980년대 후반에 몇 년 동안 손해를 보면서도 조업
하였다. 그 이유를 설명하라.

문제 해답

> AVC의 최저점인 생산중단점 이상에서는 $P<AC$라도 생산을 계속할 수밖에 없다(손
> 실극소화의 원리). 그러나 이러한 상황은 단기적으로나 가능하다. 장기적으로 이러
> 한 상황이 계속되면 결국 조업을 중단할 수밖에 없을 것이다. 가까운 장래에 경기가
> 좋아져 $P>AC$가 될 것이라고 믿고 조업을 계속해 온 것이다. 특히 해외건설업이나
> 조선산업은 설비투자, 즉 고정비용이 상대적으로 큰 산업이기 때문에 생산중단점과
> 손익분기점 사이의 간격이 크다. 즉 생산중단점이 상대적으로 낮다.

09. 금광산업이 경쟁적이라고 가정하여 다음 물음에 답하라.
  (1) 금시장과 대표적인 금광의 최초의 장기균형을 그래프로 그려라.
  (2) 금시계에 대한 수요증가로 금에 대한 수요가 늘었다고 가정하여 금시장과 대표
    적인 금광의 단기적인 조정과정을 그래프로 설명하라.
  (3) 장기에 새로운 균형금값은 최초의 균형금값보다 높아지는가, 같아지는가 혹은
    낮아지는가? 현실적으로는 어느 경우가 보다 타당한가?

문제 해답

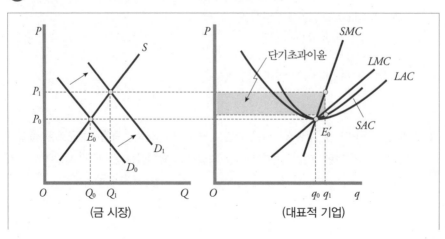

(1) 최초 장기균형점은 E_0 및 E_0'. 금가격은 P_0, 기업생산량 q_0, 시장생산량 Q_0.

(2) 금에 대한 수요증가 → 시장수요곡선 오른쪽 이동($D_0 → D_1$). 단기에 가격은 P_1으로 상승, 산업 및 기업생산량은 Q_1 및 q_1으로 증가. 단기에 가격＞평균비용이므로 초과이윤 존재.

(3) 초과이윤 존재 → 여타기업 진입 → 금공급 증가 → P_1 이하로 금가격 하락. 새롭게 진입하는 기업들은 새로운 금광을 찾는 데 비용이 소요되므로 기존 기업에 비해 새롭게 진입하는 기업들의 비용이 높을 것임. 결국 금광산업은 비용증가산업으로 볼 수 있고 따라서 장기공급곡선은 우상향. 장기균형가격은 최초 가격보다 높을 것임.

10. 다음의 기술이 옳은가 그른가를 밝히고, 그 이유를 설명하라.

① 가격수용기업은 가격을 결정하기 전에 생산량을 결정하는 기업이다.

② 완전경쟁기업의 단기이윤극대화점은 기업의 MC곡선과 MR곡선이 교차하는 점이다.

③ 완전경쟁기업의 단기공급곡선은 단기한계비용곡선의 상승하는 부분이다.

④ 생산요소의 가격이 상승할 때 완전경쟁산업의 단기공급곡선은 생산요소의 가격이 일정할 때보다 기울기가 급하다.

⑤ 완전경쟁시장에서 개별기업의 장기균형은 초과이윤을 얻을 수 있으나 손실은 보지 않는 상태를 말한다.

⑥ 완전경쟁시장에서는 개별기업의 생산량이 먼저 결정되고, 이에 따라 시장의 가격이 결정된다.

⑦ 경쟁기업은 항상 한계이윤(marginal profit)이 0인 생산량수준을 결정한다.

⑧ $P=AR$은 완전경쟁시장에서만 성립한다.

⑨ 완전경쟁기업의 장기공급곡선은 LAC곡선 최저점을 상회하는 장기한계비용곡선이다.

⑩ 단기에 AVC 최저점과 대응하는 가격을 손익분기가격이라 한다.

⑪ 마샬에 의하면 객관적 가치설이 공급곡선을 낳고, 주관적 가치설이 수요곡선을 낳으며, 이 두 곡선의 상호작용으로 상품가격이 결정된다.

📋 **문제 해답**

① × (주어진 가격으로 생산하기 때문에 생산량만을 결정하는 셈이 됨)

② × (MC곡선이 상승하는 부분에서 $MR=MC$이어야 함)

③ × (AVC최저점 이상의 우상향하는 MC곡선)

④ ○ (요소가격이 일정할 때보다 공급량이 적을 것이기 때문에)

⑤ × (초과이윤도 손실도 없는 상태)

⑥ × (개별기업의 생산량과 시장가격이 동시적으로 결정됨)

⑦ ○ ($P=MC$이므로 한계이윤$=P-MC=0$이다.)

⑧ ×

⑨ ○

⑩ × (생산중단가격 또는 조업정지가격임)

⑪ ○

12 | 독점시장에서의 가격과 생산

01. (1) 생산량 = 0일 때 총비용 = 1,000원이므로 총고정비용 = 1,000원임

(2) 총고정비용 = 1,200원일 때

Q	P	TR	MR	TC	AC	MC	π
0	1,300	0		1,200			−1,200
1	1,200	1,200	1,200	1,800	1,800	600	−600
2	1,100	2,200	1,000	2,200	1,100	400	0
3	1,000	3,000	800	2,600	866.6	400	400
4	900	3,600	600	3,100	775	500	500
5	800	4,000	400	3,800	760	700	200
6	700	4,200	200	4,800	800	1,000	−600
7	600	4,200	0	6,300	900	1,500	−2,100
8	500	4,000	−200	8,600	1,075	2,300	−4,600
9	400	3,600	−400	12,100	1,344.4	3,500	−8,500
10	300	3,000	−600	16,300	1,630	4,200	−13,300

* 이윤극대화생산량 = 4단위
* 시장가격 = 900원
* 이윤 = 500원. 시장가격이 900원으로 주어져 있을 때 이윤극대화생산량 4단위를 생산함으로써 500원의 이윤을 얻는다.
* 4단위까지 한계이윤($= MR - MC$)이 0보다 크기 때문에 판매량을 늘릴수록 이윤이 증가한다. 그러나 5단위부터는 한계이윤이 0보다 작기 때문에 판매량을 늘릴수록 이윤이 감소한다. 따라서 정수단위로만 판매한다면 4단위가 이윤극대화 판매량이 된다. 3단위부터 MC 가 증가하고 있기 때문에 4단위는 MC 가 증가하

는 부분에 있다.

(3) 총고정비용이 증가하면 시장가격은 불변이고 이윤만 총고정비용의 증가분만큼 감소한다. 총고정비용의 변동은 MC를 변동시키지 않기 때문에 이윤극대화공급량과 시장가격을 변경시키지 않는다.

02. (1) 수요곡선과 MR곡선이 오른쪽으로 이동하여 가격이 오르고 거래량이 늘어난다.

(2) MC곡선이 상방 이동하여 가격이 오르고 거래량이 줄어든다.

(3) 경쟁시장에서 (1) 수요의 증가 (2) 요소비용 상승의 정성적인 효과와 같다.

(4) (1), (2), (3)을 통해 독점시장에 공급곡선이 없어도 정성적인 분석결과는 똑같다.
(따라서 경쟁시장이 아닌 독과점시장도 공급곡선이 있는 것처럼 분석해도 같은 정성적인 결과를 얻는다.)

03. (1) 소비자잉여 $= \triangle EP_cC$
생산자잉여 $= 0$
사회 전체 후생수준 $= \triangle EP_cC$

(2) 소비자잉여 $= \triangle EP_mA$
생산자잉여 $= \square P_mP_cBA$
사회 전체 후생수준 $= \square EP_cBA$

(3) $\triangle EP_cC - EP_cBA = \triangle ABC$

(4) 완전가격차별이 가능하다는 것은 독점기업이 각 고객이 얼마만큼 지불하고 싶어 하는지를 정확히 알고 모든 고객에게 서로 다른 가격을 매길 수 있다는 것이다. 이 경우에는 모든 잉여가 이윤의 형태로 독점기업에게 돌아가기 때문에 소비자잉여도 없고 순후생손실도 초래되지 않는다. 따라서 생산자잉여 = 이윤 = 사회전체의 후생수준이 된다.

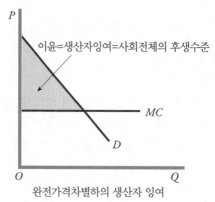

완전가격차별하의 생산자 잉여

(5) 독점가격하에서는 이윤은 $C + D$이고, 총잉여는 $A + B + C + D$, 순후생손실은 E이

다. 완전가격차별하에서는 이윤=총잉여는 $A+B+C+D+E$이고 순후생손실= 소비자잉여=0이 된다. 따라서 완전가격차별하에서의 이윤과 총잉여가 독점가격 하에서보다 커진다.

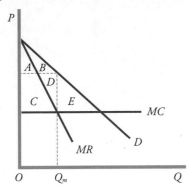

(6) 젊은층과 노년층, 주말 쇼핑고객과 주중 쇼핑고객 등으로 고객을 구분하여 서로 다른 가격을 매기는 불완전가격차별이 위의 (5)와 유사한 상황을 조성함으로써 단 일가격에 비해 독점이윤과 총잉여를 높일 수 있다.

(7) MC의 정의에 의해 □Q_mBCQ_C는 Q_mQ_C만큼을 생산하는 데 들어가는 기회비용이 다. Q_mQ_C만큼 생산이 축소되면 절약되는 요소가 다른 제품의 생산에 전용될 때 □Q_mBCQ_C만큼의 가치를 생산해 낼 수 있다.

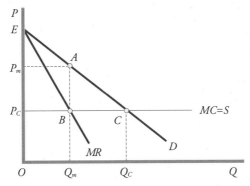

(8) (i) 소비자잉여=$\triangle EP_CC$
생산자잉여=$\triangle P_CGC$
총잉여=$\triangle EGC$

(ii) 소비자잉여=$\triangle EP_mA$
생산자잉여=□P_mGFA
총잉여총잉여=□$EGFA$

(iii) $\triangle EGC - \square EGFA$
   $= \triangle AFC$

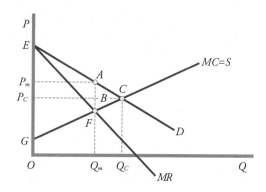

04. (1) OP_1

(2) $TC = AC \times Q = \square OP_4FQ_0$

(3) $TR = \square OP_1GQ_0$

(4) $TR - TC = \square P_1P_4FG$(손실)

(5) 가격차별에 관계없이 Q_0를 생산하고 있으므로 평균비용은 $OP_4 = Q_0F$임.

① OQ_m단위에 대하여

$TR - TC = \square OQ_mHP_3 - \square OQ_mJP_4$
$= \square P_4P_3HJ$(이윤)

② Q_mQ_0단위에 대하여

$TR - TC = \square Q_mQ_0GK - \square Q_mQ_0FJ$
$= \square KJFG$(손실)

∴ $\square P_4P_3HJ - \square KJFG =$ 이윤 또는 손실

(6) 초과이윤은 0이나 $P = MC$인 생산량수준보다 $P = AC$인 생산량수준이 작기 때문에 자원배분이 효율적이라고 할 수 없다.

(7) 한계비용가격설정을 통해 독점을 규제할 경우의 또 다른 문제점은 한계비용가격 설정으로 인해 독점기업이 생산비용감소를 위해 노력할 유인이 없어진다는 것이 다. 기업이 비용을 낮추려고 노력하는 이유는 보다 높은 이윤을 누리기 위해서이 다. 그런데 독점기업의 생산비가 떨어질 때마다 한계비용가격설정을 통해 가격을 낮춘다는 것을 독점기업이 안다면 비용을 낮추어도 이윤이 늘어나지 않을 것이라 고 생각하여 비용절감노력을 하지 않을 것이다.

05. (1) $TR = P \cdot Q = (a - bQ)Q = aQ - bQ^2$

(2) $AR = \dfrac{TR}{Q} = a - bQ$

(3) $MR = \dfrac{\varDelta TR}{\varDelta Q} = a - 2bQ$

(4) $MR=0$일 때, 즉 $Q=\dfrac{a}{2b}$일 때

(5) 그림에서 $MC>0$인 한 MC곡선과 MR곡선이 만나는 점은 $\varepsilon_d>1$인 부분이다.

(6) 기업은 $MR>0$인 부분에서 생산한다. 독점기업의 경우 $MR=0$인 생산량수준에 해당하는 수요곡선상의 탄력도는 $\varepsilon_d=1$이고 $\varepsilon_d>1$인 부분에서만 $MR>0$이 된다.

A에서의 탄력도: $\varepsilon_A=\dfrac{\dfrac{a}{b}-\dfrac{a}{4b}}{\dfrac{a}{4b}}=\dfrac{\dfrac{4a-a}{4b}}{\dfrac{a}{4b}}=\dfrac{3a}{a}=3$

B에서의 탄력도: $\varepsilon_B=\dfrac{\dfrac{a}{b}-\dfrac{3a}{4b}}{\dfrac{3a}{4b}}=\dfrac{\dfrac{4a-3a}{4b}}{\dfrac{3a}{4b}}=\dfrac{a}{3a}=\dfrac{1}{3}$

B에서의 탄력도: $MR=P\left(1-\dfrac{1}{\dfrac{1}{3}}\right)<0$

A에서는 $MR=P\left(1-\dfrac{1}{3}\right)>0$

→ 탄력적인 부분에서만 생산

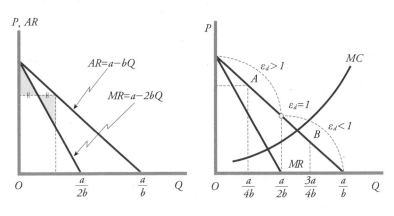

06. (1) 매점매석에 의한 독점의 전형적인 예이다. 공급곡선이 S일 때 철 부존량 Q_0를 P_0의 가격으로 모두 사들였다 하자(P_0보다 높은 가격으로 샀다 해도 이하의 논의에 영향을 미치지 않는다). 독점 후 S곡선은 MC곡선이 된다. 독점 후 시장수요곡선이 D라면 이 수요곡선에서 MR곡선을 도출하여 $MR=MC$인 Q_0를 P_1으로 판다. 자기자본이 $OQ_0A'B'$, 타인자본이 $B'A'AP_0$라면 타인자본을 다 갚고 이윤이 P_0ABP_1만큼 난다. 이 이윤이 자기자본 $OQ_0A'B'$의 두 배나 그 이상이 될 수 있다.

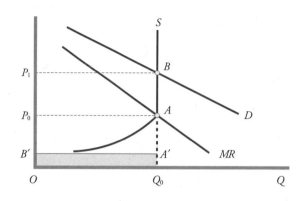

07. $MC_1 = MC_2 = MR$이어야 하므로

$50 + 2Q_1 = 90 + Q_2$에서

$2Q_1 - Q_2 = 40$ ··· ①

$Q_1 + Q_2 = 80$ ··· ②

①+②: $3Q_1 = 120$

∴ $Q_1 = 40$, $Q_2 = 40$

08. 미분공식에 의한 $MR = \dfrac{dTR}{dQ}$ 은 생산량의 증분이 무한히 작은 경우, 즉 $\dfrac{\varDelta TR}{\varDelta Q}$ 의 극한

이므로 생산량의 증분이 1단위인 [표 12–1]과 같다는 보장이 없다. 그러나 $\dfrac{dTR}{dQ}$ 에 의

한 MR이 $\dfrac{\varDelta TR}{\varDelta Q}$ 에 의한 MR보다 모든 생산량 수준에서 100원씩 체계적으로 적은 이

유는 무엇인가? $Q = 2$의 경우를 예로 들어 설명해 보자.

표에 있는 $\dfrac{\varDelta TR}{\varDelta Q} = 1{,}000$원은 Q가 1단위에서 2단위로 증가할 때의 MR이다. 도함수의

정의에 의해 $Q = 2$에서의 $\dfrac{\varDelta TR}{\varDelta Q}$ 은 생산량이 2단위보다 작은 상태에서 2단위로 수렴

할 때의 값(좌측도함수)과 생산량이 2단위보다 큰 상태에서 2단위로 수렴할 때의 값

(우측도함수)이 같을 때 정의된다. 좌측도함수 Q가 1단위에서 2단위로 변할 때의 한

계수입 1,000원으로 근사된다. 우측도함수는 Q가 3단위에서 2단위로 변할 때의 한

계수입 800원으로 근사된다. 따라서 $Q = 2$단위 근방에서는 평균적으로 $\dfrac{1{,}000 + 800}{2}$

$= 900$원의 비율로 한계수입이 변한다고 할 수 있다.

09. ① × ($P > MR = MC$에서 이윤극대화)

② ○ (국제전화서비스 생산비용이 심야·주말과 다른 때에 별 차이가 없다면)

③ ○

④ × (완전경쟁기업은 $P=MR$이나 독점기업은 $P>MR$이기 때문에 독점생산량이 완전경쟁생산량보다 적다.)

⑤ ○ (수요가 비탄력적일수록 독점가격이 높아지기 때문에 소비자잉여는 작아지고 사회적 손실은 커진다.)

⑥ ○ (최소효율규모생산량이 시장수요량과 비슷하기 때문에 독점공급이 가능해짐)

⑦ ○ (생수업체들이 존재하기 때문에)

⑧ ○ ($MR=MC=0$일 때 $\varepsilon_d=1$이고 TR이 극대이기 때문에)

⑨ ○ (할인쿠폰소유자와 미소유자에 대한 가격차별)

⑩ ○

⑪ ○

01. 독점기업이 단기적으로 정상이윤만을 실현하는 경우를 그림을 그려가며 설명하라.

📝 문제 해답

$MR_1 = MC$인 PE_1, QE_1에서 정상이윤 시현. 독점상품에 대한 수요가 D_0에서 D_1으로 감소한 경우 $ABCP_{E0}$만큼의 독점이윤을 시현하던 기업이 정상이윤만 시현하게 된다.

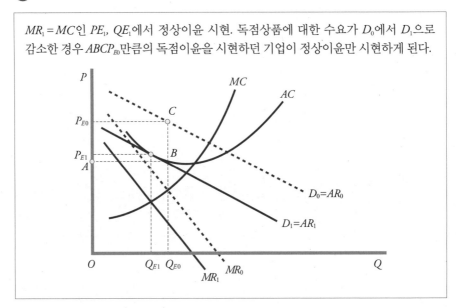

02. [표 12-2]에서 각각의 생산량과 가격에 대응하는 수요의 가격탄력도(ε_d)를 구하라.
"독점기업은 결코 ε_d가 비탄력적일 때까지 공급량을 증가시키지 않는다."는 명제를 표에서 확인하고 왜 이 명제가 성립되는가를 설명하라.

원공식에 의거하여 계산하면 다음과 같다.

Q	0	1	2	3	4	5	6	7	8	9	10
P	1,300	1,200	1,100	1,000	900	800	700	600	500	400	300
ε_d		12	$\dfrac{11}{2}$	$\dfrac{10}{3}$	$\dfrac{9}{4}$	$\dfrac{8}{5}$	$\dfrac{7}{6}$	$\dfrac{6}{7}$	$\dfrac{5}{8}$	$\dfrac{4}{9}$	$\dfrac{3}{10}$
MR		1,200	1,000	800	1,000	400	200	0	−200	−400	−600

① $MR = P\left(1 - \dfrac{1}{\varepsilon_d}\right)$에서 $\varepsilon_d < 1$이면 $MR < 0$이 되므로.

② 표에서 수요가 비탄력적일 때에는 MR이 음이어서 생산을 줄이면 총수입과 이윤이 늘어난다.

03. 독점기업의 단기균형에서 시장수요의 크기에 따라 같은 시장가격에 둘 이상의 이윤극대화공급량이 대응될 수 있음을 그림으로 나타내라.

📝 문제 해답

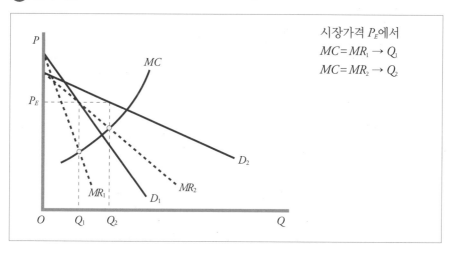

시장가격 P_E에서
$MC = MR_1 \rightarrow Q_1$
$MC = MR_2 \rightarrow Q_2$

04. 완전경쟁시장에서는 시장가격=한계수입임을 식 (12-1)을 이용하여 설명하라.

📋 문제 해답

식 (12-1) $MR = P - ($종전의 판매량 $\times$ 추가공급으로 인한 가격차$)$에서 완전경쟁의 경우 추가공급으로 인한 가격차 $= 0$이기 때문에 $MR = P$가 성립.

05. [그림 12-8]에서 두 시장의 평균가격을 계산하라.

📋 문제 해답

평균가격 $= (OP_2 \times OQ_2^E + OP_1 \times OQ_1^E) \div (OQ_1^E + OQ_2^E)$. 즉 제1, 제2시장의 총수입을 제1, 제2시장의 총판매량으로 나눈 값이 평균가격이 된다.

06. [그림 12-10]에서 개별기업 MC곡선이 수평일 때 시장공급곡선은 수평이 되는 것을 설명하라.

📋 문제 해답

개별기업의 MC곡선이 수평이면 개별기업의 단기공급곡선 $= MC$곡선이 수평이다. 개별기업의 공급곡선이 P_c에서 수평이면 이 개별기업들의 공급곡선을 수평으로 합한 시장공급곡선도 P_c에서 수평이다.

07. 독점기업이 장기적으로 다른 기업들의 진입을 저지하는 방법을 열거하고 설명하라.

📋 문제 해답

본문 pp.335~337 참조. 그 이외에는 다음과 같은 것들을 생각해 볼 수 있다.
① 광고: 기존독점상품에 대한 홍보광고를 강화하여 신규기업제품의 이미지형성을 원천봉쇄한다.
② 가격인하: 한시적으로 가격을 평균비용 이하로 인하하여 신규기업이 그 가격으로 손실을 보게 만든다.
③ 판매조직장악: 기존의 판매조직을 장악하여 신규기업제품의 유통과정을 제한한다.

08. ε_d가 큰 시장에 낮은 가격을, ε_d가 작은 시장에 높은 가격을 매기는 것이 유리하다는 것

을 수요의 가격탄력도와 기업의 판매수입간의 관계를 이용하여 직관적으로 설명하라.

📝 문제 해답

> ε_d가 탄력적인 경우 가격이 낮아지면 소비자지출액＝기업의 판매수입은 증가하고 ε_d
> 가 비탄력적일 경우 가격이 올라가면 소비자지출액＝기업의 판매수입이 증가한다.
> 따라서 ε_d가 높은 시장에서는 낮은 가격, ε_d가 낮은 시장에는 높은 가격을 매기면 기
> 업의 판매수입은 증대된다.

09. 독점기업이 정상이윤만을 얻는 경우에도 과잉시설이 존재하여 자원이 비효율적으로
배분되고 있음을 그림을 그려가며 설명하라.

📝 문제 해답

> 그림에서 독점균형은 $MR=MC$인 E_m이고 이때 $P_m=AC$이기 때문에 $TR=OP_mE_mQ_m$
> $=TC$이어서 초과이윤＝0, 즉 정상이윤만을 얻고 있다. 그러나 독점생산량 Q_m이 최
> 저평균비용으로 생산할 수 있는 생산량 Q_0보다 작기 때문에 Q_mQ_0에 해당하는 만큼
> 의 과잉설비를 가지고 있다.

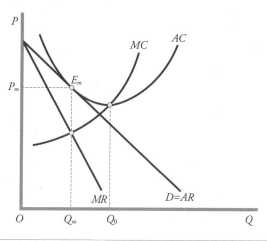

10. 한 독점기업이 직면한 수요곡선이 $P=10,000-2Q$로 표시된다고 하자. 만약 $MC=$
$AC=2,000$원이라면 이 기업의 독점가격, 독점공급량, 독점이윤은 각각 얼마인가? 또
소비자잉여와 독점기업의 사회적 손실은 각각 얼마나 되겠는가?

📝 **문제 해답**

$$TR = P \cdot Q$$
$$\quad = (10,000 - 2Q)Q$$
$$\quad = 10,000Q - 2Q^2$$
$$MR = \frac{d(TR)}{dQ} = 10,000 - 4Q$$

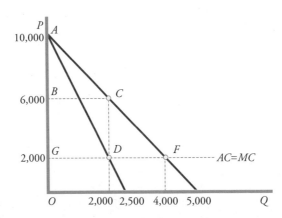

① 독점공급량: $MR = MC \rightarrow 10,000 - 4Q = 2,000$
$$\qquad\qquad\qquad\qquad\qquad 4Q = 8,000 \qquad \therefore \ Q = 2,000$$
② 독점가격: $P = 10,000 - 2(2,000) = 6,000$원
③ 독점이윤: $TR - TC = $ 그림에서 $\square BCDG = P \cdot Q - AC \cdot Q = (6,000 \times 2,000) - (2,000 \times 2,000) = 12,000,000 - 4,000,000 = 8,000,000$원
④ 소비자잉여: 그림의 $\triangle ABC = (2,000 \times 4,000)/2 = 4,000,000$원
⑤ 사회적 손실: 그림의 $\triangle CDF = (2,000 \times 4,000)/2 = 4,000,000$원

11. 독점기업이 두 시장에서 직면한 수요곡선이 $P_1 = 30 - 2Q_1$, $P_2 = 40 - 3Q_2$으로 표시되고 $MC = 1,000$원이라고 하자. 이 독점기업의 이윤극대화가격은 얼마인가? 이윤극대화가격수준에서 수요의 가격탄력도는 얼마인가?

📝 **문제 해답**

$MC = 1,000$원을 $MC = 10$원으로 고쳐서 풀이함.
시장 1: ① $MR_1 = MC = 30 - 4Q_1 = 10 \qquad \therefore \ Q_1 = 5$
$\qquad\quad$ ② $P_1 = 30 - 2Q_1 = 30 - 2(5) = 20 \qquad \therefore \ P_1 = 20$
$\qquad\quad$ ③ $P_1\left(1 - \dfrac{1}{\varepsilon_{d1}}\right) = MC \rightarrow \varepsilon_{d1} = \dfrac{P_1}{P_1 - MC}$

$$\therefore \varepsilon_{d1} = \frac{20}{20-10} = 2$$

시장 2: ① $MR_2 = MC = 40 - 6Q_2 = 10$ $\therefore Q_2 = 5$

       ② $P_2 = 40 - 3(5) = 25$ $\therefore P_2 = 25$

       ③ $P_2\left(1 - \dfrac{1}{\varepsilon_{d2}}\right) = MC \rightarrow \varepsilon_{d2} = \dfrac{P_2}{P_2 - MC}$

$$\therefore \varepsilon_{d2} = \frac{25}{25-10} = \frac{25}{15} = 1\frac{2}{3}$$

12. 다음 기술이 옳은가 그른가를 밝히고 그 이유를 설명하라.

① 독점기업은 스스로 원한다면 시장공급곡선상의 어느 점이든지 선택할 수 있다.

② 공장의 크기가 일정하게 주어져 있을 때에도 생산을 증가시켜 규모의 경제를 누릴 수 있다.

③ 독점기업에게는 MC곡선은 있어도 공급곡선은 없다.

④ 독점기업은 수요곡선상의 탄력적인 부분에서만 생산한다.

⑤ 해외시장에서의 덤핑(dumping)은 가격차별의 원리에 의한 것이다.

⑥ 독점기업이 직면하는 수요함수가 $Q = 20 - 2P$이면 $MR = 10 - Q$이다.

⑦ 어떤 상품의 가격이 0보다 큰 경우에도 독점기업의 한계수입은 마이너스가 될 수 있다.

⑧ 독점기업보다 완전경쟁기업이 더 탄력적인 수요곡선에 직면한다.

⑨ 자연독점의 경우 평균비용가격 설정을 통해 한계비용가격 설정이 유발하는 손실 문제를 해결할 수 있지만 여전히 사회적 순손실을 유발한다.

⑩ 독점화된 시장의 경우 소비자잉여 감소분만큼 생산자잉여가 증가하기 때문에 총 잉여에는 변화가 없다.

📝 **문제 해답**

① × (독점기업은 공급곡선이 없다.)

② × (규모의 경제는 모든 생산요소를 같은 비율로 증가시킬 때 생산량은 그 비율을 초과하여 증가하는 경우로서 공장규모도 변한다.)

③ ○ (가격과 공급량간에 1:1의 대응관계가 성립하지 않음)

④ ○ ($MR > 0$에서 생산하는데 $MR > 0$인 범위에서 $\varepsilon_d > 1$이다.)

⑤ ○ (국내시장과 해외시장은 시장이 분리되어 있고 수요의 가격탄력도가 더 큰 해외시장에서 싼값으로 판다.)

⑥ ○ $\left(P = 10 - \dfrac{1}{2}Q, \ TR = 10Q - \dfrac{1}{2}Q^2 \quad \therefore MR = 10 - Q\right)$

⑦ ○ (독점기업이 제품 1단위를 추가로 공급할 때 제품가격이 큰 폭으로 하락하여 총수입이 오히려 감소하면 한계수입은 마이너스가 될 수도 있다.)
⑧ ○ (완전경쟁기업은 가격수취자로서 수평의 수요곡선에 직면하고 독점기업은 가격설정자로서 우하향의 수요곡선에 직면한다.)
⑨ ○ (평균비용가격설정하에서도 사회적 순손실은 유발된다.)
⑩ × (독점화되면 순손실이 유발되기 때문에 독점으로 인한 소비자잉여 감소분 = 생산자잉여 증가분이 성립하지 않는다.)

13 독점적 경쟁 및 과점시장에서의 가격과 생산

01. 12장 3절 6항(pp.348~349) 독점기업의 가격 결정을 참고.

02. 기업의 단기균형(이윤극대화)조건은 SMC가 상승하거나 수평인 부분에서 $MR=SMC$이고, 장기균형조건은 LMC가 상승하는 부분에서 $MR=LMC$이고 초과이윤이 $0(P=AC)$인데 [그림 13-3]의 E점에서는 이 조건들이 모두 만족되고 있다.

03. (1) 큰 고정시설이 요구되는 산업일수록 시설확장에 막대한 투자를 필요로 하기 때문에 이미 큰 고정시설을 가지고 있는 기업이 가격경쟁면에서 유리하다. 따라서 고정비용이 큰 산업일수록 가격담합이 이루어지기보다는 가장 큰 고정시설을 가진 기업에 의해 가격선도가 이루어지기 쉽다.

(2) 고도의 기술혁신이 빠르게 이루어지면 제품수명이 짧아진다. 따라서 고도의 기술혁신에 의한 제품은 단기적으로는 마치 독점상품과 같은 성격을 갖게 된다. 기술적으로 한물 간 상품을 생산하는 기업과 첨단상품을 생산하는 기업과의 담합은 어렵다.

04. 역굴절수요곡선: D_2ED'이 된다. 이때 한계수입곡선은 $ABCMR_1$이다. MC_1, MC_2곡선 등에 대하여 $MR=MC$인 점이 모두 두 군데씩 생기므로 가격결정이 아주 불안정해진다.

CHAPTER 13 독점적 경쟁 및 과점시장에서의 가격과 생산 | 149

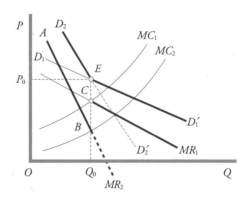

05. 공정거래위원회의 웹사이트에는 궁금한 것에 대한 질의 응답란도 있으니 다양하게 활용하기 바란다.

06. 원유에 대한 수요의 가격탄력성이 크면 원유가격이 조금만 올라도 원유에 대한 수요가 격감하게 된다. 따라서 *OPEC*은 가격을 마음대로 올릴 수 없게 된다.

07. 본문 [표 13−2]에 나오는 기업 1과 기업 2의 게임의 예와 똑같은 보수행렬(payoff matrix)을 그려서 분석해보라.
아래의 조선일보(1998년 6월 30일자)에 실린 글을 본문 p.387 읽을거리 13−3과 관련하여 읽어 보고 죄수의 딜레마가 적용될 수 있는 예를 생각해 보라.

> ### '공범자의 딜레마'
>
> 1994년 게임이론으로 노벨경제학상을 받은 존 내시는 원래가 수학(數學)의 천재였다. 게임이론은 그가 프린스턴 대학원에서 수학을 전공하던 21세 때 찾아낸 것이었다. 그러나 그는 30세에 정신이상을 일으켰다. 시카고 대학에서 교수로 그를 초빙하자 자기는 곧 남극대륙(南極大陸)의 황제가 될 몸이라면서 거절했다. 그 후 그는 30년 동안 정상(正常)과 광기(狂氣)의 사이를 헤매었다.
> 그는 대학원생 때 「공범자의 고민」이라는 얘기로 게임이론을 풀이한 적이 있다. 경찰이 두 범죄용의자를 체포했다. 둘은 사실상 공범자였다. 경찰은 둘을 격리시켜서 따로따로 신문을 했다. 만약에 둘이 서로 배신을 하지 않고 경찰 회유에 넘어가지 않는다면 둘은 각기 1년 금고형만 받게 된다. 그러나 만약에 둘 중의 한 사람이 배신을 하고 사실대로 진술한다면 그는 공범자 체포에 유리한 정보를 제공한 대가로 당장에 석방이 된다. 그리고 배신당한 공범자는 5년형을 받게 된다. 만약에 또 다 같이 서로를 배신한다면 둘은 똑같이 3년형을 받게 된다.
> 이런 상황에서 다음과 같은 고민이 생긴다. 만약에 당신이 그 죄인 중의 한 사람이라

면 당신은 끝까지 친구와의 신의를 지키겠는가, 아니면 배신할 것인가? 문제는 당신은 당신의 친구가 당신을 배신할 것인지, 안 할 것인지를 전혀 알지 못한다는 데 있다. 이런 때 당신이 생각할 수 있는 몇 가지 경우의 수가 있다. 공범자가 당신을 배신할 것으로 생각한다고 가정해 보자. 그러면 당신이 취할 수 있는 최선의 길은 당신도 그를 배반하는 것이다. 그러면 당신은 5년보다 가벼운 3년형만 받을 수 있게 된다. 반대로 당신의 친구가 끝까지 당신을 배신하지 않는다 해도 당신은 그를 배신하는 편이 유리하다. 그러면 당신은 당장에 석방될 수 있는 것이다. 당신의 공범자가 당신을 배신할 것인지 아닌지를 알지 못하지만 두 경우 모두 친구를 배신하는 것이 당신 자신을 위해서는 좋다.

그러나 실제로 문제는 이보다 더 복잡하다. 왜냐하면 당신의 친구도 당신과 똑같은 생각을 하게 될 것이 틀림없기 때문이다. 이리하여 당신 둘은 서로 배신하게 되고 결국은 3년의 실형을 받게 될 것이다. 이 모든 가능성을 분석해 본다면 가장 좋은 해결책은 당신 둘이 서로의 신의를 끝까지 지키고 서로 배신하지 않는 것이다. 그러면 1년의 실형만 받기 때문이다. 이렇게 볼 때 마지막 문제는 이처럼 상대방을 배신하는 것이 자기에게 이롭다는 유혹이 강렬한데도 어떻게 서로에게 가장 이로운 해결책을 위해 합심할 수 있겠느냐는 것이다.

미국에서는 이 게임이론을 여러 가지로 응용해 온 지 오래된다. 펜타곤은 냉전시대에 군사전략을 짜는 데 썼다. 국무부도 외교문제를 푸는 데 게임이론 전문가들의 자문을 받는다고 한다. 고어 부통령은 이동전화 주파수를 경쟁업체들에 경매에 부쳤다. 그것도 게임이론을 적용한 것이었다. 우리나라에서도 북한문제든 기업의 빅뱅인가 빅딜인가 하는 문제든 게임이론으로 풀어나가면 좋을텐데 그냥 우격다짐이 아니면 마구잡이로 풀어나가려고만 하고 있다. 워낙 게임이론의 전문가가 없는 탓인가 보다.

08. 시장수요곡선이 $P = 30 - Q$이면 $TR = P \times Q = (30 - Q)Q = 30Q - Q^2$이므로 시장한계수입곡선이 $MR = 30 - 2Q$로 표시된다.

개별기업의 $MC = Q$이면 두 기업을 합친 시장한계비용은 $MC = \frac{1}{2}Q$이다(시장에 10단위 제품을 공급하려면 기업 A와 B가 각각 5단위를 5원에 생산하면 된다).

$MR = MC$에서 $30 - 2Q = \frac{1}{2}Q$이므로 $Q = 12$. $P = 30 - Q = 18$.

개별기업은 6단위씩 공급한다.

09. ① × (다른 기업들이 가격인하는 따르되 가격인상은 따르지 않는다고 생각하는 경우에 굴절수요곡선을 가진다.)

② ○ (가격수용자와 가격설정자의 차이)

③ ○ ($TR = P \cdot Q$이고 $TC = AC \cdot Q$이기 때문에 $P = AC$이어야 초과이윤 = 0이다.)

④ × ($P>MC$인 범위에 있기 때문에 MC가 상승해도 초과이윤폭이 감소할 뿐 손해를 보지는 않는다.)

⑤ ○

⑥ × (시장수요가격 이상으로 올릴 수 없다.)

⑦ ○ (굴절수요곡선이 적용되는 과점기업의 경우. 일반적으로 이런 경우가 많다.)

⑧ ○ (독점적 경쟁가격과 경쟁가격의 격차가 작아진다.)

⑨ × (물품세는 MC곡선을 위로 이동시켜 대개 가격을 인상시키지만 굴절수요곡선의 이론이 적용되는 과점기업의 경우 MC곡선의 이동폭이 좁으면 가격이 불변일 수 있다.)

⑩ ○ (일반적으로 과점시장이 독점시장보다 가격이 더 안정적이다.)

⑪ ○ ($P=AR=SAC=LAC$)

⑫ ○ (카르텔 구성 기업들이 불경기에 살아남기 위해서 독자적 행동을 취할 가능성이 높기 때문에)

⑬ × ($MR_1=MC_1$, $MR_2=MC_2$이기만 하면 이윤극대화가 이루어진다. 그런데 불완전경쟁기업이 다른 두 지역에서 가격차별정책을 쓸 경우에는 반드시 $MC_1=MC_2$라는 보장이 없다.)

⑭ ○ (독점적 경쟁기업은 독점기업의 특징인 $P>MC$와 완전경쟁기업의 특징인 초과이윤=0의 양특성을 공유한다.)

⑮ ○

⑯ ○

⑰ ○

⑱ × (과점기업, 독점적 경쟁기업 등 시장지배력을 가지는 기업이면 가격차별을 할 수 있다.)

보충문제 Supplementary Question

01. "완전경쟁이론에서는 모든 기업들이 똑같은 비용곡선을 가지는 것으로 가정하고 있지만 독점적 경쟁이론에서는 그렇지 않다." 이 기술을 설명하라.

문제 해답

완전경쟁이론에서는 상품의 동질성을 가정하고 있다. 따라서 [그림 11-4], [그림 11-5] 등에 나오는 개별기업의 비용곡선은 실질적으로 모든 기업에 걸쳐 똑같다. 개별기업이라는 말 대신 대표기업이라고 사용하기도 하는 것은 이 때문이다. 그러나 독점적 경쟁의 경우는 품질이 차별화된 제품을 생산하는 데 드는 비용도 각각 다르므로 모든 기업이 똑같은 비용곡선을 가지는 것으로 가정할 수 없다(독점적 경쟁에서 「대표기업」이라고 할 때에는 그 산업에 있는 모든 기업을 평균한 뜻으로 사용한다).

02. 정부가 모든 독점적 경쟁기업들에게 $P=MC$를 강제할 경우 독점적 경쟁기업의 장기균형은 어떻게 될 것인가?

문제 해답

독점적 경쟁기업의 장기균형조건은

$P=AR=LAC=SAC$

$MC=SMC=LMC$

이다. 정부가 $P=MC$를 강제하면 독점적 경쟁기업이 직면하는 수요곡선은 $P=MC$인 수준에서 수평선이 되기 때문에 장기균형조건은

$P=AR=MR=LAC=SAC=SMC=LMC$

가 된다. 따라서 독점적 경쟁기업의 장기균형은 그림과 같이 완전경쟁기업의 장기균형과 같아진다.

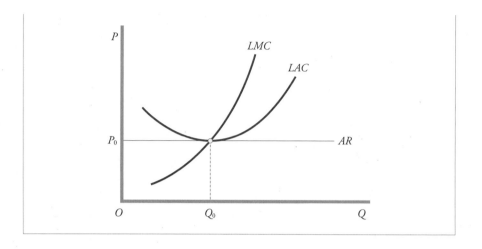

03. 독점적 경쟁기업이 어떻게 가격차별을 할 수 있을 것인가를 생각해 보라.

📝 **문제 해답**

독점적 경쟁기업도 우하향의 수요곡선에서 보듯이 시장지배력을 가지고 있다. 따라서 수요의 가격탄력도가 서로 다른 시장으로 구분할 수 있고 시장 상호간에 상품의 재판매가 이루어지지 않도록 할 수 있다면 독점기업과 똑같은 가격차별을 할 수 있다(어떤 독자들은 상품차별화를 통해 가격차별을 할 것이라고 대답할지 모른다. 그러나 상품차별화는 통상 생산비용을 다르게 한다는 점을 감안할 때 정답이라고 할 수 없다. 동질의 상품으로서 생산비용이 같은데도 다른 수요군에 다른 가격을 매기는 것이 가격차별이다).

04. 다음 기술을 논평하라.

"가격을 담합하는 카르텔과 같은 공동행위는 기술혁신을 촉진시킨다."

📝 **문제 해답**

이 기술은 긍정적일 수도 있고 부정적일 수도 있다.
┌ ① 경쟁 상대기업으로부터 경쟁위협 제거 → 기술혁신 저지
└ ② 초과이윤 향유 → 기술개발에 관한 투자 가능 → 기술혁신 촉진
그러나 부정적인 측면이 더 강하다. 기술혁신면에서 과점은 투자능력이 크다는 점에서 독점이 갖는 장점과 치열한 경쟁을 해야 한다는 점에서 완전경쟁이 갖는 장점을 모두 갖는다. 가격 카르텔은 과점기업들이 담합하여 독점기업처럼 행동하는 것이다. 따라서 과점이 담합하여 카르텔이 되면 기술혁신 면에서 경쟁이 갖는 장점을 잃게

된다. 즉 가격 카르텔은 과점에 비해 기술혁신을 저해하는 측면이 강하다.

05. 아래 그림에서 A기업이 P_1에서 P_2로 가격을 인하시킬 때 B기업도 P_2로 가격을 인하시킨다고 하자. 이때 두 기업의 생산량은? 이 가격과 생산량이 균형점이라고 할 수 있는가? 그 이유는? 한 기업이 가격을 P_4 이하로 인하시키면 어떻게 되는가?

📝 **문제 해답**

아래 그림에서
(1) A기업생산량: q_2^a B기업생산량: q_2^b 시장생산량: $q_2^a + q_2^b = Q_2$
(2) P_2, q_2^a, q_2^b는 균형가격과 균형생산량이 아니다.
(3) P_2, q_2^a, q_2^b에서 $MC \neq MR_A$, $MC \neq MR_B$이기 때문에
(4) 다른 기업도 P_4 이하로 가격을 인하할 수밖에 없으므로 $P < MC = AC$가 되기 때문에 두 기업 모두 손실을 보게 되고 이러한 상황은 장기간 계속 될 수 없다.

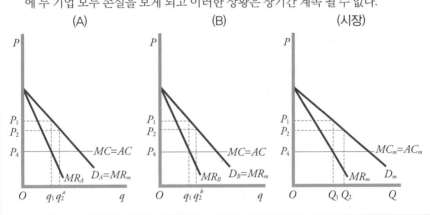

06. 과점기업이나 독점적 경쟁기업은 모두 우하향하는 수요곡선에 직면한다. 이러한 현상의 경제적 의미는 무엇인가?

📝 **문제 해답**

다른 기업보다 가격을 높게 매긴다 해도 고객을 모두 잃어버리지는 않는다는 점에서 어느 정도의 시장지배력을 가지고 있다. 그 결과 한계비용가격설정($P = MC$)이 이루어지지 않고 $P > MR = MC$이다.

07. "독점 · 독점적 경쟁 · 과점 등의 불완전경쟁기업들이 직면하는 우하향의 수요곡선은 바로 시장수요곡선과 같은 것이다." 이 기술을 논평하라.

📝 **문제 해답**

독점기업＝산업(시장)이므로 독점기업이 직면하는 수요곡선은 시장수요곡선이지만 독점적 경쟁기업과 과점기업이 직면하는 수요곡선은 시장수요곡선이라 할 수 없다.

08. 독점적 경쟁이 독점처럼 비효율적이라고 단정할 수 없는 이유를 설명하라.

📝 **문제 해답**

독점적 경쟁은 ① 과잉설비를 가지고, ② $P > MR = MC$인 수준에서 생산한다는 점에서 독점과 같이 자원을 비효율적으로 배분하지만 소비자의 다양한 기호를 충족시킨다는 점에서 긍정적인 측면을 갖는다.

09. 일본도 우리나라처럼 소수 재벌에 의한 경제력 집중이 심하다. 그러나 우리나라와는 달리 경제력집중의 폐해가 별로 크지 않다. 왜 그런가를 알아보라.

📝 **문제 해답**

일본의 재벌기업은 ① 주력업종에 집중투자하여 세계시장을 상대로 하기 때문에 국민경제 전체적으로 중복투자문제가 없고, ② 중소기업과의 공조체제를 잘 유지하고 있으며, ③ 재테크로 돈을 벌기보다는 기술투자를 많이 하고, ④ 전문경영에 의한 경영체제가 확립되어 있다. 반면에 한국 재벌기업들은 ① 문어발식 확장으로 국내시장에서의 과당경쟁을 일삼기 때문에 국민경제 전체적으로 중복투자가 막심하고, ② 중소기업을 흔히 자신들의 생존수단으로 삼으며, ③ 기술투자보다는 재테크로 부를 축적하고, ④ 재벌 총수에 의한 선단식기업 경영체제를 유지해 왔다. 이 때문에 우리 나라의 경제력 집중의 폐해가 훨씬 크다.

10. "완전경쟁은 현실적으로 실현불가능한 시장형태이다. 따라서 어느 정도의 불완전경쟁은 묵인되어야 한다." 이 기술을 논평하라.

장기적으로 보아 완전경쟁상태로 접근할 수 있는 상태라면 어느 정도의 비경쟁요소를 묵인할 수밖에 없다. 유효경쟁의 원리는 이러한 맥락에서 등장했다. 유효경쟁이란 현재 완전경쟁상태는 아니지만 여러 가지 여건으로 보아 시간이 지나면서 완전경쟁에 가깝게 변화될 소지가 큰 시장형태를 말한다.

11. OPEC이 무력해진 이유 중의 하나는 OPEC의 회원국들이 대부분 중·장기경제개발계획을 입안하여 추진하고 있는데 그 재원의 90% 이상을 원유판매수입으로 충당하고 있기 때문이라고 한다. 왜 그러한가를 설명하라. 만약 그것이 사실이라면 우리나라의 에너지정책방향을 어떻게 잡아야 하겠는가?

📝 문제 해답

*OPEC*의 회원국들은 매년 경제개발에 필요한 일정액의 투자기금을 필요로 하는데 이를 거의 전액 원유판매대금으로 충당하고 있기 때문에 원유가격이 하락할 때 원유생산을 줄여 원유가격을 올리지 못하고 오히려 일정액의 투자자금을 마련하기 위하여 원유생산을 더 증가시켜야 한다. 즉 원유생산을 줄여 원유가격을 올리자는 *OPEC* 본래의 전략을 구사할 수 없게 되는 것이다. 이러한 *OPEC*의 원유가격 결정모형을 목표매출액모형이라고 한다. *OPEC*에 대항하기 위한 가장 적절하고도 효과적인 에너지 정책은 석유에너지 절약과 대체에너지 개발로 원유의존도를 낮추는 것이라 하겠다.

12. 지하철 역 근처 상가에서 일부 서점이 스마트폰 판매점으로 바뀌었다고 하자. 이것이 시사하는 것을 설명하라.

📝 문제 해답

서점 산업과 스마트폰 산업 둘 다 장기균형에 이르는 조정과정에 있다. 서점산업의 대표기업은 손실을, 스마트폰 산업의 대표기업은 초과이윤을 보고 있다.

13. 다음 기술이 옳은가 틀리는가를 밝히고 그 이유를 설명하라.
① 독점적 경쟁기업의 단기균형과 독점기업의 단기균형은 똑같다.
② 독점적 경쟁기업과 독점기업 중 전자가 당면한 수요곡선이 더 탄력적이다.

③ 시장이 커질수록 독점적 경쟁과 완전경쟁의 차이는 적어진다.

④ 상품차별화(생산물분화)는 잡화점·식당·약국이 이웃사람들에게 편리한 것과 같이 판매자들의 위치에 의하여 생길 수도 있다.

⑤ 독점적 경쟁기업은 독점기업과 마찬가지로 단기에는 물론 장기에도 초과이윤을 누린다.

⑥ 죄수의 딜레머에서 지배적 전략은 두 사람 모두뿐 아니라 사회적으로도 최상의 선택이다.

⑦ 우리나라 지주회사는 자회사가 아닌 다른 회사의 주식은 가질 수 없다.

⑧ 우리나라 자회사는 다른 자회사의 주식을 가질 수 없다.

📝 문제 해답

---

① ○ (독점보다 독점적 경쟁기업이 더 탄력적인 수요곡선에 직면한다는 점에서 다를 뿐 분석방법은 똑같다.)

② ○ (독점적 경쟁기업이 생산하는 상품에는 밀접한 대체재가 존재하기 때문에 수요가 더 탄력적이다.)

③ × (완전경쟁과 독점적 경쟁의 중요한 차이는 가격수용자와 상품의 동질성 여부이지 시장수요의 크기의 차이는 아니다.)

④ ○

⑤ × (장기에는 초과이윤이 0일 수도 있다. 그러나 과잉시설이 존재한다는 점에서 완전경쟁의 장기균형과 차이가 있다.)

⑥ × (사회적으로는 바람직할지 모르나 두 사람에게 바람직한 전략은 자백하지 않는 것이다.)

⑦ ○

⑧ ○ (자회사간 독립적인 경영이 가능하도록)

---

14 생산요소시장의 이론

01. (1) MRP_N은 노동을 1단위 더 고용하는 데 따르는 총수입의 증가분 $\dfrac{\varDelta TR}{\varDelta N}$이다. 아래 표의 1열과 5열에서 8열의 MRP_N이 계산된다.

N	Q	P	w	TR	TC	MP_N	MRP_N	VMP_N	MFC	π
1	19	100	500	1,900	500	19	1,900	1,900	500	1,400
2	39	90	600	3,510	1,200	20	1,610	1,800	700	2,310
3	57	80	700	4,560	2,100	18	1,050	1,440	900	2,460
4	74	75	800	5,550	3,200	17	990	1,275	1,100	2,350
5	90	71	840	6,390	4,200	16	840	1,136	1,000	2,190
6	105	65	900	6,825	5,400	15	435	975	1,200	1,425
7	119	50	950	5,950	6,605	14	-875	700	1,250	-700

(2) $\pi = TR - TC$를 극대화시키는 고용량 $N = 3$

(3) $N = 3$에서는 $MRP > MFC$

　　$N = 4$에서는 $MRP < MFC$

　　$\therefore$ $N = 3$일 때와 $N = 4$일 때의 π를 비교하여 $N = 3$일 때의 π가 $N = 4$일 때의 π보다 크므로 $N = 3$이 이윤극대화고용량

(4) 2,460

(5) 고용량과 새 총비용의 조합은

　　$(N, TC) = (1, 900), (2, 1,800), (3, 2,700), (4, 3,600), (5, 4,500)$ 등이다.

　　TR과 새 TC의 차액인 π를 계산하면 $N = 4$에서 $\pi = 1,950$으로 극대화.

　　새 MFC와 MRP_N을 비교하여 구할 수도 있다.

(6) 도입 전 총노동소득: $3 \times 700 = ₩2,100$

　　도입 후 총노동소득: $4 \times 900 = ₩3,600$

$$\therefore 1,500 \text{ 증가}$$

(7) 이 기업이 고용을 늘림에 따라 임금률이 올라가기 때문에 이 기업은 노동수요독점기업이다. 부록에서 배우는 것처럼 노동수요독점기업은 노동수요독점적 착취를 하기 때문에 한계요소비용만큼 노동자에게 보상해 주지 않는다. 최저임금제는 이런 착취를 못하게 하고 노동시장을 경쟁요소시장처럼 작동하게 만들기 때문에 임금이 높아지고 고용량이 늘 수 있다.

02. 임금이 w_0로 일정하기 때문에 고용량에 관계없이 노동 1단위를 더 고용하는 데에 드는 비용, 즉 MFC는 w_0로 일정하다. 또 $TC = wN$이고 $AFC = \dfrac{TC}{N} = \dfrac{wN}{N} = w$인데 $w = w_0$로 일정하기 때문에 어느 고용량 수준에서도 $w_0 = AFC$가 된다. 생산요소시장이 완전경쟁일 경우 개별기업은 요소수요량이 시장수요량에 비해 미미하기 때문에 요소가격수취자(factor price taker)가 되어 그 기업이 직면하는 요소의 공급곡선은 주어진 요소가격수준에서 수평선이 된다. 따라서 w_0 수준에서 그은 수평선이 MFC, AFC, S_f곡선이 된다.

03. (1) 균형생산량 결정: 시장가격(P_E)을 주어진 것으로 받아들여 $P_E = MC$인 Q_E를 생산. 이때 P_E 수준에서 그은 수평선은 해당 기업이 직면한 생산물수요곡선이 된다.

　　(2) 균형고용량 결정: 시장요소가격 P_f^E를 주어진 것으로 받아들여 $P_f^E = VMP$인 Q_f^E를 고용. 이때 P_f^E 수준에서 그은 수평선은 해당 기업이 직면한 생산요소 공급곡선이 된다.

	생산물시장	요소시장
수　요	$D_X = P_X (= AR = MR)$	$D_f = P \cdot MP_f = VMP_f (= MRP_f)$
공　급	$S_X = MC$	$S_f = P_f = AFC = MFC$
균　형	$P_X = MC$	$P_f = VMP_f$

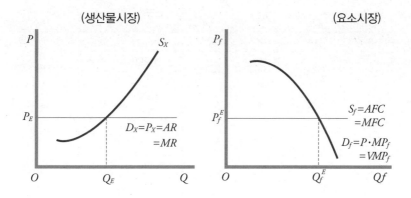

04. (1) 기업의 이윤극대화조건을 적용하면

스타플레이어의 한계수입생산물＝스타플레이어의 한계요소비용.

스타플레이어는 관중을 많이 끌어들이고 구단로고수입도 증가시킨다. 따라서 구
단은 그에 상응하게 보수를 많이 준다. 스타선수가 구단에 벌어다 주는 만큼 보상
해 주어야 한다는 것이 위 이윤극대화조건이다. 만약 이만큼 보상해 주지 않으면
다른 구단에서 스카웃해 간다.

(2) $MP_N \times P = w$에서 제품가격(P)이 비쌀수록 임금률과 임금이 비싸진다.

(3) 새로운 기계가 도입되면 기계와 노동이 생산면에서 보완관계에 있기 때문에 MP_N
이 증가하여 w도 상승한다.

(4) 다른 조건이 일정할 때 경제지대는 이전수입이 작을수록 커진다. 시장의 범위가
넓을수록 이전수입은 작아진다.

05. ① 흑사병 창궐 → 인구 감소 → 노동공급 감소 → 노동의 한계생산물 증가 → 임금
상승

② 한편 흑사병으로 인한 노동공급 감소 → 토지경작 노동자 감소 → 토지 1단위가 추
가되었을 때 생산할 수 있는 생산량도 감소 → 토지의 한계생산물 감소 → 토지임
대료 감소.

③ 실제로 14세기 유럽에서 흑사병이 창궐한 동안에 임금은 약 2배 증가하고 토지임
대료는 50% 이상 하락하여 농부(근로자계층)의 소득증가와 지주들의 소득감소를
유발.

06. 외국인 근로자 유입 → 노동공급 증가 → 노동의 한계생산물 감소 → 임금률 하락 →
노동수요량 증가

07. (1) 생산요소 고용량이 1단위를 초과하면 $P > MR$

Q_f	Q	P	TR	MR	비 고
0	0	100	0		
1	12	100	1,200	$\dfrac{1,200}{12}=100$	$P=MR$
2	26	90	2,340	$\dfrac{1,140}{14}=81.4$	$P>MR$
3	38	80	3,040	$\dfrac{700}{12}=58.3$	$P>MR$
4	46	70	3,220	$\dfrac{180}{8}=22.5$	$P>MR$
5	52	60	3,120	$\dfrac{-100}{6}=-16.7$	$P>MR$
6	56	50	2,800	$\dfrac{-320}{4}=-80$	$P>MR$
7	58	40	2,320	$-\dfrac{480}{2}=-240$	$P>MR$

요소를 분수단위(파트 타임제)로 고용할 수 있다고 가정하면 요소 1단위에서도 $P>MR$이 된다. 이는 독점기업이 정수단위로 제품을 팔 때 1단위 제품에서 $P=MR$이지만 분수단위로 팔 때에는 1단위 제품에서도 $P>MR$인 것과 대응된다.

(2)

MP_f	MR	$MRP_f=MP_f\cdot MR$
12	100	1,200
14	$\dfrac{1,140}{14}$	1,140
12	$\dfrac{700}{12}$	700
8	$\dfrac{180}{8}$	180
6	$\dfrac{-100}{8}$	−100
4	−80	−320
2	−240	−480

(3)

P	MR_f	VMR_f	MRP_f	비고
100	12	1,200	1,200	$VMP = MRP$
90	14	1,260	1,140	$VMP > MRP$
80	12	960	700	$VMP > MRP$
70	8	560	180	$VMP > MRP$
60	6	360	-100	$VMP > MRP$
50	4	200	-320	$VMP > MRP$
40	2	80	-480	$VMP > MRP$

(4) MRP_f를 종축, Q_f를 횡축으로 하여 그려보라.

08. (1) 요소고용량이 1단위를 초과하면 $MFC > AFC$

(2) $MRP_f = MFC \rightarrow Q_f = 3$

(3) $TR - TFC = 3{,}040 - 1{,}500 = 1{,}540$

(4) ① $Q_f = 1$일 때: $MRP_f = 1{,}200$, $MFC = 300$

　　 $\rightarrow MRP_f > MFC \rightarrow$ 고용을 증대하면 이윤 증가.

　② $Q_f = 5$일 때: $MRP_f = -100$, $MFC = 1{,}100$

　　 $\rightarrow MRP_f < MFC \rightarrow$ 고용을 감소하면 이윤 증가.

(5) VMP(문제 8의 (3) 해답표 참조)와 AFC를 도시하면 그림과 같이 되어 $VMP_f = AFC$
인 경쟁균형가격(P_f^c)은 약 600원(실제로는 600원보다 낮은 수준이나 편의상
600원으로 어림잡음)으로 결정됨을 알 수 있다. 또한 공급독점요소가격(P_f^m)은
$MRP_f = AFC$인 $Q_f \approx 3.4$에서 약 540원으로 어림잡을 수 있고 수요독점요소가격
(P_f^s)은 $MRP_f = MFC$인 $Q_f = 3$에서 500원이 됨을 알 수 있다.

　　 따라서 공급독점적 착취 $P_f^c - P_f^m = 600 - 540 = 60$원

　　　　 수요독점적 착취 $P_f^m - P_f^c = 540 - 500 = 40$원

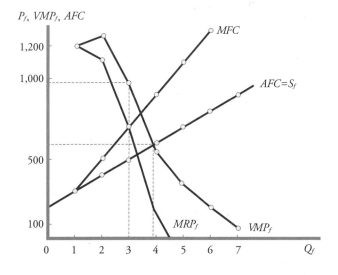

09. 자동차 회사 근로자에 대한 수요는 근로자가 만드는 자동차에 대한 수요에 따른 파생
수요다. 자동차 가격을 P라 하면

$MP_N \times P = w$에서 P가 높을수록 w가 높아진다.

한편 임금(률)이 오르면 자동차 공급곡선(혹은 한계비용곡선)이 윗쪽으로 이동하여
자동차 가격이 오르고 거래량이 감소하는 2차적인 효과도 있다.

10. ① ○ (가변요소가 하나뿐일 때)

② × (우하향하는 MRP_f곡선 부분만)

③ × (요소의 한계생산물과 생산물의 시장가격을 알아야 요소수요곡선을 도출할 수
있다.)

④ × (완전경쟁하에서 $P = MR$, $AFC = MFC$이기 때문에 $VMP_f = MRP_f = MFC$
$= AFC$가 되어 $MRP_f = MFC$는 이윤극대화요소고용조건이 된다. 단 MRP_f곡선
보다 MFC곡선의 기울기가 커야 한다. 이는 이윤극대화 생산조건에서 MR곡선
의 기울기보다 MC곡선의 기울기가 커야 하는 것과 같다.)

⑤ × (완전경쟁하에서 $VMP_f = MRP_f$)

⑥ × (요소수요곡선이 MRP_f인가 VMP_f인가는 요소시장과 직접적인 관련이 있다기보
다는 요소수요기업이 생산물시장에서 완전경쟁인가 불완전경쟁인가에 달려 있
다. 생산물시장에서 불완전경쟁기업의 요소수요곡선은 $MRP_f < VMP_f$이다.)

⑦ ○ (MRP는 생산물시장이, 그리고 MFC는 생산요소시장이 불완전경쟁임을 나타
낸다.)

⑧ ○ $\left(\dfrac{P_f}{MP_f} = \dfrac{\Delta TC}{\Delta F} \bigg/ \dfrac{\Delta Q}{\Delta F} = \dfrac{\Delta TC}{\Delta Q} \right)$

⑨ ○ ($TC = r \cdot K + w \cdot N$)

⑩ ○ ($TC = r \cdot \overline{K} + w \cdot N$에서 $TFC = r \cdot \overline{K}$)

⑪ ○ (배 수요 증가 → 배 가격 및 생산량 증가 → 노동의 한계생산물가치 증가 → 노
동수요 증가 → 균형임금 상승)

01. 피자가 다이어트에 나쁘다는 소문이 확산되었다고 하자.

(1) 이 소문이 피자수요와 피자균형가격에 미칠 영향을 설명하라.

(2) 이 소문이 피자배달원의 한계생산물가치에 미칠 영향을 설명하라.

(3) 이 소문이 피자배달원에 대한 수요와 균형임금에는 어떤 영향을 미칠지 분석하라.

📋 문제 해답

(1) 피자가 다이어트에 나쁘다는 소문 → 피자수요 감소 → 피자수요곡선 왼쪽 이동
   → 피자가격 및 수요량 감소

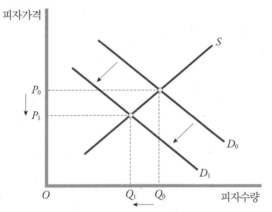

(2) 피자가격이 하락했으므로 고용량이 불변이라면 한계생산물가치($VMP_N = P \times MP_N$)가 하락한다(그러나 피자수요량 감소로 피자생산이 줄어 고용이 준다면 피자배달원의 한계생산물은 증가할 수도 있다.).

(3) 주어진 고용량(예를 들어 N_0)하에서 노동의 한계생산물가치는 하락했으므로 노동의 한계생산물가치곡선이 VMP_N^0에서 VMP_N^1으로 왼쪽으로 이동. 따라서 균형임금과 균형고용량은 각각 w_1과 N_1으로 감소.

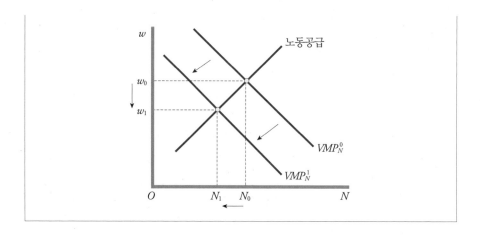

02. 완전경쟁적인 노동시장과 수요독점적인 노동시장에 최저임금제를 실시할 경우 그 효과가 어떻게 다르게 나타나는가를 그림을 그려가며 설명하라.

📝 **문제 해답**

수요독점에 관하여는 부록(QR)의 불완전경쟁하에서의 요소가격과 고용을 참고할 것.

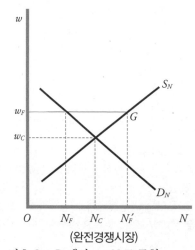

(완전경쟁시장)

당초 $S_N = D_N$에서 w_C, N_C로 균형

→ w_F 수준에서 최저임금제를 실시하면 노동의 공급곡선이 $w_F G S_N$이 되어 N_F만 고용되기 때문에 $N_F N_F'$만큼의 실업이 발생.

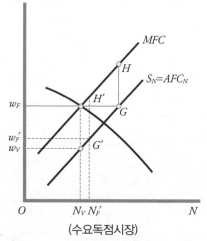

(수요독점시장)

당초 $MFC = VMP_N = MRP_N$인 w_V, N_V로 균형

→ w_F 수준으로 최저임금제를 실시하면 노동의 공급곡선은 $w_F G S_N$으로 되고 MFC곡선은 $w_F GHMFC$가 된다. 따라서 임금은 w_F로 높아졌지만 고용

량은 종전과 같이 N_V로 불변이다. 만약 최저임금수준을 w_F와 w_V의 사이, 예컨대 w_F'로 정하면 MFC 곡선이 $w_F'G'H'MFC$가 되어 N_F'를 고용하기 때문에 종전보다 임금도 높아지고 고용량도 증가한다.

03. "임금을 지불하는 것은 고용주가 아니라 근로자의 생산성이다." 논평하라.

📋 **문제 해답**

완전경쟁시장에서 실질임금은 $\dfrac{w}{P} = MP_N$ 또는 $w = VMP_N$을 만족하도록 결정하므로 노동의 한계생산물이 높을수록 실질임금도 높다.

04. 어떤 사람이 7사람을 고용하여 피자 가게를 운영하면서 각 종업원에게 시간당 6,000원씩 지불하고 피자는 한 판에 3,000원에 판다고 하자. 이 가게주인이 이윤극대화를 추구한다면 그가 고용한 (마지막) 근로자의 한계생산물가치와 한계생산물은 각각 얼마인가?

📋 **문제 해답**

이윤극대화를 추구한다면 $w = P \times MP_N$을 만족하도록 근로자를 고용할 것이다. 시간당 임금이 6,000원이므로 한계생산물가치도 6,000원이 되어야 한다. 그런데 피자 한 판에 3,000원이기 때문에 6,000원 = 3,000 $\times MP_N$을 만족해야 되므로 $MP_N = 2$가 된다.

05. IMF 구제금융 이후 정부는 외국자본을 가급적 많이 유치하는 데 정책의 초점을 두고 있다.
(1) 외국자본의 유입증가가 우리 나라의 자본임대가격과 자본량에 미칠 영향을 분석하라.
(2) 자본유입증대가 임금, 고용량, 토지임대료 등에 미칠 영향을 분석하라.

(1)

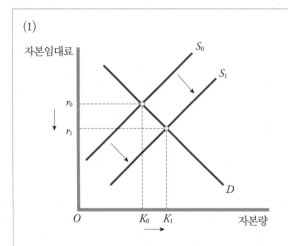

자본유입 증가 → 자본공급 곡선 오른쪽 이동 → 자본임대료 하락($r_0 \to r_1$), 자본량 증가($K_0 \to K_1$)

(2) ① 자본 증가 → 노동수요 증가(자본이 늘어났으므로 일자리가 늘어나서 혹은 자본증가로 상대적으로 귀해진 노동의 한계생산물이 늘어나서) → 노동수요곡선 오른쪽 이동 → 임금 및 고용량 증가

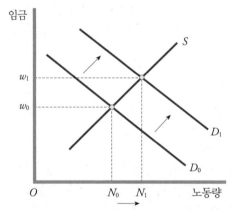

② 자본 증가 → 토지수요 증가 → 토지임대료 증가

06. 노동만을 고용하여 상품을 생산하고 있는 생산물–요소시장에서의 완전경쟁기업이 아래표와 같은 생산함수를 갖고 있다. 노동자 1인 1일 임금이 50,000원이고, 상품가격이 10,000원이라 할 때 이 기업의 ① 노동에 대한 수요곡선을 그림으로 그리고, ② 이 기업이 몇 노동일을 고용해야 하는가를 수요곡선상에 표시하라.

노동일	0	1	2	3	4	5	6
생산량	0	7	13	19	25	28	29

N	Q	MP_N	VMP_N
0	0		
1	7	7	70,000
2	13	6	60,000
3	19	5	50,000
4	25	6	60,000
5	28	3	30,000
6	29	1	10,000

(1)

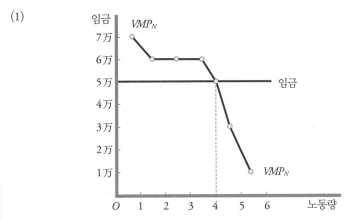

(2) 임금이 하루에 5만원이기 때문에 4명 고용할 때 $w = VMP_N$을 만족하므로 이 기업은 4명의 근로자를 고용해야 이윤극대화 달성.

07. 다음 각 항이 컴퓨터산업의 노동시장에 미치는 영향을 분석하라.

(1) 전국의 모든 대학이 경쟁적으로 신입생에게 컴퓨터를 무료로 지급하기로 하였다.

(2) 날이 갈수록 컴퓨터 공학을 전공하고자 하는 학생수가 늘어나고 있다.

(3) 컴퓨터 제조회사가 경쟁적으로 생산시설을 확장하고 있다.

📝 문제 해답

(1) 전국 모든 대학 신입생에게 컴퓨터 무료 지급 → 컴퓨터수요 증가 → 컴퓨터가격 상승 → 컴퓨터 생산근로자의 한계생산물가치 증가 → 노동수요곡선 우측 이동 → 임금·고용 증가

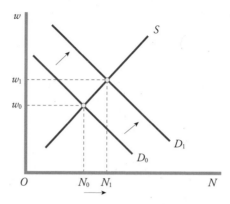

(2) 컴퓨터공학 전공 증가 → 컴퓨터산업 노동공급 증가 → 임금 감소 · 고용량 증가

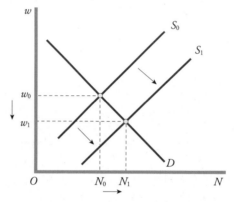

(3) 컴퓨터 제조회사 생산시설 확장 → 주어진 고용량에서 노동의 한계생산물 증가
→ 노동의 한계생산물가치 상승 → 노동수요곡선 우측 이동 → 임금 · 고용 증가

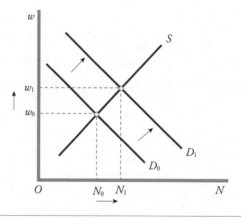

170

08. 경제지대와 생산자잉여를 그림을 그려서 비교 설명하라.

📝 **문제 해답**

① 경제지대: 요소의 수요·공급 평면에서 요소의 수입 □OP_0EQ_0에서 이전수입(B)을 제외한 A를 말한다.

② 생산자잉여: 생산물의 수요·공급에서 이루어지며 그림의 양축이 (P_f, Q_f) 대신 (P, Q)이면 생산자잉여는 A이다.

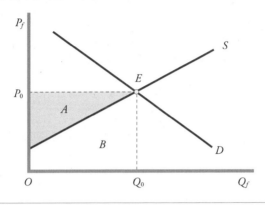

09. "사무자동화(office automation)나 공장자동화(factory automation)는 필연적으로 실업을 초래하기 때문에 국민복지정책적인 측면에서 최소한의 수준으로 억제되어야 한다." 논평하라.

📝 **문제 해답**

사무자동화나 공장자동화는 생산성향상의 지름길이기 때문에 기업들의 자체적인 계산과 능력으로 추진하는 것을 정부가 억제할 필요가 없다. 사무자동화와 공장자동화가 일거에 실시되면 해당산업에서는 인력 감축이 크게 일어나 실업이 대량 발생할 수 있다. 그러나 자동화 관련 자본재 산업에서 신규로 고용이 창출된다. 지금까지 당초의 우려와는 달리 자동화가 국민경제 전체적으로 대량실업을 유발하지는 않았다.

10. 일반적으로 대기업은 개인이나 중소기업보다 싼 이자율로 자금을 빌려 쓸 수 있다. 왜 그러한가를 설명하라.

일반적으로 대기업은 중소기업이나 개인보다 담보능력이 크고 파산위험이 낮다.

11. 완전경쟁시장의 단기균형과 독점의 단기균형을 비교하여 초과이윤과 독점이윤의 같은 점과 상이한 점을 설명하라.

📋 문제 해답

같은 점: 독점이윤도 정상이윤을 웃도는 이윤이라는 점에서 완전경쟁기업의 단기초
　　　　과이윤과 같다.
다른 점: 완전경쟁기업의 단기초과이윤은 일시적인 것이다. 장기적으로는 신규기업
　　　　의 진입이 이루어지기 때문에 초과이윤을 볼 수 없다. 그러나 독점이윤은
　　　　단기에는 물론 장기적으로 존재하는 고착적인 초과이윤이다.

12. 행정관료들은 규제를 좋아하는 것이 보통이다. 관료들의 이러한 행위를 지대추구행위로 설명하여 보라.

📋 문제 해답

행정관료들의 힘(power)은 인·허가 등 규제권을 쥐고 있다는 데에서 나온다. 자신
들의 힘을 존속시키기 위하며 행정관료들은 규제를 좋아하게 되는데 이는 규제권을
독점하고 있다는 점에서 경제지대추구행위와 같은 맥락이다.

13. "임금상승의 소득효과가 대체효과를 압도하여 노동공급곡선이 후방굴절한다." 이를
설명하라. 개별노동공급곡선은 후방굴절하더라도 경제 전체적으로는 노동공급곡선이
후방굴절하는 일이 거의 없다. 왜 그럴까를 생각해 보라.

📋 문제 해답

(1) 임금이 오르면 여가를 줄이고 노동을 증가시키는데 이것이 대체효과이다. 또 임
금이 오르면 한편으로 소득이 오르고 소득이 오르면 여가를 늘리고 노동을 감소
시키는데 이것이 소득효과이다. 그림의 소득·여가 선택모형에서 최초의 균형은
예산선 AB와 무차별곡선 U_0가 접하는 E_0이고 이때 이 노동자는 w_0의 임금으로

L_0T의 노동을 공급한다. 이제 임금률이 w_0에서 w_1으로 오르면 예산선은 AB'으로 되고 이것과 무차별곡선 U_1이 접하는 E_1에서 균형은 이루며 L_1T의 노동을 공급한다. 즉 임금이 오른 결과 노동공급이 감소한 것이다. 이는 L_1L_1'의 소득효과가 L_0L_1'의 대체효과를 압도한 결과이다.

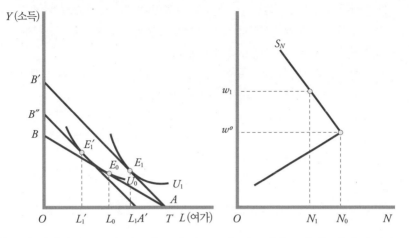

(2) 사회 전체적으로 보면 임금이 오를 때 노동을 감소시키는 사람보다 증가시키는 사람이 더 많다. 일반적으로 사람들은 일정한 소득수준에 도달한 이후라야만 임금이 오를 때 여가를 늘리기 위해 노동을 감소시키기 때문이다. 무엇보다도 임금이 오르면 종전에 비경제활동인구에 속했던 사람들 중 일부가 경제활동인구가 되어 노동공급이 증가한다. 따라서 노동시장 전체의 노동공급곡선은 우상향한다.

14. 이윤은 ① 능률의 향상, ② 혁신의 촉진, ③ 위험부담의 촉진, ④ 신호의 기능이라는 네 가지 경제적 기능을 수행한다고 말한다. 이를 설명하라.

📝 **문제 해답**

기업은 되도록 많은 이윤을 지속적으로 획득하지 못하면 번창할 수 없거나 존속할 수 없다. 따라서 기업은 가능한 한 많은 이윤을 끊임없이 추구하게 되는데 이를 위하여
① 경영일체(생산·판매 등등)를 효율화하지 않으면 안 되고
② 새로운 제품, 기술, 경영을 추구하는 혁신을 계속하지 않으면 안 되고
③ 아직 알려지지 않은 기술·경영기법, 제품 등을 과감하게 수용하는 위험부담을 게을리하면 안 된다.
④ 기업이 더 큰 이윤을 따라 움직이기 때문에 이윤은 기업활동(=자원배분)의 신호 기능을 한다.

15. 다음 기술이 옳은가 그른가를 밝히고 그 이유를 설명하라.

① 경제지대란 그 요소가 받는 총보수에서 이전수입을 뺀 것인데, 이는 그 요소의 기타비용과 같은 개념이다.

② $MRP_f > VMP_f$인 경우도 있을 수 있다.

③ 우상향의 요소공급곡선에 직면하는 기업의 경우에 항상 $MFC > AFC$이다.

④ 노동의 수요는 경쟁적인데 노동조합이 노동을 독점적으로 공급하는 경우 노동의 한계수입이 0일 때의 임금이 가장 높다.

⑤ 경쟁적으로 공급되는 노동을 생산물시장에서의 독점기업이 경쟁적으로 수요할 경우 임금에 대한 공급독점적 착취가 발생한다,

⑥ 요소가격은 $MRP_f = AFC$인 수준보다 $VMP_f = MFC$인 수준이 항상 높다.

⑦ 슘페터는 기업가가 혁신을 통하여 생산력을 비약적으로 향상시켜 나가는 과정을 창조적 파괴의 과정이라고 불렀다.

📋 문제 해답

① ○

② × (어떤 생산량수준에서도 $P \geq MR$기 때문에 $P \cdot MP_f = VMP_f \geq MR \cdot MP_f = MRP_f$임)

③ ○ (한계량이 증가할 때는 항상 평균량을 상회한다.)

④ × (노동소득이 극대화된다.)

⑤ ○ (공급독점적착취 = 경쟁기업의 지불임금−독점기업의 지불임금)

⑥ ○ ($MRP_f < VMP_f$이고 $MFC > AFC$이기 때문에)

⑦ ○

15 소득분배의 이론

01. (1) $\dfrac{15.2+22.2}{2.2+4.7} = \dfrac{37.4}{6.9} = 5.4$. 5.4배 더 많은 소득을 받고 있다.

(2) 6분위계층까지

(3) $\dfrac{20.5}{37.4} = 0.55$

(4) 5분위배율은 최하위 20% 소득계층의 평균소득보다 최상위 20% 소득계층의 평균 소득이 몇 배인지를 나타낸다. 반면 10분위분배율은 최하위 40% 소득계층의 소득점유율이 최상위 20% 계층의 소득점유율에서 차지하는 비율을 나타낸다. 문제 (3)의 2016년 10분위분배율이 0.55라는 것은 최하위 40%의 소득점유율이 최상위 20%의 55%라는 것을 의미한다. 따라서 10분위분배율은 클수록 평등한 것을 나타내고 5분위배율은 클수록 불평등함을 의미한다.

(5) ① 우리나라 분배상태를 다른 나라와 비교하는 것이 아니라 우리나라 과거와 비교하는 것이 국민 일반의 속성임.

② 피부로 느끼는 소득분배의 불평등(상대적 빈곤감)이 큼. 이는 성장과실 분배의 불평등, 정경유착으로 표현되는 부 축적과정의 정당성 결여, 부정부패의 만연 등에 기인함.

③ 2017년의 소득분배지표 개선작업으로 우리나라의 소득분배가 다른 개도국 보다 양호하다고 할 수 없음이 드러났음.

02. 자영업자 및 경영자 가구계층에는 소규모 가계를 운영하는 가구와 의사, 변호사, 재벌 가구 등이 혼재되어 있다.

03. 다른 조건이 일정할 때 노력을 열심히 하는 사람은 그렇지 못한 사람보다 잘 살게 된다. 그러나 빌 게이츠 같이 탁월한 능력을 가지고 있거나 부모로부터 엄청난 재산을 상속 또는 증여받거나 후진국에서 정경유착으로 천문학적 재산을 쌓는 사람과는 비교할 수가 없다.

04. 도시가 더 불균등. 농촌에 비해 상대적으로 소득격차가 큰 저소득자(도시빈민·노점상)와 고소득자(재벌·대기업경영자)가 도시에 혼재해 있다.

05. 교차점을 전후하여 불평등의 평가가 달라지기 때문이다. 그림에서 *ON*계층까지는 *B* 로렌츠곡선의 소득분배가 더 양호하지만 *ND*계층 사이에서는 *A*로렌츠곡선의 소득분배가 더 양호하다. 또한 지니계수는 $\frac{값}{값}$이므로 두 로렌츠곡선에 따른 불평등 면적이 같을 경우 지니계수가 같아져 상이한 소득분포에 대해 지니계수상으로는 소득불평등의 정도가 동일한 것으로 나타나는 문제가 있다.

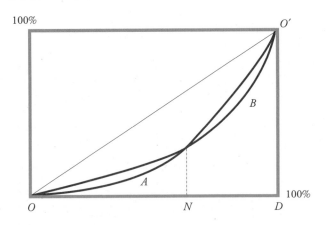

06. 근로장려세제 혹은 근로장려금
  ① 도입목적: 기초생활보장을 받는 극빈층 바로 윗단계인 '차상위계층'을 지원하되, 일하는(소득이 있는) 가구에만 혜택을 줌으로써 근로유인을 높여 일을 통한 빈곤 탈출을 돕는 것. 본문 457쪽 참고.
  ② 2019년에 맞벌이 가구의 경우 연간 총급여(근로소득＋사업소득)가 3,600만원 미만인 경우 800~1,700만원까지는 300만원을 지원하고 소득이 높아질수록 지원액은 점감한다.
  ③ 한계: 최대지원액 300만원으로는 근로빈곤층을 줄이기 어렵다는 점과 한편으로 재정부담이 과중해진다는 점이 대표적인 한계로 지적되고 있다.

07. 소득의 불평등분배가 특히 문제가 되는 것은 불평등의 정도가 심하고 기회와 경쟁이 공정하지 못하여 불평등이 생긴 경우이다. 그런데 공정한 기회가 부여되고 공정한 경쟁이 보장된 상황에서도 각 개인의 능력의 차이 때문에 소득격차는 생긴다. 따라서 머리 좋은 사람이 더 높은 소득을 벌 확률이 크고 두뇌는 유전하는 경향이 크기 때문에 머리 좋은 사람에게 상속세를 부과한다면 공정한 기회와 경쟁을 원천적으로 보장하는 셈이 될 것이다. 문제는 머리 좋은 사람을 구별하는 객관적인 기준을 마련하기 어렵다는 점이다. 자의성과 주관성이 개입되어 반발과 부작용이 클 것이다. 평등과 분배를 너무 강조할 때 생기는 문제점을 빗댄 표현이다.

08. 세계화 · 정보화 · 고령화 현상과 단독가구 증가가 도도하게 진행되는 오늘날 양극화 내지 빈부격차 확대는 해소하기가 극히 어렵다. 실현불가능한 대중영합적 목표를 내세우는 대신 절대빈곤에 허덕이는 사람들이 없게 만드는 것이 실용적이고 바람직하다.

09. 정부는 소득분배를 개선하고 국민들의 복지증진을 위한 다양한 정책을 펼치고 있다. 이 가운데 분배개선을 위한 저소득층의 소득증가와 복지증진을 위한 정책으로는 국민기초생활보장제도와 근로장려세제(EITC)가 대표적이다. 또한 기초생활보장 대상자 부양의무자 기준 단계적 완화, 기초연금 인상, 실업급여 인상, 최저임금 인상, 노인 일자리 사업 확대, 공공부문 비정규직의 정규직화 등도 저소득층의 소득증가와 직업안정을 통한 분배개선과 복지증진을 위한 정책의 일환이라고 볼 수 있다. 나아가 정부는 고용보험에 가입하지 않은 저소득 실직자를 위한 '한국형 실업부조 제도'를 2020년부터 도입한다는 방침이다.

10. ① ○ (완전평등의 경우에는 양자가 같겠지만 현실적으로 인접계층의 소득점유율이 같을 정도로 완전평등한 경우는 없다.)

② ○

③ × (이론적으로는 0과 2 사이의 값을 가질 수 있으나 현실적으로는 0과 1 사이의 값을 갖는 것이 일반적인 현상이다.)

④ × (생산물에 대한 수요가 있어야 발생하는 것이 파생수요이기 때문에 파생수요가 크다는 것은 생산물에 대한 수요가 크다는 것을 의미한다. 예외적으로 예상요인 때문에 파생수요가 클 수도 있다.)

⑤ ○

⑥ ○

⑦ ○ (지니계수와는 반대로 10분위분배율은 그 값이 클수록 더 평등한 상태를 나타냄)

⑧ × (지니계수가 크면 10분위분배율은 작게 나타난다.)

⑨ ○

⑩ ×

⑪ ○ (실업률이 높아지면 소득분배가 악화되는 경향이 있다.)

⑫ × (두 빈곤의 정의를 생각해 보자.)

⑬ × (나중에는 개선된다는 쿠즈네츠 U자 가설도 틀린 것으로 판명되었다.)

⑭ ○

⑮ ○

01. 노동 숙련도에 따른 보상이 선진국과 개도국 중 어느 쪽이 높겠는가? 왜 그러하겠는가?

📋 **문제 해답**

> 일반적으로 개도국의 숙련노동자보다 선진국의 숙련노동자가 더 많은 임금을 받는다. 왜냐하면 개도국의 숙련노동자에 비해 선진국의 숙련노동자의 1인당 자본장비율이 높아 선진국의 노동생산성이 높기 때문이다.

02. 공리주의, 진보주의, 자유주의의 견해를 원용하여 기회평등과 결과평등을 내용으로 하는 공정분배의 개념을 정립하여 보라.

📋 **문제 해답**

> 소득재분배에 대한 공리주의의 입장은 고소득자의 소득의 일부를 저소득자에게 이전하여 사회전체의 효용을 극대화하자는 것이고, 진보주의는 최하위소득 계층의 소득을 극대화하자는 것이다. 따라서 공리주의나 진보주의나 고소득자의 소득의 일부를 저소득자에게 이전함으로써 결과평등을 확보해야 된다고 주장한다. 반면 자유주의는 결과평등보다 기회평등을 강조한다. 소득형성의 기회가 보장되는 한 그 결과로 형성된 소득을 사회가 인위적으로 재분배할 이유가 없다는 것이다. 그러나 일부계층의 절대빈곤을 걱정할 정도로 결과가 불평등하다면 자유주의는 너무 가혹하다. 결국 공리주의, 진보주의, 자유주의의 견해에 따를 때 공정분배란 기회평등의 보장을 근본으로 하되 기회평등이 보장되어도 선천적인 결함 때문에 소득을 벌어들일 수 없는 사람에 대해서는 최소한의 결과평등을 보장하는 기회평등과 결과평등을 조화시키는 개념이라고 할 수 있다.

03. 빈곤계층에게 사회적 조력을 제공하기 위해 필요한 재원은 누진적인 종합소득세제를 통하여 부분적으로 마련할 수 있다. 우리나라 종합소득세제의 내용을 설명하라.

📝 **문제 해답**

> 종합소득세제란 말 그대로 (종합)소득이 많을수록 누진적(progressive)으로 높은 세율을 매겨 고소득자의 세금부담을 크게 하는 것이다. 2019년 현재 우리나라는 연간 종합소득(근로소득, 금융소득(이자, 배당), 사업소득, 부동산임대소득, 연금소득, 기타소득 등)을 기준으로 과세표준 1,200만원 이하 6%, 1,200만원 초과 4,600만원 이하 15%, 4,600~8,800만원 24%, 8,800~1억 5,000만원 35%, 1억 5,000~3억원 38%, 3~5억 40%, 5억원 초과 42%의 세율을 부과하고 있다.
>
> 양도소득, 퇴직소득 등은 종합소득에 포함되지 않고 있다. 또한 금융소득이 연 2,000만원 이상인 사람에 대해서는 금융소득 종합과세를 통해 누진세율을 따로 적용하고 있다.

04. 그린벨트에 의한 토지개발제한을 크게 완화하는 정부시책이 추진되고 있다. 소득 또는 부의 분배적 측면에서 그 이유를 설명하고, 이러한 정책의 결과로 나타날 수 있는 우려할 만한 사안으로는 무엇이 있겠는가를 분석하라.

📝 **문제 해답**

> 최초에 토지시장은 그림에서처럼 E_0에서 균형을 이루고 있었다고 하자. 이때 균형토지가격은 P_0, 균형토지수급량은 L_0이다. 그리고 경제지대는 OP_0E_0A이다. 따라서 비탄력적인 토지공급 때문에 생기는 큰 경제지대 때문에 지대추구행위(rent seeking behavior)가 생겨나고 이것이 과열된 부동산 투기로 연결된다. 이제 정부가 그린벨트로 묶어 두었던 토지개발제한구역을 완화하는 정부시책을 펼치면 토지의 공급곡선 S_L^0가 S_L^1으로 오른쪽으로 이동할 것이다. 이에 따라 토지가격이 P_0에서 P_1으로 하락한다. 이때의 가격하락폭은 공급곡선이 탄력적인 경우보다 훨씬 크다. 따라서 경제지대도 토지개발제한구역을 완화하기 전보다 줄어들어 부동산 투기에 따른 불로소득도 그만큼 줄어들게 된다.
>
> 그러나 토지개발제한구역 완화시책으로 토지에 대한 수요가 급증하여 토지수요곡선이 D_L^0에서 D_L^1으로 오른쪽으로 이동할 수도 있다. 그러면 새로운 균형점은 E_1이 되어 토지가격이 종전의 P_0보다 더 높은 P_2로 상승하여 종전보다 더 큰 경제지대가 유발되고 이에 따라 부동산투기가 가열되고 소득분배도 더욱 불균등해질 수 있다.

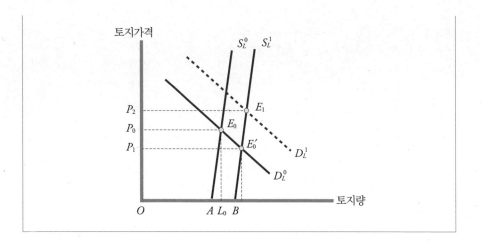

16 일반균형분석과 후생경제학

01. [그림 16–3]에서 극단적인 분배의 불평등을 나타내는 O_1이나 O_2점도 파레토최적점이
다. 부와 소득의 분배상태와 파레토최적 기준과는 무관하다. 즉 어떤 소득분배 상황에
서도 파레토최적이 존재할 수 있다.

02.

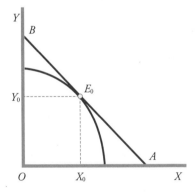

(상대가격을 알 때)

상대가격을 알면 예산선을 그릴 수 있고,
이 예산선과 생산가능곡선이 접하는 점
에서 자원의 효율적인 배분점이 유일하
게 결정된다.

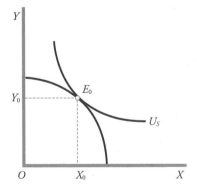

(선호를 알 때)

사회구성원들의 선호를 알면 사회무차
별곡선을 그릴 수 있고 이 무차별곡선과
생산가능곡선이 접하는 점에서 자원의
효율적 배분점이 유일하게 결정된다.

03. ① 점 B: MRT(선분 b의 기울기의 절대값) < MRS(선분 a의 기울기의 절대값) → X재
더 생산하고 Y재 생산 감축 → 점 A로 이동

② 점 C: MRT(선분 c의 기울기의 절대값)$>MRS$(선분 d의 기울기의 절대값) → Y재 더 생산하고 X재 생산 감축 → 점 A로 이동

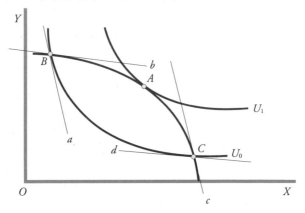

04. 계약곡선은 그림에서 점 A로 표시된다. 갑은 사과만을 소비하고 을은 배만을 좋아하기 때문에 배만을 소비한다.

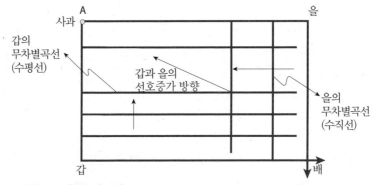

05. [그림 16-3]에서 ω'은 파레토최적이 아니다. 그러나 을에게는 파레토최적상태인 T점보다 더 높은 효용을 가져다 준다.

06. (1) 어느 한 사람이 손해보는 상황에서는 자발적인 교환이 일어날 수 없다. 따라서 자발적 교환이 일어난다는 것은 교환당사자들의 효용이 불변이거나 증가하는 상황을 의미한다.

(2) [그림 16-3]에서 R점에서 균형을 이루고 있는 두 사람에게 ω점으로 이동할 것을 강요한다고 하자. 그러면 이 두 사람은 비자발적인 교환을 하게 되고 그 결과 사람 1의 효용에는 변화가 없으나 사람 2의 효용은 감소하게 된다. ω'에서 T로 가는 경우에도 을로서는 강제적 교환이다.

07. (1) $MRS^1 > MRS^2$

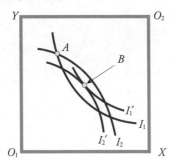

A에서 사람 1이 X재를 한 단위 더 소비하기 위해 사람 2보다 Y재를 더 많이 내놓을 용의가 있다. 이는 사람 2가 X재를 한 단위 덜 소비하면서 받아야 하는 Y재 수량보다 사람 1이 더 많은 Y재를 내놓을 수 있다는 뜻이다. 따라서 1이 Y재를 내놓고 2는 X재를 내놓아 교환이 이루어질 수 있다. 교환을 통하여 B로 감으로써 둘 다 종전보다 높은 만족을 누린다.

(2) $MRS^1 < MRS^2$

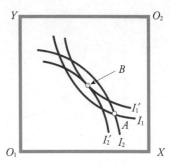

A에서 (1)번과 반대의 경우이다.

$$A \to B$$
$$X_1 \downarrow \quad Y_1 \uparrow$$
$$X_2 \uparrow \quad Y_2 \downarrow$$

(3) $MRTS^X > MRTS^Y$

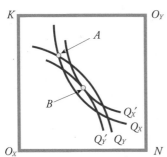

(1)과 같은 경우

$$A \to B$$
$$N_X \uparrow \quad K_X \downarrow$$
$$N_Y \downarrow \quad K_Y \uparrow$$

(4) $MRTS^X < MRTS^Y$

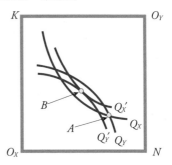

(2)와 같은 경우

$$A \to B$$
$$N_X \downarrow \quad K_X \uparrow$$
$$N_Y \uparrow \quad K_Y \downarrow$$

(5) $MRS > MRT$

앞의 문제 3번 참고

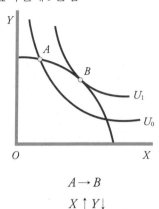

$A \rightarrow B$

$X \uparrow Y \downarrow$

(6) $MRS < MRT$

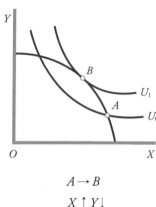

$A \rightarrow B$

$X \uparrow Y \downarrow$

08. 상대적으로 갑은 Y재를 중요시하고 을은 X재를 중요시한다. 갑이 X재 1단 위를 포기할 때 Y재 0.5단위만 얻으면 되는데 을과 교환할 경우 Y재를 최대한 0.75단위까지 얻을 수 있다. 따라서 갑은 을과의 교환을 통해 X재의 소비를 줄이고 대신 Y재의 소비를 늘릴 것이다.

그림은 해답 7의 (2)와 같이 그리면 된다.

09. 에지워스상자에서

$K_X + K_Y = \overline{K},\ N_X + N_Y = \overline{N}$

이기 때문에 $X,\ Y$재 모두 자본집약적이거나 노동집약적일 수 없다. 즉 X재가 자본(노동)집약적이면 Y재는 반드시 노동(자본)집약적이어야 한다.

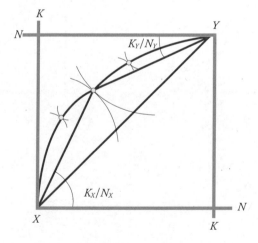

그림에서 계약곡선이 대각선 위쪽에 그려지면 $K_X/N_X > 1$이고, $K_Y/N_Y < 1$이기 때문에

X재는 자본집약적이고 Y재는 노동집약적이다. 계약곡선이 대각선 아래에 그려지면 Y재가 자본집약적이고 X재가 노동집약적이 된다.

10. ① × (부존량을 초과하는 영역에서도 얼마든지 선호를 표시할 수 있다. 다만 실현가능하지 않기 때문에 고려대상에서 빠질 뿐이다.)

② × (효용함수가 같아도 재(goods) 부존상황에 따라 얼마든지 교환이 일어날 수 있다.)

③ × (생산물 구성의 최적성까지 달성되어야 한다.)

④ ○ (한 사람이 손해를 보지 않고는 다른 사람을 더 이상 이롭게 할 수 없는 상태)

⑤ × (낭비 없이 사용될 뿐 아니라 주어진 요소부존으로 최대 생산량을 달성하는 상태)

⑥ × (두 재화 사이의 한계대체율 혹은 자본과 노동 사이의 한계기술대체율이 같게 되는 점)

⑦ ○ (에지워스 상자 그림 표에서 원점을 생각해 보자)

⑧ ○ (Y재로 표시한 X재의 기회비용)

⑨ × (T, R점 모두 파레토최적이다.)

⑩ ○ (A, B 지역으로 옮겨가면 두 사람의 효용수준 모두 감소)

⑪ ○ (상대적으로 갑은 X재를, 을은 Y재를 더 선호하기 때문에)

⑫ × (최초의 배분상태가 오른쪽 그림의 a에 주어졌다면 이동가능한 영역은 계약곡선상의 bc이다. 이 bc를 코어(core)라 한다.)

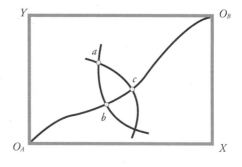

⑬ ○

⑭ × (이론적으로 계획경제하에서도 가능하다. 파레토최적배분은 특정경제체제에서만 이루어지는 것이 아니다.)

⑮ ○ (임의의 경쟁상품을 X, 독점상품을 Y라 하면 $P_X = MC_X$, $P_Y > MC_Y$이므로 $MRT_{XY} = \dfrac{MC_X}{MC_Y} > \dfrac{P_X}{P_Y} = MRS_{XY}$여서 생산물구성의 최적성이 성립하지 않는다. 독점상품 생산을 증가시켜야 한다.)

⑯ × (시장경제 아닌 체제에서도 파레토최적의 배분은 이루어질 수 있다.)

⑰ ○ (생산가능곡선은 생산계약곡선으로부터 도출된다. 생산계약곡선도 생산가능곡선으로부터 도출할 수 있다. 예컨대 [그림 16-7]의 생산가능곡선에서 점 A는 X_1 생산의 등량곡선과 Y_4 생산의 등량곡선이 접하는 점이다.)

보충문제 Supplementary Question

01. 교환의 에지워스상자에서 어떤 한 사람 혹은 두 사람 모두의 선호체계가 변하게 되면 균형은 어떻게 이루어는가?

문제 해답

새롭게 그려지는 두 사람의 무차별곡선이 서로 접하는 점에서 균형을 이룬다.

02. 생산과 소비의 일반균형이 달성되기 위해서 MRS=MRT가 성립되어야 하는 이유는?

문제 해답

본문 pp.476~479 참조

03. 후생경제학 제1정리를 설명하고 증명하라.

문제 해답

시장의 실패가 없을 때 모든 완전경쟁균형은 파레토최적이다. 증명은 본문 pp.479~482 참조

04. "계약곡선을 알면 모든 거래의 결과를 알 수 있다." 논평하라.

문제 해답

계약곡선과 초기부존을 알더라도 모든 거래의 결과를 알 수 없다. [그림 16-3]에서 초기부존이 ω이면 최종소비점이 선분 RS상에 있다는 것만 알 뿐 어떤 점이 되는지는 알지 못한다.

05. 다음 기술이 옳은가 그른가를 밝히고 그 이유를 설명하라.

① 일반균형분석이란 경제 전체의 상호의존관계를 감안하여 포괄적으로 분석하는 방법이다.

② 파레토우위란 어떤 두 배분상태를 비교할 때 두 사람의 후생이 모두 최고만족수준에 도달한 상태를 말한다.

③ 에지워스상자에서 두 사람의 무차별곡선이 만나는 점은 모두 파레토최적상태에 있다고 할 수 있다.

④ 에지워스상자에서 소비계약곡선상의 점은 두 사람의 두 재화에 대한 한계기술대체율($MRTS$)이 같게 되는 점이다.

⑤ 생산물구성의 최적성은 한계대체율(MRS)과 한계기술대체율($MRTS$)이 같아야 한다는 것이다.

⑥ 파레토최적상태는 한 번 달성되면 여타 조건이 변하지 않는 한 불변이다.

⑦ 경제에 두 시장만 있고 두 시장 모두 독점시장이면 자원배분은 항상 파레토열위이다.

⑧ 생산물시장이 독점이면 생산의 최적성과 생산물구성의 최적성은 달성되는데 교환의 최적성이 달성되지 못한다.

⑨ 초기의 부존점이 어디에 있든 간에 임의의 파레토최적점을 완전경쟁균형으로 달성할 수 있다.

⑩ 완전경쟁시장하에서 파레토 최적성은 완벽한 효율기준이다.

📝 문제 해답

① ○

② × (둘 다 후생이 감소되지 않으면서 적어도 한 사람의 후생이 증가되는 경우가 파레토우위)

③ × (교환의 최적성만 달성된다.)

④ × (MRS가 같게 되는 점)

⑤ × ($MRT = MRS$)

⑥ ○

⑦ × ($P_X > MC_X$, $P_Y > MC$이면서 $\dfrac{MC_X}{MC_Y} = \dfrac{P_X}{P_Y}$ 가 성립할 가능성이 있다.)

⑧ × (생산물구성의 최적성이 항상 달성된다는 보장이 없다.)

⑨ × (초기의 부존점을 지나는 두 사람의 무차별곡선이 만들어 내는 눈모양 안의 파레토최적점을 완전경쟁균형으로 달성할 수 있다.)

⑩ × (주어진 소득분배상태하의 제한적 효율기준이다.)

17 시장의 실패와 공공경제이론

01. [그림 17-1]에서 외부비경제를 감안하지 않는 개별 경쟁기업의 공급곡선 MC_P는 외부
비경제를 감안하는 사회적 한계비용곡선 MC_S 보다 오른쪽에 있다. 따라서 개별공급
곡선을 각 가격에서 수평으로 합한 시장공급곡선도 아래 그림처럼 오른쪽에 있다. 그
러므로 $P_P < P_S$, 즉 외부비경제효과를 감안하지 않을 때의 시장가격(P_P)이 외부비경제
효과를 감안할 때의 시장가격(P_S)보다 낮다.

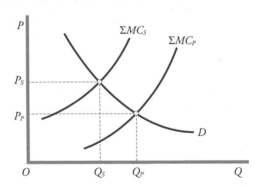

02. (1)

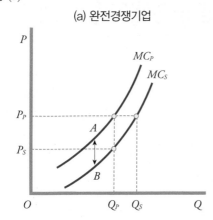

(a) 완전경쟁기업

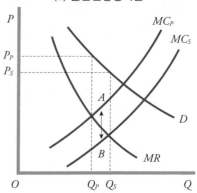

(b) 불완전경쟁기업

외부경제를 감안하지 않을 때

$P_P = MC_P \rightarrow Q_P$ 생산

사회적으로 가격이 P_P이면 Q_S만큼 생산하는 것이 바람직

∴ 외부경제를 감안하지 않을 때 과소 생산되고 높은 가격으로 소비하게 된다.

외부경제를 감안하지 않을 때

$MC_P = MR \rightarrow P_P$로 Q_P 생산

외부경제를 감안할 때

$MC_S = MR \rightarrow P_S$로 Q_S 생산

∴ 외부경제를 감안하지 않으면 과소생산되고 높은 가격으로 소비하게 된다.

(2) 과수원 주위에 양봉업자가 벌통을 벌려 놓은 경우에 과수업자는 인공수정을 안 해도 되고 양봉업자는 꿀을 더 딸 수 있기 때문에 둘 모두 이득을 본다.

(3) $MC_P - MC_S$ = 외부경제 평가액만큼 보조금을 지급하면 MC_P가 MC_S로 되어 생산이 증가하므로 생산량과 가격이 모두 적정수준이 된다.

03. 고속도로, 영화관람, TV 방송, 등산, 해수욕장. 준공공재는 소비의 비배제성은 만족시키지만 비경합성은 만족시키지 못하는 재화이다.

04. ① 시장경제제도는 사회구성원이 같은 체제를 동시에 누리며(소비의 비경합성), 어떤 구성원도 그 체제에서 배제시키지 않는다(비배제성)는 점에서 공공재다. 좋은 교육제도, 사법제도(법치)도 공공재이다.

② 국제경쟁력을 강화하고 선진국들의 기술독점에 대항하기 위해서는 응용기술과 첨단기술수준이 높아야 하는데 이는 모두 기초과학의 토대 위에서 이루어지는 것이다. 선진국의 기술을 이전받아 어느 정도의 응용기술수준에는 도달할 수 있으나 기초과학의 토대가 없이는 한계가 있다. 더욱 기초과학이 없는 곳에 첨단기술은 거의 불가능하다. 기초과학의 층이 두터워야 고유의 응용기술과 첨단기술의 개발이 가능한 것이다.

기초과학은 말하자면 외부(경제)효과를 낳는 공공재이다. 이는 시장에 맡겨 두면 과소공급된다.

05. 공공재의 경우 비경합성 때문에 한 사람 A에게 제공된 공공재는 자동적으로 다른 사람 B에게도 제공되고 B에게 제공된 공공재는 자동적으로 A에게도 제공된다. 그림에서 D_A는 A의, 그리고 D_B는 B의 공공재에 대한 수요곡선이라고 하자. 그림에 의하면 Q_0의 공공재를 소비하기 위하여 A는 P_A만큼, B는 P_B만큼을 지불하고자 한다. 따라서 Q_0의 소비를 위하여 사회 전체적으로 지불하고자 하는 금액은 $P_A + P_B$이고 $P_A + P_B$에 대응하는 H가 시장수요곡선의 한 점이 된다. 다른 수요량에 대해서도 같은 관념적 실험을 통해 공공재의 시장수요곡선은 개별수요곡선을 수직합계하여 구한다. 즉 $Q_0 H = Q_0 F + Q_0 G$이다. Q_1 이후에서 B의 수요는 0이기 때문에 시장수요는 D_A와 같아 시장수요곡선은 $D_M K D_A$로 구해진다.

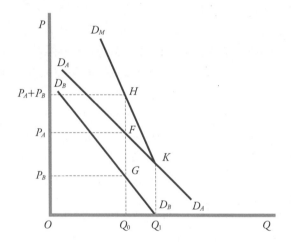

06. 규제가 심하면 해외 유수기업이 들어오지 않고 국내 우수기업이 해외로 나가 산업공동화와 실업 증대가 일어나기 쉽다. 규제는 흔히 부패와 유착을 낳는다. 이런 부작용을 없애고 경제의 역동성을 높이기 위해 규제개혁을 단행한다. 규제 샌드박스는 일체의 사전 규제를 없애는 것이다. 허용되지 않는 것은 명시하고 나머지는 모두 허용하는 것이 포괄적인 네거티브 시스템이다.

07. (1) 그림에서 오염배출허용량이 OD이고 오염단위당 부과금과 보조금이 각각 OA로 책정된다면 세 방법 모두 오염배출량은 OD가 된다.
　① 오염배출량: 동일하다.

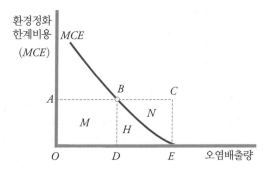

② 오염유발기업이 받는 영향: 위 그림을 이용하여 주로 비용부담 측면을 살펴보
면 다음과 같다.

□$OABD(M)$: OD만큼의 오염배출에 따르는 부과금

△$BDE(H)$: DE의 오염처리에 따르는 정화비용

□$DBCE(H+N)$: DE의 오염처리에 따르는 보조금

배출허용기준: H만큼의 정화비용 부담

오염배출부과금: H만큼의 정화비용＋M만큼의 배출부과금 부담

오염정화보조금: H만큼의 정화비용을 부담하나 $H+N$만큼의 보조금을 받으
니까 N만큼의 이윤 발생

③ 소비자가 받는 영향: 부과금이나 정화비용이 소비자에게 전가되는 경우.

아래 그림에서 오염규제 전의 시장공급곡선＝S_0, 균형가격＝P_0.

배출허용기준($S_0 \rightarrow S_e$, $P_0 \rightarrow P_e$): 소비자에게 ab만큼 전가.

오염배출부과금($S_0 \rightarrow S_t$, $P_0 \rightarrow P_t$): 소비자에게 $a'b'$만큼 전가.

오염정화보조금($S_0 \rightarrow S_s$, $P_0 \rightarrow P_s$): 소비자가 $a''b''$만큼 혜택을 봄

(그러나 보조금의 재원이 소비자의 세금으로 이루어진다는 점을 감안할 때 순
수한 혜택으로 볼 수만은 없다).

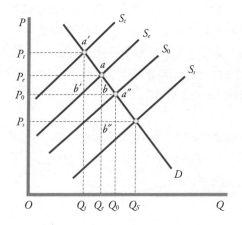

④ 환경정화 기술개발유인: 오염기업은 새로운 기술을 개발·채택함으로써 종전보다 비용을 절약할 수 있다면 새로운 기술을 개발·채택하는 데에 적극적일 것이다.

배출허용기준

　　새 기술 채택 전: DE의 오염을 정화하고 $\triangle BDE$의 정화비용 부담

　　새 기술 채택 후: $MCE \rightarrow MCE'$, DE의 오염정화에 종전의 $\triangle BDE$보다 작은 $\triangle FDE$의 비용 부담

　　∴ $\triangle BFE$만큼의 비용 절감

오염배출부과금

　　새 기술 채택 전: OD배출부과금 $\square OABD + DE$처리비용 $\triangle BDE$ 부담.

　　새 기술 채택 후: 오염처리적정수준이 HE가 되어 HE처리비용 $\triangle GHE + OH$ 배출부과금 $\square OAGH$ 부담.

　　∴ 따라서 $\triangle GBE$만큼의 비용 절감.

오염정화보조금

　　새 기술 채택 전: DE처리비용 $\triangle BDE$ 부담, DE의 처리보조금 $\square DBCE$ 수혜.

　　새 기술 채택 후: HE처리비용 $\triangle GHE$ 부담, 따라서 $\square GHDF$만큼 비용 증가, 그러나 HE처리보조금 $\square HGCE$를 수혜하였기 때문에 $\triangle GBF$ 만큼 이윤발생.

　　∴ 따라서 순수한 비용측면만 볼 때 오히려 비용 상승.

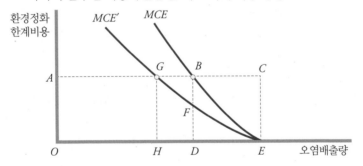

(2) 이상의 4가지 분석을 종합해 보면 오염배출허용기준과 오염배출부과금이 오염정화보조금보다 더 나은 방법이다. 그러나 오염배출허용기준은 오염행위자마다 오염배출기준을 설정해 주고 이를 감시하기가 기술적인 면과 정책비용적인 면에서 매우 어렵다. 따라서 오염배출부과금이 가장 현실성이 있는 방법이라 하겠다.

08. (1) B가 A에게 60만원을 줌으로써 A는 개를 기를 때 입는 혜택 50만원보다 큰 혜택을 볼 수 있고 B는 개로 인한 피해 80만원보다 적은 돈으로 개로 인한 피해를 제거할 수 있기 때문에 A, B 모두 바람직한 결과를 얻을 수 있다.

(2) A 입장에서는 B가 100만원 이상을 주지 않는 이상 개를 치우려 하지 않을 것이다.

B는 80만원 이상을 줄 이유가 없다. 따라서 이 경우에는 A가 계속 개를 기르는 것이 바람직한 해결책이다.

(3) 코오즈정리에 따르면 최초에 권리가 누구에게 있든지 상관없이 협상을 통해 효율적인 결과를 얻을 수 있다. A 대신 B가 조용한 밤을 보낼 권리를 가진 경우에도 A가 개를 통해 얻는 이득이 개로 인한 B의 피해보다 크다면 A가 B에게 상응하는 돈을 지불하여 개를 기를 수 있는 권한을 확보함으로써 문제를 해결할 수 있다.

(4) 현실적으로는 항상 협상을 통해 문제해결이 가능한 것은 아니다. 공기나 물처럼 재산권을 부여하는 것이 어렵거나 협상의 거래비용이 많이 들어가는 경우에는 문제해결이 어려워진다. 이해 당사자가 위의 예와 같이 두 사람이 아니고 많은 경우에는 협상을 통한 문제해결이 더욱 어려워진다. 이처럼 민간 경제주체들끼리 협상을 통한 외부효과 문제를 쉽게 해결할 수 없을 때 정부의 역할이 필요해진다.

09. 중위투표자정리에 입각하여 중간선호층에 영합하는 식으로 타협하거나 투표거래로 타협하면 타협 쌍방에게 이득이 된다.

10. 본문 [표 17−2]에서 병의 선호를 C, B, A로 바꾸면
① A와 B를 비교할 때 을과 병이 B를 선호 → B채택,
② B와 C를 비교할 때 갑과 을이 B를 선호 → B채택,
③ A와 C를 비교할 때 을과 병이 C를 선호 → C채택
되는데 ②에서 B와 C를 비교할 때 B가 C보다 선호되기 때문에 최종적으로 B가 선택되어 투표의 모순이 일어나지 않는다.

11. 규범적인 대답이 될 수밖에 없다. 독자가 독자적으로 판단해 볼 문제다.

12. ① × (시장개입에 따른 편익이 정부실패 혹은 시장개입의 비용을 초과할 때에만 개입해야 한다.)
② × (규모의 경제는 비용절감의 큰 요인이다. 따라서 규모의 경제를 계속 살리면서 가격을 규제하는 것(2중가격제 등)이 더 바람직하다.)
③ ○ (이 경우「외부효과가 내부화되었다」고 말한다.)
④ ○ (소비의 비경합성이 충족)
⑤ × (세금 또는 벌과금을 부과하는 방법이 일반적임)
⑥ × (비경합성과 비배제성의 특징을 갖는 상품은 누가 생산하든 모두 공공재)
⑦ × (예컨대 무료공원묘지를 조성할 때 묘지를 이용하지 않은 인근주민들에게 재산상의 피해를 준다.)

⑧ ○ (비배제성과 비경합성 및 그에 따르는 무임승차 문제로 공공재는 시장에서 가격이 형성되지 않는다.)

⑨ ○

⑩ ○

⑪ × (불완전경쟁기업에서도 가능. [그림 17-1] 참조).

⑫ ○ (시장실패가 있다고 해서 정부가 반드시 개입해야 하는 것은 아니다. 개입의 편익이 비용보다 클 때만 개입해야 한다.)

01. 외부비경제가 있는 경우에 세금을 부과하여 효율적 자원배분을 이룰 수 있음을 그림을 그려가며 설명하라.

📝 **문제 해답**

외부비경제가 존재하면 E_P에서 P_P의 낮은 가격으로 Q_P를 생산($Q_S Q_P$만큼 과대생산)한다. 이를 시정하기 위하여 AB만큼의 소비세를 부과하면 공급곡선이 MC_P에서 MC_S로 상승, E_S로 상승, E_S에서 P_S의 가격으로 Q_S를 생산하게 된다.

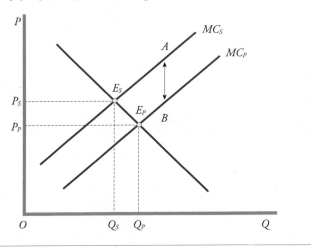

02. "외부경제이든 외부비경제이든 외부효과가 존재하면 자원배분의 효율성을 달성할 수 없다." 논평하라.

📝 **문제 해답**

외부효과 → 시장실패(즉 과잉생산이나 과소생산이 발생) → 자원배분의 효율성을 달성 못함.

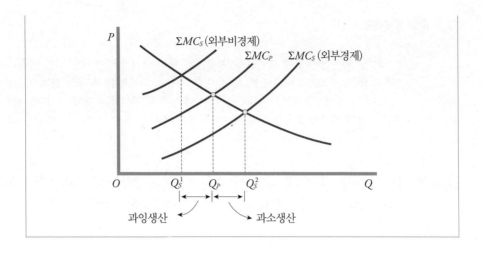

03. 외부효과가 존재할 때 시장에서 형성되는 가격이 자원의 기회비용을 진실하게 나타내지 못하는 이유는 무엇인가?

📋 **문제 해답**

사적 비용과 사회적 비용이 일치하지 않기 때문이다. 즉 사적 비용이 사회적 비용보다 높거나 낮아 사적 비용에 의한 생산이 과소 또는 과대가 되고 가격 또한 적정가격(＝기회비용)보다 높거나 낮게 책정된다.

04. 공공재를 자유시장기구에 맡기면 필요 이하로 적게 생산되거나 아예 생산되지 않을 수도 있다. 그 이유는?

📋 **문제 해답**

공공재는 소비에 있어서 비경합성과 비배제성이라는 특성을 갖는다. 이 때문에 공공재는 소비면에서 외부경제를 낳는다. 외부경제를 낳는 상품을 시장기구에만 맡기면 사회적으로 필요한 양만큼 생산되지 않는다. 여기에 무임승차자 문제까지 곁들여지므로 시장기구에서는 공공재가 전혀 생산되지 않을 수도 있다.

05. 공공재를 생산하는 데 드는 한계비용은 양인데 소비자 한 사람을 추가하는 데 드는 한계비용은 0이다. 이 모순을 설명하라.

📋 문제 해답

> 공공재의 경우는 한 사람이 추가로 소비에 참여해도 다른 사람에게는 전혀 영향을 미치지 않으므로(소비의 비경합성), 소비자 한 사람을 추가하는 데 드는 한계비용은 0이다. 그러나 공공재를 한 단위 더 생산하는 데 드는 한계비용은 대개 양이다. 이것이 바로 공공재 배분의 효율성을 달성하기가 매우 어려운 이유다.

06. 최근 등산열풍으로 죽어가고 있는 산을 살리기 위하여 정책당국은 여러 가지 규제조치를 취하고 있다. 독자들이 알고 있는 조치 두 가지를 명시하고 그 정책효과와 문제점을 설명하여 보라.

📋 문제 해답

> ① 입장료를 받고 하산할 때 쓰레기를 주어 가지고 나오면 그 입장료를 환불 해 주는 방법: 쓰레기를 버리지 않게 함은 물론 남이 버린 쓰레기까지 수거하고자 하는 유인을 제공한다는 점에서 좋은 정책이다. 그러나 산의 입·출구를 일일이 다 통제할 수 없다는 문제점과 입장료가 너무 작아 강한 유인이 되지 못한다는 문제점 등이 있다.
> ② 취사금지: 산에서 일체의 취사행위를 금지하는 방법으로 산의 오염을 원천 봉쇄하는 효과가 있으나 단속원의 사법권이 없는 관계로 그 효과가 제대로 발휘되지 못하고 있다. 취사금지에는 잡상인들의 상행위도 제한하는 조치가 병행되어야 본래의 목적을 달성할 수 있을 것이다.

07. 최근 시민단체들의 환경보전에 대한 경각심이 높아지고 있다. 이를 본문 [그림 17-2]로 분석하라.

📋 문제 해답

> 환경보전에 대한 경각심이 높아지고 있다는 것은 환경정화에 대한 수요가 증가하고 있다는 것을 의미한다. 그림에서 수요가 $SMBE_0$에서 $SMBE_1$으로 증가하면 종전보다 더 높은 가격을 지불해서 더 높은 수준의 환경정화를 달성하게 된다. 이러한 현상이 계속되면 장기적으로는 환경정화기술이 발달하여 공급곡선이 $SMCE_1$으로 이동하기 때문에 더 저렴한 가격으로 더 높은 수준의 환경정화를 이룰 수 있게 된다.

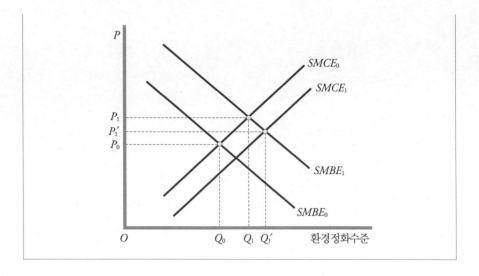

08. 다음 기술이 옳은가 그른가를 밝히고 그 이유를 설명하라.

① 공기는 자유재이자 공공재이다.

② 외부경제는 사회적으로 바람직한 것이다.

③ 무임승차의 문제는 소비의 비배제성 때문에 발생한다.

④ 시장실패는 정부의 개입으로 말끔히 해결할 수 잇다.

⑤ 각 정당의 정책이 유사해지는 것은 중위투표자정리로 설명할 수 있다.

⑥ 유료 케이블 TV는 준공공재이다.

⑦ 통신망은 경제재이자 공공재이다.

📝 **문제 해답**

① ○
② ○
③ × (소비의 비경합성도 원인이 된다.)
④ × (정부실패가 시장실패보다 더 클 수 있다.)
⑤ ○
⑥ ○ (소비의 비배제성은 없지만 비경합성은 성립하기 때문에)
⑦ ○

01. ① 투기와 투자는 미래수익을 얻기 위해 현재 소득을 투입한다는 점에서는 똑같지만 투기는 단기 매매차익을 중시하는 데 반하여 투자는 생산성으로부터의 수익을 중시한다는 점에서 다르다. 그런데 사람들은 미래수익을 얻기 위해 이 두 가지 중 어느 쪽에 더 비중을 두느냐는 다르지만 두 가지 모두를 염두에 두는 것이 보통이기 때문에 투기와 투자를 분명하게 구분하기는 어렵다.

② 증권투자의 경우 기업경영 실적과 미래 기업의 전망 등을 중시하면 투자이고 기업 실적에 관계없이 단기 매매차익을 중시하면 투기가 된다. 그러나 증권투자자들 거의 모두는 이 두 가지를 모두 고려한다.

02. 유익한 투기: 농산물의 경우 추수기의 과잉공급(S_1)을 흡수하여 단경기(端境期)의 과소공급(S_2)을 해소함으로써 가격이 P_1으로 폭락했다가 P_2로 폭등하는 것을 완충시킨다.

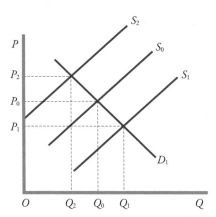

불익한 투기: 불확실한 정보에 의해 가격이 오르고 있을 때 투기수요가 가세하거나 (D_1) 내리고 있을 때 투기수요가 가세하면(D_2) 가격이 P_1으로 폭등하거나 P_2로 폭락하여 시장의 불안을 부추긴다.

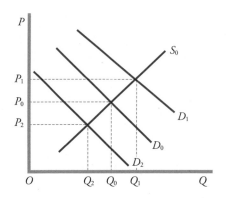

03. 금년 말 선물가격이 작년 말 현물가격보다 높다는 것은 금년 말 현물가격이 작년 말 현물가격보다 높을 것, 즉 가격이 오를 것이라고 예상한다는 의미이다.

04. (1) 보험료를 인상하면 역선택의 문제가 야기된다. 즉 건강한 사람들은 높아진 보험료를 피해 다른 보험회사로 옮겨가고 높아진 보험료에도 아랑곳하지 않고 보험에 가입할 필요가 있는 건강상태가 좋지 않은 사람들의 비중이 늘어난다. 보험회사로서는 보험금을 지불해야 되는 확률이 높은 사람들이 더 많아짐으로써 종국적으로 이윤이 감소될 소지가 크다.
(2) 중고차시장에서 나쁜 차의 소유주일수록 차를 싸게라도 팔고 싶어하기 때문에 싼 차를 고르다가 나쁜 차를 고르는 역선택을 할 수 있다. 싸게 비지떡일 수가 있는 것이다.

05. (1) 주인 – 집주인
대리인 – 세입자
집주인이 세입자에게 훼손예방금을 부과함으로써 세입자가 자기 집이 아니라고 집을 함부로 쓰는 도덕적 해이를 예방.
(2) 주인 – 아기엄마
대리인 – 놀이방선생님
아기엄마가 놀이방선생님에게 선물함으로써 놀이방선생님의 도덕적 해이(아기 방치) 예방.
(3) 주인 – 회사

대리인 – 근로자

이는 제26장에 나오는 효율임금의 예로서 시장임금보다 많이 지불함으로써 근로자의 도덕적 해이(적당주의)를 예방한다.

(4) 주인 – 기업

대리인 – 임원

임원들에게 주식을 주고 나서 자유롭게 팔 수 있는 권리를 줌으로써 임원들이 경영성과를 높이기 위해 열심히 노력하도록 만들기 때문에 도덕적 해이가 예방된다.

06. (1) 어느 정도의 요소투입이 있어야($N>F$) 생산이 있고 아래에서 보는 것처럼 규모의 경제가 있기 때문

(2) $N=2F$이면 $Y=100F$

$N=3F$이면 $Y=200F$

요소투입량이 1.5배 증가했는데 Y는 2배 증가 $\Rightarrow$ 규모의 경제

(3) 생산요소가 노동 하나뿐이므로 임금률은 w라 하면 $TC=wN$, $\Delta TC=w \cdot \Delta N(w$: 일정하다고 가정)

한편 $Y=100(N-F)$에서, $\dfrac{\Delta Y}{\Delta N}=100$,

$MC=\dfrac{\Delta TC}{\Delta Y}=\dfrac{w\Delta N}{\Delta Y}=\dfrac{w}{\Delta Y/\Delta N}=\dfrac{w}{100}$, MC는 생산량과 관계없이 $\dfrac{w}{100}$로 일정

$AC=\dfrac{TC}{Y}=\dfrac{wN}{Y}=\dfrac{w}{Y/N}=\dfrac{w}{100(1-\dfrac{F}{N})}$, Y가 커짐에 따라 AC는 감소.

07. 행동경제학이 상정하는 제한된 합리성, 어림짐작과 편향, 손실회피 등의 특성은 효용극대화, 이윤극대화를 낳는 주류경제학의 합리성과 확연히 다르다. 행동경제학은 사람들이 현실세계에서 반드시 양적인 최적화를 추구하지는 않는다는 심리학의 문제의식을 진지하게 받아들인다.

08. ① × (팔 권리는 풋옵션에 부여된다.)

② × (정보수집에도 한계원리가 적용된다.)

③ ○

④ × (가격은 하락하지 않음)

(아래 ⑤~⑪번은 본문 pp.532~541을 참고.)

⑤ ○

⑥ ○

⑦ ○

⑧ ○
⑨ ○
⑩ ○
⑪ ○

01. 전문경영인의 도덕적 해이를 막을 수 있는 방법의 예를 들고 설명하라.

📋 **문제 해답**

스톡옵션(stock option): 흔히 '주식매수청구권'이라 하는 것으로서 새로 창업하는 기업들이 유능한 인재를 확보할 목적으로 자사 주식을 액면가나 그 이하로 구입하고 일정기간 후 처분할 수 있는 권리를 부여하는 것이다. 일정기간 후 주식가격이 오르면 그만큼 이득을 볼 수 있기 때문에 전망이 좋은 기업일수록 스톡옵션의 매력은 높아진다.
기존기업에서 스톡옵션을 실시할 경우 전문경영인이나 임직원들이 자사주식의 가격을 높이면 자신들의 이익이 커지기 때문에 열심히 일하게 된다.

02. 역대 정부가 부정부패 척결을 외쳐왔지만 부패 스캔들과 뇌물을 받는 공무원이 끊이지 않는 것은 무슨 이유일까? 뇌물을 근절시키는 방법을 생각해보라.

📋 **문제 해답**

적발될 때의 피해보다 적발되지 않을 때의 이익이 크다고 판단하기 때문에 부정을 저지르고 뇌물을 받는다. 뇌물·수수에 따른 이익보다 훨씬 큰 손실을 부과하고 부정부패행위는 반드시 적발된다는 신호를 보여주는 게 유력한 근절 방법이다.

03. 정보와 지식을 생산요소로 볼 때 일어날 수 있는 현상을 열거하고 설명하라.

📋 **문제 해답**

정보와 지식이 인터넷을 통해 무한공간에서 빠르게 전달되면 ① 거래비용이 크게 낮아지고, ② 네트워크외부효과(network externality)가 일어나 규모의 경제와 범위의 경제를 크게 발생시켜 소비자에게 다양한 상품을 싼 가격에 소비할 수 있도록 한다.
물론 특정회사의 운영체제나 응용프로그램을 써야 하는 ③ 잠김효과(lock-in effect)가 일어나 정보와 지식의 전달매체 시장을 독과점화하기도 한다.

04. 마늘, 무, 배추 등의 농산물 거래에 '밭떼기'가 활용되고 있다. 밭떼기란 무엇이며 농산물 시장에서의 역할은 무엇인가?

📋 **문제 해답**

'밭떼기'란 채소, 과일, 곡물 등의 농산물을 수확하기 전 밭에 있는 그대로 사는 것을 말한다.

따라서 사는 사람의 입장에서 보면 수확 후의 시장가격이 높으냐 낮으냐에 따라 손실을 볼 수도 있고 이익을 볼 수도 있는 투기적 상황이 된다. 파는 사람 입장에서도 수확 후에 밭떼기 때의 가격보다 더 높은 가격이 형성될 경우 손실을 볼 수도 있다. 그러나 이는 수확 후의 가격이 폭락하는 경우에 입을 큰 손실에 비하면 감당해도 무방한 예상손실이다. 즉 '밭떼기'는 농산물시장을 안정시키는 데에 일조한다. 밭떼기는 봄철 채소, 과일, 김장용 배추, 파, 마늘 등 그 대상이 광범위하다. 특히 제주도의 마늘 밭떼기는 전국적으로 유명하다.

05. 독자들 스스로가 경험한 '도덕적 해이'와 '역선택'의 예를 하나씩 들고 설명하라.

📋 **문제 해답**

아래의 보충 문제 6을 참조하여 각자의 경우를 설명해보라.

06. '도덕적 해이'와 '역선택'의 공통점과 차이점을 설명하라.

📋 **문제 해답**

① 공통점
  • 본인-대리인 간의 비대칭적 정보로 인하여 발생
  • 자원의 비효율적인 배분으로 사회적 순손실 야기
② 차이점
  • 역선택 → 제품의 숨겨진 특성과 그 특성을 알아내기 위한 비용이 크기 때문에 발생
  • 도덕적 해이 → 대리인의 숨겨진 행동과 그 숨겨진 행동을 감시하기 위한 비용이 크기 때문에 발생

07. 다음 기술이 옳은가 그른가를 밝히고 그 이유를 설명하라.

① 생명보험시장에서 일어나는 역선택의 문제는 보험료를 높임으로써 어느 정도 해결할 수 있다.
② 홍수의 위험에도 불구하고 계속해서 강 근처에 사는 것도 일종의 도덕적 해이이다.
③ 의료비 보조에 따른 저소득층들의 '병원순례'는 도덕적 해이의 예이다.
④ 이윤세는 기업의 평균비용과 한계비용을 모두 증가시킨다.
⑤ 정보·지식의 교류가 활발해지면 상품들의 가격이 하향지향적이 된다.
⑥ 지식은 공공재의 성격을 많이 갖는다.
⑦ 광고는 판매면에서 규모의 경제를 이루어 제품가격을 하락시킨다.
⑧ 축구스타 박지성과 손흥민이 받는 높은 연봉의 대부분은 경제지대이다.
⑨ 담보를 설정하는 것은 차입자의 도덕적 해이를 예방하기 위한 대책 중의 하나이다.
⑩ 인터넷시장은 경쟁과 독과점의 양면성을 지닌다.
⑪ 실험횟수가 적은데도 불구하고 평균치에 가까운 결과가 나오리라고 기대하는 것을 도박사의 오류(대표성 어림짐작)라고 한다.
⑫ 상점에서 희망소매가격 50,000원, 판매가격 30,000원이라고 쓴 표지판을 보고 사는 가격이 싸게 느껴지면 기준점 효과라 한다.
⑬ 초기설정 효과는 틀짜기 효과이자 현상유지편향의 예이다.
⑭ 행동경제학자들은 자기자신뿐 아니라 타인의 이익도 고려하는 선호를 이타적 선호라 정의한다.
⑮ 도박으로 딴 돈을 일상의 보통 수입과 달리 취급하여 다시 도박에 쓰는 경향을 자기통제력 부족이라 한다.

📝 문제 해답

① × (보험료를 높이면 건강하지 않은 사람들의 보험비중이 높아지기 쉽다.)
② × (경관을 좋아하는 취향이지 도적적 해이와 관계없다.)
③ ○ (의료서비스의 낭비를 의도적으로 하는 것이기 때문에)
④ × (이윤세는 고정비용의 성격, 평균비용만 증가시킴)
⑤ ○ (규모의 경제와 범위의 경제를 발생시키기 때문에)
⑥ ○ (특히 비경합성의 속성이 강하다.)
⑦ × (지나친 광고는 불필요한 비용을 증가시킨다.)
⑧ ○ (박지성과 손흥민의 이전수입은 그리 크지 않을 것이기 때문에)
⑨ ○
⑩ ○ (본문 pp.526~529 인터넷경제학 참조)
⑪ ○
⑫ ○
⑬ ○

⑭ × (사회적 선호)
⑮ × (심리적 계정이라 한다.)

01. 총생산물가치－미판매액＝총생산물판매액으로부터 총생산물가치＝총생산물판매액
＋미판매액이다. 판매액은 각종 요소소득으로 돌아간다. 따라서 미판매액을 기업의
소득으로 의제하면 총생산(물가치)＝총소득의 명제가 성립한다. 당기에 팔리지 않은
몫에 대해서도 기업이 요소비용(＝요소소득)을 지불하고 재고로 보유하고 있기 때문
에 기업의 소득으로 의제할 수 있다.

02. 도매상도 도매서비스를 통해서 새로운 부가가치를 창출한다. 생산지의 쌀을 소비지
로 수송해 오는 도매서비스가 없으면 소비자는 원할 때 즉시 쌀을 살 수 없다.

03. 포함되면 ○, 포함되지 않으면 ×
 ① ○ (건설물)
 ② ○ (피용자 보수)
 ③ × (생산활동이 아니기 때문. 자본이득 또는 매매차익은 GDP에 포함되지 않음)
 ④ × (시장에서 거래되는 것이 아니므로)
 ⑤ × (부가가치인 매출이익만 GDP에 포함)
 ⑥ × (중고차가 생산되었을 당시 GDP에 산정되었다.)
 ⑦ ○ (피용자보수, 한국은행이 팁 전체 규모를 추계함)
 ⑧ × (생산활동에서 얻는 소득이 아니기 때문)
 ⑨ ○ (기업지불이자)
 ⑩ × (생산에 수반되어 발생된 것이 아닌 정부의 이전수입(移轉收入)임)

⑪ ○ (민간소비지출 중 보건의료지출)

⑫ × (최종생산물이 아님, 그 가치는 자동차에 포함됨)

⑬ × (연초의 재고보다 증가된 부분만 재고투자에 포함됨)

⑭ ○ (공연서비스를 제공한 보수이므로)

⑮ ○ (정부 최종소비지출)

⑯ ○

⑰ × (부모 소득의 일부이니까 벌써 피용자보수에 포함되어 있다. 그러나 이 용돈이 쓰여지면 민간소비지출에 포함될 것이다. 아르바이트 소득은 이론적으로 포함되어야 하지만 규모가 작고 추계상의 어려움 때문에 현실적으로 추계되고 있지 않다.)

⑱ ○ (방송서비스의 보수이므로)

⑲ × (별도의 수위자리가 새로 만들어졌다면 피용자보수로 포함될 것이다. 그러나 기존 수위직에 사람만 바뀐 것이라면 GDP에 새로 추가되지 않는다.)

⑳ × (기업이 최종생산물을 생산하기 위한 중간투입이기 때문에 GDP에 포함되지 않음.)

㉑ × (사우디 아라비아의 GDP에 포함됨. 우리나라 GNI에는 포함)

㉒ ○ (전자제품의 시장가치가 GDP에 포함됨.)

㉓ ○ (검찰·경찰 예산은 공공서비스의 대가를 반영한다.)

㉔ ○ (GDP에 포함됨. GNI에는 포함되지 않음)

04. 국내총지출＝국내총생산은 민간소비, 국내총투자, 정부소비, 순수출의 네 부분으로 구성된다. 혹은 총소비와 총투자로 구성된다. 이때 총소비는 민간소비와 정부소비의 합이고 총투자는 국내총투자와 순수출(국외투자)의 합이다.

05. (1) ① $GDP = C + I_g + G + (X - M)$

$= 245 + (27 + 33) + 72 + (13 - 20) = 370$

$= GNI$(국외순수취요소소득이 0이므로)

② $NDP = GDP - 감가상각 = 370 - 27 = 343 = NNI$

③ $GNDI = GDP + 국외수취경상이전 - 국외지급경상이전$

$= 370 + 0.2 - 0.3 = 369.9$

④ $NDI = GNDI - 감가상각$

$= 369.9 - 27 = 342.9$

⑤ $NI = GNI - 감가상각 - 생산 및 수입세 + 정부의 對기업보조금$

$= 370 - 27 - 18 + 0 = 325$

⑥ PI = NI − 사회보장부담금 − 법인세 − 사내유보이윤 − 정부의 재산소득

$\quad$ = 325 − 20 − 10 − 21 − 0 = 274

⑦ PDI = PI + 가계의 이전소득 − 이전지급

$\quad$ = 274 + 12 − 26 = 260

(2) ① 생산흐름에 의한 접근법

$\quad$ ㉠ NI = NNI − 순생산 및 수입세 = 343 − 18 = 325

$\quad$ ㉡ PI = NI − 사회보장부담금 − 법인세 − 사내유보이윤 − 정부의 재산소득

$\qquad$ = 325 − 20 − 10 − 21 − 0 = 274

$\quad$ ㉢ PDI = C + S = 245 + 15 = 260

③ 요소소득에 의한 접근법

$\quad$ ㉠ NI = 피용자보수 + 영업잉여

$\qquad$ = 피용자보수 + 비법인기업소득 + 임료 + 기업지불이자 + 기업이윤

$\qquad$ = 221 + 31 + 14 + 24 + 35 = 325

$\quad$ ㉡ ①의 ㉡과 같음

$\quad$ ㉢ PDI는 (1)의 ⑦과 같음

(3) ① 가계저축률 $= \dfrac{\text{가계저축}}{\text{GDP}} \times 100 = \dfrac{15}{370} \times 100 = 4.1\%$

② 국민저축률 $= \dfrac{\text{국민저축}}{\text{GDP}} \times 100 = \dfrac{\text{GDP} - (C + G)}{\text{GDP}} \times 100$

$\qquad\qquad = \dfrac{370 - (245 + 72)}{370} \times 100 = 14.3\%$

③ 해외저축률 $= \dfrac{\text{수입초과}}{\text{GDP}} = \dfrac{20 - 13}{370} \times 100 = 1.9\%$

④ 총투자율 $= \dfrac{\text{총투자}}{\text{GDP}} = \dfrac{33 + 27}{370} \times 100 = 16.2\%$

⑤ 해외의존도 $= \dfrac{\text{수출} + \text{수입}}{\text{GDP}} = \dfrac{13 + 20}{370} \times 100 = 8.9\%$

06. 내국인이 가지고 있는 해외금융자산은 국내 실물자산의 소유권을 나타내지 않고 해외 실물자산의 소유권을 나타내기 때문에 국부에 포함된다. 같은 논리로 외국인이 가지고 있는 국내 금융자산은 그 몫만큼 국내 실물자산의 소유권을 나타내기 때문에 우리나라 국부에 포함되지 않는다. 따라서 외국인이 가지고 있는 국내금융자산을 뺀 순해외금융자산이 국부에 포함된다.

07. 제2절의 최종생산물의 정의는 본래의 형태 그대로 수명을 다할 때까지 사용되는 생산물을 의미한다. 따라서 기계와 같은 자본재는 최종생산물이다. 문제에서와 같이 정의

하면 자본재는 중간생산물이 된다.

08. PPI는 원자재, 자본재, 소비재를 포괄하는 물가이므로 원유가격의 폭락은 PPI를 가장 크게 하락시킨다. CPI도 원유가격 하락에 따른 생산물의 생산비용하락으로 내리게 되지만 PPI보다는 덜 영향을 받는다.

$GDP \; deflator = \dfrac{\text{명목 GDP}}{\text{실질 GDP}} \times 100$인데 물가의 하락으로 명목GDP가 하락하여 GDP deflator는 하락하게 되지만 PPI보다는 덜 영향을 받는다. 원유가격 하락이 PPI에는 잡히지만 수입상품가격이므로 GDP디플레이터에는 잡히지 않는다.

09. 식 (19–13)에 있는 피용자보수와 영업잉여에는 국외순수취요소소득이 반영되어 있다. 「국내」와 「국민」의 차이를 나타내는 식 (19–9)를 참고할 것.

10. 감가상각, 기업저축은 없고, 폐쇄경제이므로 해외순수취요소소득, 대외순수취경상이전이 0이 되고 민간경제이므로 조세 및 정부의 이전지출이 없어 모두 같다.

11. ① × (모든 「최종」생산물의 시장가치)
　　② ○ (명목GDP는 비교연도의 물가로 표시되고 실질 GDP는 기준연도의 물가로 표시되므로)
　　③ ○ (당기 생산물의 가치를 비교연도보다 높은 기준연도의 가격으로 평가하기 때문)
　　④ × (순투자＝총투자－대체투자(감가상각)
　　　　총투자＞대체투자이면 순투자는 양이지만 총투자＜대체투자이면 음일 수도 있다.)
　　⑤ ○
　　⑥ × (총해외저축이 양이면 국외투자가 음이다. 그러면 식 (19–17)에서 국내총투자가 총저축보다 크다.)
　　⑦ ○ (총산출＝GDP＋중간소비)
　　⑧ ○ (우리나라 근로자가 해외에서 번 소득은 GNI상의 피용자보수에 포함되지만 GDP상의 피용자보수에 포함되지 않는다. 외국근로자가 우리나라 안에서 번 소득은 GNI상의 피용자보수에 포함되지 않지만 GDP상의 피용자보수에는 포함된다.)
　　⑨ ○
　　⑩ ○ (초기자본스톡보다 말기자본스톡이 많음을 의미)
　　⑪ × (재고투자＝연말재고－연초재고이므로 연말재고가 연초재고보다 적으면 재고

투자는 음일 수 있다.)

⑫ × (가계처분가능소득에 관한 설명이다.)

⑬ ○

⑭ ○ (GDP를 포함한 어떤 국민소득 지표에도 포함되지 않는다.)

⑮ × (순투자가 양이기만 하면 된다.)

⑯ ○ (기존 택시업계는 타격을 입지만 운송업 전체로는 고용과 총수입이 증가할 것이다.)

⑰ × (1인당 GNI는 유량 개념이고 부유한 정도를 나타내는 1인당 부는 저량 개념이다. 1인당 GNI가 크면 대개 1인당 부도 크지만 반드시 그런 것은 아니다.)

⑱ ○

⑲ × (GNI증가율이 인구증가율보다 낮은 경우에는 감소한다.)

⑳ × (CPI, PPI 등은 기준연도 거래량을, GDP디플레이터는 비교연도 거래량을 기준으로 작성)

01. 다음의 예를 저량과 유량으로 구분하라.

    ① 개인의 부, 개인소득, 개인지출

    ② 실업자수, 직업을 잃은 사람

    ③ 자본량, 투자량

    ④ 정부 재정적자, 정부부채

  📝 **문제 해답**

> ① 개인의 부: 일정시점에서 측정되는 저량
>   개인소득: 일정기간 동안에 측정되는 유량
>   개인지출: 일정기간 동안에 측정되는 유량
> ② 실업자수: 일정시점에서 일할 의사와 능력이 있어도 취업하지 못한 사람의 수를
>   나타내는 저량
>   직업을 잃은 사람: 유량
> ③ 자본량: 일정시점에서 측정되는 저량
>   투자량: 일정기간 동안에 측정되는 유량
> ④ 정부재정적자: 일정기간 동안의 세출−세입 = 적자를 나타내는 유량
>   정부부채: 일정시점에서 측정되는 저량

02. 대기업이 불우이웃성금을 출연할 경우 NI, PI, PDI에 미치는 영향은?

  📝 **문제 해답**

> 요소소득의 합계인 NI는 불변이다.
> 성금이 불우이웃에 전해지면 PI, PDI는 그만큼 증가한다.

03. 정부의 이전지출은 GDP에 포함되지 않는 반면 기업의 이전지출은 GDP에 포함된다. 그 이유는 무엇일까?

문제 해답

정부의 이전지출은 당기의 생산활동과 무관하며 기업부문에서 이미 생산된 소득을 단순히 재분배시킨다는 점에서 GDP에서 제외되지만 기업의 이전지출은 생산활동의 과실을 처분하는 행위이므로 GDP에 포함된다.

04. 순수출을 대외투자, 수입초과를 해외저축이라고도 부르는 이유를 설명하라.

문제 해답

순수출은 우리가 수입한 이상으로 수출한 몫인데 국민소득계정에서 총저축을 가지고 국내총투자를 하고 남은 부분으로 표시된다. 따라서 해외에 순수출만큼 투자했다고 볼 수 있어 대외투자라고도 부른다.
수입초과는 우리가 수출한 이상으로 수입한 몫으로서 이만큼 해외에서 차입한 것이다. 따라서 해외부문이 우리나라에 그만큼 저축했다고 볼 수 있어 해외저축이라고도 부른다.

05. 개인의 부의 합계가 국부가 되지 않는 이유를 설명하라.

문제 해답

개인소유의 부 중에서 현금·예금 등은 금융기관의 부채가 되므로 국민경제 전체적으로는 상쇄되고 회사채도 개인에게는 부이지만 기업으로는 부채이기 때문에 민간경제 전체로는 상쇄되어 버린다. 따라서 개인 부의 합계가 국부와 같지 않다.

06. GDP개념의 한계에 관한 여섯 가지 논의를 보면서 각 항이 GDP를 참된 경제후생수준보다 높게 만들 것인가, 낮게 만들 것인가를 따져 보라.

문제 해답

① 항목별로 추측하여 계산하는 추계방식: GDP를 과대 혹은 과소평가
② 추계방법에 있어서 일관성 결여: 과소평가(가정주부의 가사서비스를 포함시키면 GDP는 훨씬 커질 것임)
③ 여가를 감안하지 않는 것: 과소평가

④ 품질 도외시: 과대 혹은 과소평가, 가격규제가 없으면 과소평가.

⑤ 지하경제 도외시: 과소평가

⑥ 공해 도외시: 과대평가

07. 실제통계에서 총저축과 총투자가 반드시 일치하지는 않는데 그 이유는?

📝 **문제 해답**

「저축=투자」의 항등식은 사후적으로 같아져야 되지만 실제추계는 다양한 자료원으로부터 나오는 통계상의 불일치로 항상 똑같지는 않다.

08. 미 달러화로 표시되는 우리나라 1인당 GNI의 연평균 증가율이 1996년까지 으레 경제성장률을 초과해 왔는데 그 이유를 설명하라.

📝 **문제 해답**

$표시 1인당 GNI $= \dfrac{\text{₩표시 1인당 GDP}}{\text{공정거래환율}}$ 인데 원화표시 1인당 GNI가 명목 GNI여서 국내물가상승 몫까지 포함하고 있다. 그런데 공정거래환율은 국내 물가상승에 발맞추어 상승해 오지 않았다. 1997년 12월 이후 환율이 종전보다 적어도 30% 이상 높아짐으로써 1997년과 1998년의 1인당 GNI가 종전보다 대폭 낮아졌다. 달러 표시 1인당 GNI는 달러표시 1인당 실질GNI가 아니라 달러표시 1인당 명목 GNI이다. 따라서 달러표시 1인당 GNI 증가율은 1인당 실질소득증가율이 아니라 1인당 명목소득증가율을 나타낸다.

09. [그림 19-1]에서 가계의 소비지출을 감소하면 실업이 증가할 수 있음을 설명하라.

📝 **문제 해답**

그림 19-1에서 실선의 흐름을 보면 가계가 생산물시장에서 생산물 구입을 위한 소비지출을 줄이면 기업의 생산물 판매수입이 줄고, 그 파생수요인 생산요소 구입을 위한 지출을 줄이는데 노동에 대한 수요의 감소는 다른 조건이 일정할 때 실업증가로 나타난다.

10. 주부의 가사노동가치를 최근에 통계청이 추계했다. 그 내용을 알아보라.

 문제 해답

> 2018년 8월 통계청 발표에 따르면 2014년 기준 가사노동가치는 361조원으로 명목 GDP의 24.3% 수준이다. 361조원은 음식 준비 30%, 자녀돌보기 24%, 청소 14% 등으로 구성되었다.

11. 일반적으로 가전제품산업이 의류산업보다 경기의 영향을 더 크게 받는다. 그 이유를 설명하라.

 문제 해답

> ① 가전제품은 의류에 비하여 구매의 연기가 가능하다.
> ② 가전제품의 생산기업이 더 큰 시장지배력을 가지고 있으면서 경기가 침체할 때 가격인하보다 생산감축에 의존하는 경우가 많다.

12. 다음과 같은 가상의 표를 보고 물음에 답하라.

연　　도	명목GDP(조원)	GDP디플레이터(2005 = 100)
2016	290	105
2017	320	110

(1) 2016년과 2017년 사이의 명목소득의 증가율은 얼마인가?

(2) 2016년과 2017년 사이의 인플레이션율은 얼마인가?

(3) 2005년 가격으로 측정한 2016년의 실질소득은 얼마인가?

(4) 2005년 가격으로 측정한 2017년의 실질소득은 얼마인가?

(5) 2016년과 2017년 사이의 실질소득증가율은 얼마인가?

(6) 명목소득증가율이 높은지 실질소득증가율이 높은지 확인하고 왜 그런지 설명해 보라.

(7) 2016년과 2017년에 달러와 우리나라 돈의 교환비율이 각각 1$: 800원과 1$: 1,200원이었다고 하자. 2016년과 2017년의 달러표시 실질소득은 얼마인가?

(8) 2016년과 2017년에 우리나라의 인구는 각각 4,450만명과 4,500만명이었다고 하자. 2016년과 2017년의 달러표시 1인당 실질소득은 얼마인가?

(9) 2016년과 2017년 사이의 달러표시 1인당 실질소득증가율은 얼마인가?

(10) 2016년과 2017년 사이의 인구증가율을 구하고 1인당 소득증가율＝소득증가

율-인구증가율과 거의 같음을 확인하라.

📝 **문제 해답**

(1) $\dfrac{320-290}{290}\times100=\dfrac{30}{290}\times100=10.3\%$

(2) $\dfrac{110-105}{105}\times100=\dfrac{5}{105}\times100=4.8\%$

(3) GDP디플레이터 $=\dfrac{\text{명목GDP}}{\text{실질GDP}}\times100$에서

 2016년 실질 GDP $=$ 명목GDP $\times\dfrac{100}{\text{GDP디플레이터}}=290\times\dfrac{100}{105}=276.2$

(4) $320\times\dfrac{100}{110}=290.9$

(5) $\dfrac{290.9-276.2}{276.2}\times100=5.3\%$

(6) 명목소득증가율 10.3%가 실질소득증가율 5.3%보다 5% 포인트 높다. 이는 기간 중 GDP디플레이터가 4.8% 상승했기 때문이다.

(7) 2016년 달러 표시 실질소득 $=\dfrac{276.2\text{조}}{800}=3,453$억 달러

 2017년 달러 표시 실질소득 $=\dfrac{290.9\text{조}}{1,200}=2,424$억 달러

(8) 2016년 달러 표시 1인당 실질소득 $=\dfrac{3,453\text{억 달러}}{4,450\text{만명}}=7,760$달러

 2017년 달러 표시 1인당 실질소득 $=\dfrac{2,424\text{억 달러}}{4,500\text{만명}}=5,387$달러

(9) $\dfrac{5,387-7,760}{7,760}\times100=-30.6\%$

 30.6% 감소

(10) 인구증가율 $=\dfrac{4,500-4,450}{4,450}\times100=1.1\%$

 2017년 실질소득 증가율 $=\dfrac{2,424-3,453}{3,453}\times100=-29.8\%$

 실질소득증가율 $-$ 인구증가율 $=-29.8-1.1=-30.9\%$
 이는 (9)번에서 계산한 -30.6%와 거의 같다. 명목소득에 대하여도 같은 관계를 확인할 수 있다.

13. 다음 기술이 옳은가 그른가를 밝히고 그 이유를 간략히 설명하라.

① 아파트 가격이 오르면 물가상승률이 커진다.

② 경제 일반의 물가변동을 보기에는 GDP환가지수가 적합하다.

③ 전업주부의 비중이 증가하면 GDP는 감소한다.

④ GDP는 녹색 GDP보다 크다.

⑤ 정부가 엄격히 통제하면 물가는 오르지 않는다.

📋 **문제 해답**

① × (감각물가는 오르지만 지수물가에는 큰 변화가 없다.)
② ○ (가장 포괄적인 물가지수의 개념이기 때문에)
③ ○ (전업주부가 만든 부가가치는 GDP에 포함되지 않기 때문에)
④ ○ (녹색GDP＝GDP－공해비용)
⑤ × (품질의 저하나 단위량의 감소 등으로 나타나는 억압형 인플레이션이 발생)

20 실질국민소득 결정의 기초이론

01. 고전학파는 노동시장에서의 수요와 공급의 일치에 의한 균형고용량이 균형국민소득을 결정하는 것으로 「균형」은 모든 시장이 균형을 이루는 일반균형을 의미한다. 한편, 케인스모형에서는 노동시장이 불균형이지만 과소고용국민소득 수준에서도 다른 소득수준으로 변할 유인이 없다는 뜻에서 균형이다.

02. (1) $MPC = \dfrac{\Delta C}{\Delta Y} = 0.8$

$S = Y - C = 0.2Y - 150$

$MPS = \dfrac{\Delta S}{\Delta Y} = 0.2$

(2) $\dfrac{\Delta Y_E}{\Delta I_0} = \dfrac{1}{1-b} = \dfrac{1}{1-0.8} = 5$

(3) $Y^D = 0.8Y + 150 + 100 = Y$

$\qquad 0.2Y = 250$

따라서 $Y_E = 1{,}250$

(4) 총수요선은 $Y^D = C + I^D = 0.8Y + 150 + 100 = 0.8Y + 250$이다.

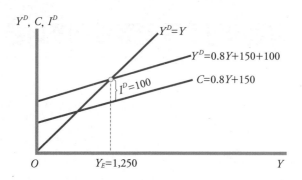

(5) 저축함수는 $S = Y - C = 0.2Y - 150$이다. 저축이 0인 분기점을 이루는 소득수준은 $0 = 0.2Y - 150$에서 $Y = 750$이다.

(6) $100 = 0.2Y - 150$

$Y_E = 1,250$

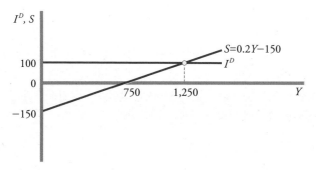

(7) $Y^D = 0.8Y + 150 + 120$

$0.2Y = 270$

$Y_E = 1,350$

(8) $Y^D = 0.8Y + 150 + 80$

$0.2Y = 230$ 그러므로 $Y_E = 1,150$

(9) I^D가 증가(감소)하면 Y_E는 투자승수만큼 증가(감소)하게 된다.

(10) $\Delta Y_E = \dfrac{\Delta I}{1-b}$에서 $\Delta Y_E = Y_F - Y_E = 750$이고 $1 - b = 0.2$이므로 $\Delta I = 150$이다.

따라서 $Y_F = 2,000$이 되게 하는 새로운 투자수준은 250이 된다.

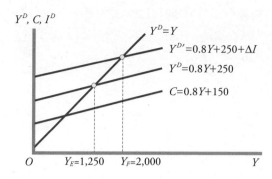

(11) ① 새로운 소비함수: $C = 0.8Y + 150 - 50$

$\qquad C = 0.8Y + 100$

② 새로운 저축함수: $S = Y - C$

$\qquad S = 0.2Y - 100$

③ 새로운 균형점: $Y^D = 0.8Y + 100 + 100$

$\qquad Y_E = 1,000$

④ 절약의 역설은 개인이 절약하여 저축을 늘리고자 하면 총수요가 감소하여 국민소득이 감소하고, 그 결과 국민경제 전체적으로 총저축이 늘어나지 않거나 오히려 감소하게 된다. 위의 문제에서는 저축은 불변이다.

(12) ① $C = 0.8Y + 100$일 때,

$\qquad Y^D = 0.8Y + 100 + 100 + 0.1Y$

$\qquad 0.1Y = 200$

$\qquad Y_E = 2,000$

$\qquad Y_E = 2,000$ 수준하에서의 저축은 $S = 0.2Y - 100$에서 300이다.

② $C = 0.8Y + 150$일 때,

$\qquad Y^D = 0.8Y + 150 + 100 + 0.1Y$

$\qquad 0.1Y = 250$

$\qquad Y_E = 2,500$

$\qquad Y_E = 2,500$ 수준하에서의 저축은 $S = 0.2Y - 150$에서 350이다.

$\qquad$ 그러므로 결국 저축이 50 줄었다.

(13) (11)의 균형국민소득의 감소분 = 250 = 승수(5) × 50

$\qquad$ (12)의 균형국민소득의 감소분 = 500 = 승수(10) × 50

(14) 고전학파모형에서는 소비함수와 투자함수가 모두 이자율의 감소함수이다.

$\qquad$ 한편, 고전학파의 경우 생산물시장의 균형조건 $Y^D = Y$는 $C(r) + I(r) = Y_F$로 되어 총공급측면에서 Y_F가 결정되면 $Y^D = Y_F$가 되도록 이자율이 신축적으로 조정되므로 절약의 역설은 일어나지 않는다.

03. 국민소득모형은 다음 여섯 가지 방정식으로 구성된다.

(1) ① $Y^D = C + I^D + (X - Z)$

② $C = 0.8Y + 150$

③ $I^D = 100$

④ $X = 100$

⑤ $Z = 0.05Y + 100$

⑥ $Y^D = Y$

(2) $Z = 0.05Y + 100$에서 $\dfrac{\Delta Z}{\Delta Y} = 0.05$

(3) ① 총지출곡선을 나타내는 방정식: $Y^D = C + I^D + (X - Z)$

$$= 0.8Y + 150 + 100 + 100 - (0.05Y + 100)$$

$$= 0.75Y + 250$$

② 균형조건식: $Y^D = Y$

①, ②식을 (Y^D, Y) 평면에서 그림으로 그릴 때 교차점이 균형국민소득(Y_E)을 나타낸다.

수식으로는 $Y^D = 0.75Y + 250 = Y$에서

$$(1 - 0.75)Y = 0.25Y = 250$$

$$\therefore Y_E = \frac{1}{0.25} \times 250 = 1{,}000$$

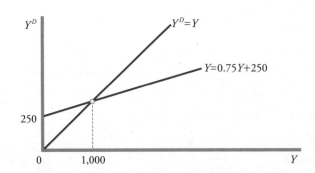

(4) (3)에서 $\dfrac{\Delta Y_E}{\Delta I^D} = \dfrac{1}{0.25} = 4$이다. 이는 폐쇄경제의 투자승수 $\dfrac{\Delta Y_E}{\Delta I^D} = \dfrac{1}{1 - MPC}$

$= \dfrac{1}{0.2} = 5$보다 적다. 개방경제하의 케인즈 단순모형의 투자승수는 $\dfrac{\Delta Y_E}{\Delta I^D}$

$= \dfrac{1}{1 - MPC + 한계수입성향}$ 이다. 한계수입성향이 0보다 큰 한 개방경제하의 승수는 폐쇄경제하의 승수보다 작아진다.

(5) 한계소비성향을 b, 한계수입성향을 m이라 하면 위 모형은

$Y = Y^D = C + I^D + X - Z$

$\qquad = (bY + a) + I_0 + X_0 - (mY + Z_0)$로 일반화시킬 수 있다.

이 식은

$(1 - b + m)Y = a + I_0 + X_0 - Z_0$ 혹은 $Y_E = \dfrac{1}{1 - b + m}(a + I_0 + X_0 - Z_0)$로 정리된다. 따라서 수출승수는 $\dfrac{\Delta Y_E}{\Delta X_0} = \dfrac{1}{1 - b + m}$으로서 기초소비승수 $\left(\dfrac{\Delta Y_E}{\Delta a} \right)$ 및 독립투자승수 $\left(\dfrac{\Delta Y_E}{\Delta I_0} \right)$와 같은 것을 알 수 있다. 위 모형에서는 $b = 0.8$, $m = 0.05$이므로 수출승수는 $\dfrac{1}{1 - 0.8 + 0.05} = \dfrac{1}{0.25} = 4$이다. 따라서 균형국민소득은 수출증가분(100)의 4배만큼 증가한다. $\Delta Y_E = \dfrac{1}{1 - b + m} \Delta X_0 = 400$. 최초의 균형국민소득이 1,000이므로 새 균형국민소득은 1,400이 된다.

(6) $Y^D = C + I^D + X - Z$

$Y = C + S$에서 $Y^D = Y$는 $I^D + X = S + Z$과 같다. 여기서 S는 저축함수, Z은 수입함수이다. 문제에서 소비함수는 $C = 0.8Y + 150$이므로 $S = Y - C = Y - (0.8Y + 150) = 0.2Y - 150$이다. 대체균형조건 $I + X = S + Z$을 이용하면 $100 + 100 = 0.2Y - 150 + 0.05Y + 100 = 0.25Y - 50$

$\therefore Y_E = \dfrac{1}{0.25} \times 250 = 1,000$

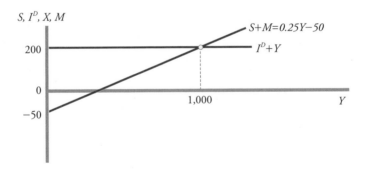

04. 이자율을 가격변수로 삼아 S와 I^D가 같아지도록 하는 힘이 시장에서 작용하기 때문이다.

05. ① 고전학파: 신축적인 이자율(더 나아가 명목임금·물가 등 모든 가격변수들의 완전 신축성)의 총수요 조절기능에 의해 총수요는 언제나 총공급과 일치될 수 있다는 논리.

② 케인즈: 가격변수들이 완전신축적이지 않고 경직적이어서 총공급에 맞게끔 총수

요가 자동조절되지 않는다는 인식에서 Say의 법칙을 부정.

06. ① 투자승수 $= \dfrac{1}{1-b}$ 이다. 여기에서 $MPC=b$인데,

$MPC=b>1$: 투자승수는 부$(-)$의 값을 갖는다.

$MPC=b=1$: 부정으로 투자승수의 값을 정할 수 없다.

② $MPC>1$이면 승수과정을 추적해 볼 때 새로운 균형국민소득이 가 되어 비상식적인 결과를 얻는다. $MPC<0$이면 투자가 증가하면 국민소득은 감소하게 된다. 이것도 직관에 반한다. 그러므로 MPC는 $0<MPC<1$이어야 한다.

07. ① ○ (개개인의 저축은 좋은 일인데 총저축은 나쁜 결과를 가져오기 때문에)

② ○ (Inflation gap $= Y_F$ 수준의 총수요 $- Y_F$

   Deflation gap $= Y_F - Y_F$ 수준의 총수요 $= -$Inflation gap)

③ ○ $\Big(\dfrac{2w_0}{2P_0} = \dfrac{w_0}{P_0}$ 으로 실질임금수준이 불변이므로 노동공급량과 노동수요량은 변화가 없다. 그러므로 고용량도 불변이다.$\Big)$

④ × (실현된 재고투자가 계획된 재고투자보다 작다는 것은 기대 이상으로 물건이 팔려 나갔다는 것을 뜻하므로 의도하지 않은 재고감소가 발생)

⑤ ○ (가변요소가 노동 하나뿐일 때 우하향하는 MP_N곡선이 경쟁기업의 노동수요곡선이다.)

⑥ ○ $\Big(Y_E = \dfrac{1}{1-b}(a+I_0+G_0)$인데 a가 기초소비이므로 독립투자와 같은 승수효과를 갖는다.$\Big)$

⑦ × (투자승수가 4이므로 40억이 증가한다.)

⑧ × (한계저축성향이 클수록 작다.)

⑨ ○ ($MPC=b$(직선의 기울기)로 일정하다.)

⑩ ○

⑪ ○

⑫ ○

⑬ ○

⑭ × (분기점에서 $APC=1$, $MPC=b$이다.)

⑮ × (승수의 크기는 같다.)

⑯ ○ (케인스모형에서 의도하지 않은 재고를 처분하기 위해 생산이 축소되어 균형국민소득이 감소한다.)

⑰ × $\left(\text{투자승수} = \dfrac{1}{MPS} = \dfrac{1}{0}$ 으로 수학적으로는 부정이지만 [표 20-1]과 같은 승수 과정이 똑같은 크기로 끝없이 계속되어 승수는 ∞이다.$\right)$

⑱ ○ (고전학파모형은 경제의 공급능력을 확충하는 것이 중요하다는 정책적 시사점을 가지고, 케인스단순모형은 공급능력이 충만한 가운데 유효수요의 부족한 상황을 해결하는 방법을 제시해 주고 있다.)

⑲ ○ (고전학파모형은 공급측면을, 케인스모형은 수요측면을 강조한다.)

⑳ × (공급은 수요를 창조한다.)

01. 명목임금을 종축으로 할 때 우하향하는 VMP_N곡선이 완전경쟁기업의 노동수요곡선인 것처럼 실질임금을 종축으로 할 때 우하향하는 MP_N곡선이 노동수요곡선인 것을 설명하라. 제9장에서는 산봉우리형의 MP_N곡선을 상정하였는데 거시경제학에서는 처음부터 우하향하는 MP_N곡선을 상정한다. 왜 그럴까를 설명하라.

📋 **문제 해답**

> $VMP_N = MP_N \times P = w$에서 $\dfrac{w}{P} = MP_N$이므로 w를 종축으로 하면 우하향하는 VMP_N 곡선이 완전경쟁기업의 노동수요곡선이 되고, $\dfrac{w}{P}$를 종축으로 하면 우하향하는 MP_N 곡선이 노동수요곡선이 된다.

02. [그림 20-4]에서 시장실질임금이 $\left(\dfrac{w}{P}\right)_E$보다 높거나 낮을 때 어떤 조정이 일어나는가를 설명하라. 노동시장이 E점에 있는데 물가가 10% 상승한다면 명목임금은 결국 몇 % 상승할 것인가를 그림에서 분석하라.

📋 **문제 해답**

> 시장실질임금 $> \left(\dfrac{w}{P}\right)_E$ 노동의 초과공급으로 임금이 하락하여 다시 E점으로 돌아가게 된다.

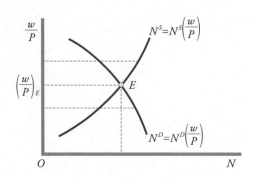

시장실질임금 $< \left(\dfrac{w}{P}\right)_E$ 이면 노동의 초과수요로 임금은 상승하고 균형은 E점에서 이루어진다.

물가가 10% 상승하면 실질임금이 $\left(\dfrac{w}{P}\right)_E$ 이하로 떨어져서 노동의 초과수요가 발생 → E점으로 돌아오면서 명목임금도 10% 상승하게 된다.

03. t기에 가계가 보유하고 있는 자산규모가 A_t가 앞으로 영구히 매년 시장이자율 r만큼의 자산소득 rA_t를 낳는다고 하자. 앞으로 기대되는 자산소득의 현재가치는 이자율이 불변이라고 가정할 때

$$\frac{rA_t}{1+r} + \frac{rA_t}{(1+r)^2} + \frac{rA_t}{(1+r)^3} + \cdots = rA_t \sum_{n=1}^{\infty}(1+r)^{-n} = A_t$$

임을 설명하라. 일반적으로 이자율(r)이 불변일 때 영구히 매년 R의 소득을 낳는 자산의 현재가치는 R/r임을 확인하라.

📝 문제 해답

1년 후에 받는 이자소득 rA_t의 현재가치는 $\dfrac{rA_t}{1+r}$이다.

2년 후에 받는 이자소득 rA_t의 현재가치는 $\dfrac{rA_t}{(1+r)^2}$이다.

같은 논리로

n년 후에 받는 이자소득 rA_t의 현재가치는

$$\frac{rA_t}{1+r} + \frac{rA_t}{(1+r)^2} + \frac{rA_t}{(1+r)^3} + \cdots + \frac{rA_t}{(1+r)^n} + \cdots = rA_t(1+r)^{-i}\text{이다.}$$

$\sum(1+r)^{-i} = \dfrac{1}{1+r} + \dfrac{1}{1+r^2}r + \cdots$ 은 초항이 $\dfrac{1}{1+r}$, 공비가 $\dfrac{1}{1+r}$ 인 무한등비급수의 한등비급수의 합을 구하는 공식은 $\dfrac{\text{초항}}{1-\text{공비}}$ 이다.

매년 받는 이자소득 rA_t의 현재가치는 $\dfrac{\dfrac{rA_t}{1+r}}{1-\dfrac{1}{1+r}} = \dfrac{rA_t}{(1+r)-1} = \dfrac{rA_t}{r} = A_t$

인 것이다. 따라서 앞으로 매년 받는 소득 R의 현재가치는 R/r이다.

04. 다음 기술이 옳은가 그른가를 밝히고 그 이유를 설명하라.
① 고전학파는 「최소정부」 또는 「작은정부」를 주장한다.
② 저축과 소비는 소득과 마찬가지로 유량이다.

③ 고전학파모형에서 결정되는 국민소득은 항상 완전고용균형국민소득이다.

④ 한계소비성향과 평균소비성향을 합하면 1이 된다.

⑤ 사전적인 투자와 사후적인 투자는 결국 같게 마련이다.

⑥ 케인즈모형에서 결정되는 균형국민소득은 과소고용국민소득이다.

⑦ 절약의 역설은 고전학파모형에서도 성립한다.

⑧ 케인즈모형에서 저축은 이자율의 함수라기보다 국민소득의 함수이다.

⑨ 고전학파에 따르면 저축과 투자는 모두 이자율의 함수이다.

⑩ 지출국민소득은 총수요와 일치한다.

⑪ 케인즈모형에서 유발투자가 없을 때보다 있을 때 승수효과는 작아지고 이에 따라 저축의 증가로 인한 소득의 감소가 더 크게 일어난다.

📝 **문제 해답**

---

① ○ (「보이지 않는 손」 즉 시장기구의 자율적인 조정으로 개인과 국가의 이익을 증진시키므로)

② ○ (저축과 소비는 일정기간에 대해 정의된다.)

③ ○

④ × (케인즈모형에서 $MPC < APC$의 관계만 항상 성립한다.)

⑤ × (균형국민소득하에서만 사전적인 투자와 사후적인 투자가 같아진다.)

⑥ ○ (케인즈의 모형은 생산설비와 공급능력은 많은데 유효수요가 부족한 경제이므로 균형은 과소고용국민소득이다.)

⑦ × (본문 문제 2-(14) 풀이 참고)

⑧ ○ ($S = (1-b)Y - a$로 국민소득의 함수이다.)

⑨ ○ (저축은 이자율의 감소함수이고 투자는 이자율의 증가함수이다.)

⑩ × (I^D와 I가 같아야 양자가 일치)

⑪ ○ (투자가 이자율이나 소득 등에 의해 영향을 받지 않을 때 승수효과가 더 크다.)

---

21 재정과 재정정책

01. (1) 생산물시장 균형조건

$Y = C + I^D + G$는

$$Y - C - G = I^D$$

로 고쳐쓸 수 있다. 그런데 $Y - C - G$는 총소득 Y에서 총소비지출($C + G$)을 뺀 것이므로 총저축과 같다. 따라서 $Y - C - G = S = I^D$와 같다.

(2) 생산물시장 균형조건은 ① 총수요＝총공급 항등식을 사용하여

$$Y^D = C + I + G = Y$$

로 표현할 수도 있고 ② 바람직한 총주입＝총누출 항등식을 사용하여

$$I^D + G = S + T$$

로 표현할 수도 있다. 총소득은 소비(C), 저축(S), 조세(T)로 처분되므로

$$Y = C + S + T$$

와 같고, 이것을 $Y^D = C + I^D + G$와 일치시키면

$I^D + G = S + T$로 표현할 수 있다. 또한 생산물시장 균형조건은 위에서 설명한 대로 ③ 총저축＝총투자수요로 표현할 수도 있다.

02. (1) 정부지출승수: $\dfrac{\Delta Y_E}{\Delta G_0} = \dfrac{1}{1-b} = \dfrac{1}{1-0.75} = 4$

투자승수: $\dfrac{\Delta Y_E}{\Delta I_0} = \dfrac{1}{1-b} = 4$

정액세승수: $\dfrac{\Delta Y_E}{\Delta T_0} = \dfrac{-b}{1-b} = -3$

(2) $Y = Y^D = C + I^D + G \Rightarrow Y = 0.75(Y - 100) + 200 + 200 + 100 = 0.75Y$
$-75 + 500 \Rightarrow Y = 0.75Y + 425$

$\quad 0.25Y = 425$

$\quad Y_E = 1,700$

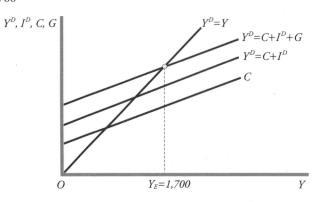

(3) 저축함수: $S = (Y - T) - C = Y - T - [0.75(Y - T) + 200] = 0.25(Y - T) - 200$
$$= 0.25(Y - 100) - 200 = 0.25Y - 225$$

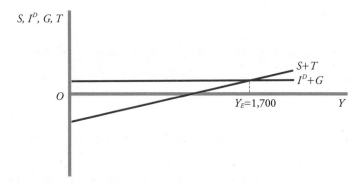

(4) $I^D + G = S + T$에서 $200 + 100 = 0.25Y - 225 + 100$

그러므로 $0.25Y = 425$

$\therefore \ Y_E = 1,700$이다.

(5) ㉠ 이 모형을 케인즈의 단순모형과 비교하여 보면, 정부지출항목과 조세 부문이 추가되고 소비함수가 약간 변화하였다.

$G = T = 0$이면 균형국민소득은 1,600이다. $G = T = 100$이면 Y_E는 1,700이다. 여기에서 균형재정정리가 성립하는 것을 확인할 수 있다.

㉡ 균형재정정리에 따르면 정부지출과 정액세를 같은 규모로 증가시키면 균형국민소득은 정부지출(또는 정액세)이 증가한 만큼 증가한다.

정부지출 $\varDelta G$만큼 증가 → 국민소득은 $\dfrac{1}{1 - MPC} \varDelta G$만큼 증가

정액세가 DT만큼 증가 → 국민소득은 $\dfrac{-MPC}{1-MPC}\,\varDelta T$만큼 감소

그런데 $\varDelta G = \varDelta T$

그러므로 $\varDelta T_E = \dfrac{-MPC}{1-MPC}\,\varDelta G - \dfrac{MPC}{1-MPC}\,\varDelta G = \dfrac{1-MPC}{1-MPC}\,\varDelta G$

$\qquad\quad = \varDelta G$

(6) $Y^D = 0.75(Y-100) + 200 + 200 + 200$

$\quad Y_E = 2,100$

이처럼 직접 계산하지 않고도 새 균형국민소득을 알 수 있다. 정부지출승수가 4이
므로 $\varDelta G = 100$은 $\varDelta Y = 400$을 낳는다. 종전의 균형국민소득 1,700보다 400이 증가
하니까 새 $Y_E = 2,100$

(7) $Y^D = 0.75(Y-0) + 200 + 200 + 100$

$\quad Y_E = 2,000$

(8) 정부지출증가가 조세감면정책보다 효과적이다. 그 이유는 승수의 절대값의 차이
이다. 100의 정부지출증가는 총수요를 바로 100만큼 증가시켜 승수효과를 낳는다.
그러나 100의 세금감면은 소비를 75만큼만 증가시켜 처음에 총수요를 75만큼만
증가시키기 때문이다.

(9)

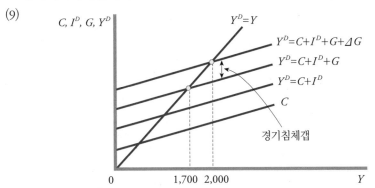

$\quad$㉠ 경기침체 gap이 있다.

$\quad$㉡ 그 크기는 $0.25Y_E = 425 + \varDelta G$

$\qquad \varDelta G = 75$

$\quad$㉢ GDP gap $= 300$

(10) ㉠ 정부지출을 경기침체 갭 75만큼 증가

$\quad$㉡ 조세를 100만큼 감소

$\qquad Y^D = 0.75(Y - T - \varDelta T) + 500$

$\qquad \varDelta T = -100$

$\quad$㉢ 정부지출을 300 증가, 조세 300 감소

$$Y^D = 0.75(Y - 100 - \varDelta T) + 500 + \varDelta G$$

$\varDelta G = \varDelta T$이므로

$$75 = 0.256\,\varDelta G$$

$$\varDelta G = \varDelta T = 300$$

㉣ 위의 식에서

$\varDelta G - 0.75\,\varDelta T = 75$에서 $0 \le \varDelta T \le 30$에 따라 $\varDelta G$를 변화시킨다.

(11) $T = 0.1Y$: 10%의 소득세를 부과하는 것을 의미

$$C = 200 + 0.75(Y - T)$$
$$= 200 + 0.75(Y - 0.1Y)$$
$$= 200 + 0.675Y$$

그러므로 $MPC = \dfrac{\varDelta C}{\varDelta Y} = 0.675$

원래의 $MPC = 0.75 > 0.675 = $ 새 MPC

(12) $C = 0.75(Y - 0.1Y) + 200$

$$Y = 0.75(0.9Y) + 500$$

$$Y_E = \frac{2,000}{13}$$

(13) ① inflation gap이 있다. 그 크기는 그림에서

inflation gap × 투자승수 $= 1,700 - 1,600$이므로

인플레이션 갭 $= \dfrac{100}{투자승수} = \dfrac{100}{4} = 25$

② 실질 GDP는 Y_F수준. 나머지 $Y_E - Y_F = 100$은 인플레이션 압력으로 나타남.

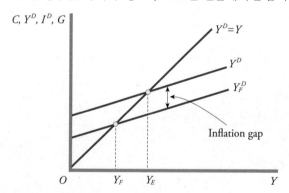

(14) ㉠ 정부지출을 25만큼 감소

㉡ 세금을 $\dfrac{100}{3}$만큼 증가

㉢ 정부지출과 조세를 100만큼 감소

㉣ $0 \le T \le 30$하에서 정부지출을 변화시킨다.

(15) ① 경기가 침체상태에 있을 때에는 정부지출 증대, 조세감면 등의 확대재정정책을 적극적으로 써야 한다. 경기가 과열상태에 있을 때에는 정부지출 감소, 조세징수 증가 등의 긴축재정정책을 써야 한다.

② 정부지출이 조세보다 더 효과적이다. 즉, 동일한 규모로 정부지출을 증가시키거나 조세를 감면시킬 경우 정부지출이 국민소득을 더 많이 증가시킨다. 그러므로 재정정책의 수단으로 조세보다는 정부지출이 더 바람직하다.

(16) 고전학파모형에는 적용되지 않는다. 고전학파모형에서는 소비와 투자수요가 이자율(r)의 함수로 표시된다.

$C = a + br,\ b < 0$

$I^D = I_0 + dr,\ d < 0$

또한 고전학파모형에서는 경제의 공급측 요인에 의해 결정된 완전고용국민소득(Y_F)이 균형국민소득이다.

$2000 = Y_F = Y = Y^D = C + I^D + G_0$

$\qquad = (a + br) + (I_0 + dr) + G_0$

따라서 위 식에서 균형이자율이 결정된다. 정부지출이 증가하면 균형이자율이 상승하여 소비와 투자수요가 정부지출의 증가분만큼 감소하는 완전한 구축효과가 일어난다.

03.

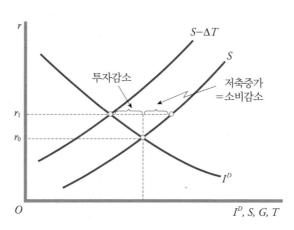

최초에 $G = T$이면 I^D곡선과 S곡선이 만나는 r_0가 균형이자율이다. 이제 세금을 ΔT만큼 감면시켜 주면 S곡선이 $S - \Delta T$로 이동하여 이자율이 상승하고 소비와 투자가 감소하여 정부의 정책은 효과를 보지 못한다.

04. 비례세율인데 소득의 차이가 2배이므로 $FG = 2BD$이다. 누진세일 경우에는 소득이 많아질수록 수요곡선은 더욱 하향한다. 역진세일 경우에는 소득이 많아질수록 수요곡

선은 더욱 상향한다.

05. 이자율이 상승하면 일정기간이 지나고 나서 갚아야 할 외상대금이나 매기간 내는 할부대금이 높아진다. 따라서 내구재의 외상구매와 할부구매가 감소한다.

06. 유가증권의 현재가치$(PV) = \dfrac{11,000}{1+0.1} = 10,000$

(1) $PV = 10,000 >$ 유가증권의 가격 $= 9,800$: 원매자는 증권을 사고자 하고, 소유자는 팔고자 아니하여 유가증권에 대한 초과수요가 발생 → 유가증권 가격이 상승

(2) $PV = 10,000 <$ 유가증권의 가격 $= 10,500$: 합리적인 사람이라면 이 유가증권을 10,500원에 사지 않는다. 왜냐하면 1년 후에 11,000원을 얻기 위하며 오늘 10,500원의 유가증권을 사는 대신 10,000원의 정기예금을 하면 되기 때문이다. 이 가격에서는 많은 증권소유자들이 증권을 팔아 그 대금으로 정기예금을 하고자 한다. 따라서 유가증권에 초과공급이 발생하여 증권가격이 떨어진다.

(3) $PV = 10,000 =$ 유가증권의 가격: 초과수요도 초과공급도 없는 균형상태이다.

07. ① ○ (재정정책이 통화증발(환수)을 통해 이루어지면 정책혼합)

② ○ (정책함정 때문에)

③ × (균형국민소득을 달성할 수 있지 항상 완전고용국민소득 달성이 가능한 것은 아니다.)

④ ○ (케인즈모형에서는 맞음. 승수효과표를 작성해 보면 소비는 $\dfrac{MPC}{1-MPC}\Delta G$만큼 저축은 $\dfrac{MPC}{1-MPC}\Delta G$만큼 증가하는 것을 확인할 수 있다. 고전학파모형에서는 물론 틀린 명제이다.)

⑤ × (독립투자가 증가하는 경우에만 타당)

⑥ ○ (케인스모형에서는 옳다. 고전학파모형에서는 경기침체 갭이 존재하지 않는다. 따라서 형식논리상으로는 고전학파모형에서도 옳다.)

⑦ ○ (케인스단순모형에서 완전고용상태에서는 계획되지 않은 상품 재고가 누적되므로 완전고용국민소득이 유지되지 못하고 과소고용국민소득에 머무른다.)

⑧ ○ (케인스단순모형에서 경기침체 갭 × 정부지출승수$\left(\dfrac{1}{1-b}\right)$ = GDP 갭이므로 $0 < b < 1$이므로 정부지출승수가 항상 1보다 커서 경기침체 갭이 GDP 갭보다 작다.)

⑨ ○ ($I^D + G = S + T$에서 $G - T = S - I^D$이므로 $C - T < 0$ → $S - I^D < 0$인 상태에서 균형가능)

⑩ ○ $(C=a+b(Y-tY)$

$\quad Y=a+b(Y-tY)+I+G$

$\quad (1-b+bt)Y=a+I+G$

$\quad Y=\dfrac{1}{1-b+bt}(a+I+G)$

여기에서 균형재정승수는 $\dfrac{(1-b)}{1-b(1-t)}$ 이고 $0<t<1$이므로 $0<\dfrac{(1-b)}{1-b(1-t)}<1$이다.)

⑪ × $(I^D+G=S+T$이므로 재정이 흑자$(G<T)$이면 항등식이 만족하기 위해서 $I^D>S$ 이어야 한다.)

⑫ × (MPC가 크면 승수효과가 커진다. 그러나, 비례세율이 클수록 승수효과는 작아진다.)

⑬ ○ $(Y=a+bY+iY=a+0.7Y+0.1Y$

$\quad (1-0.7-0.1)Y=a,\ Y=\dfrac{1}{0.2}a$

⑭ ○

⑮ ○

⑯ ○ (경기침체 갭×정부지출승수＝GDP 갭)

01. 비례적 소득세의 부과가 승수의 크기를 작게 하는 이유를 수식을 사용하지 말고 쉽게 설명하라.

📑 문제 해답

> 비례세는 승수의 크기를 작게 하는데 이것은 경기가 좋을 때 세금이 많이 걷혀 지나친 호황을 억제하고 경기가 나쁠 때 세금이 적게 걷혀 지나친 불황을 억제한다는 것을 뜻한다. 한계세율이 커질수록 이 자동안정화장치는 더욱 강력하게 나타난다.

02. 보충문제 1과 관련하여 재정의 자동안정화장치가 경기의 진폭을 완화하는 것을 설명하라.

📑 문제 해답

> 경기가 좋을 때 세금이 많이 걷혀 호황을 억제하고 경기가 나쁠 때 세금이 적게 걷혀 불황을 억제하는 기능을 수행하기 때문이다.

03. 고전학파모형에서 정부지출승수, 정액세승수 및 균형재정승수의 크기를 계산하라.

📑 문제 해답

> 고전학파의 경우 확대재정정책이 이자율을 상승시켜 민간소비와 투자활동을 위축시키는 「구축효과」가 최초의 확대재정정책효과를 완전히 상쇄시킬 정도로 크기 때문에 재정정책의 효과는 없다. 즉, 승수효과가 모두 0이 된다.

04. 재량적 재정정책 및 재정의 자동안정화장치를 보는 고전학파와 케인스의 입장을 대비하여 설명하라.

🖉 문제 해답

　① 고전학파
　　㉠ 재량정책: 구축효과가 아주 크기 때문에 불필요하다고 주장.
　　㉡ 자동안정화장치: 경제의 자율적인 조정기구로서 경기조절기능이 크다.
　② 케인스
　　㉠ 재량정책: 적극적인 재량정책이 필요하다. 구축효과는 무시할 정도로 작아 확
　　　대재정정책은 총수요증대 → 국민소득증대의 효과가 크다.
　　㉡ 자동안정화장치: 자동안정화장치만으로는 경기조절기능이 미약하므로 적극
　　　적인 재정정책을 사용해야 한다.

---

05. 「고전학파모형에서는 이자율이 생산물시장에서 결정된다」는 명제를 설명하라. 이 명
제는 저축이 이자율의 증가함수일 뿐 아니라 국민소득의 증가함수일 때에도 성립하
는가?

🖉 문제 해답

고전학파에서는 소비수요가 이자율의 함수이고 총공급이 생산함수와 노동시장
에 의하여 완전고용국민소득으로 고정되어 있으므로 생산물시장의 균형조건
$Y^D = Y = Y_F$ 혹은 $I(r) + G_0 = S(r) + T_0$에서 균형이자율이 유일하게 결정된다.

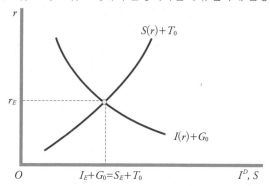

$Y^D = C(r) + I(r) + G_0 = Y_F$가 정해져 있으므로 주어진 정부지출수준에서 r이 결정된
다. $Y = Y_F = C + S + T$이므로 $Y^D = Y = I(r) + G_0 = S(r) + T_0$로 바꿔 쓸 수 있다. 이 식에
서도 r이 유일하게 결정된다. $S = S(r, Y)$라 하더라도 고전학파 모형에서는 $S = S(r,$
$Y_F)$로서 국민소득이 Y_F에 고정되어 있으므로 생산물시장에서 이자율이 결정된다는
명제는 계속 성립한다.

06. 우리나라 예산과 결산의 편성절차를 헌법에서 확인하라.

📝 **문제 해답**

> 우리나라 헌법에는 예산의 편성절차에 대해서만 언급하고 있다. 헌법 제54조 1항에 따르면 국회는 국가의 예산안을 심의 · 확정한다. 2항에 따르면 정부는 회계연도마다 예산안을 편성하여 회계연도 개시 90일 전까지 국회에 제출하고, 국회는 회계연도 개시 30일 전까지 이를 의결하여야 한다.

07. 재정의 경제안정화기능과 관련하여 다음 물음에 답하라.

(1) 경기가 침체되면 왜 조세수입이 변하는지 설명하라. 이때 재정의 자동안정화장치에 맡겨두면 경제는 어떻게 되는가?

(2) 불황기에 정부가 균형재정을 고수하려면 어떻게 해야 하는가? 이와 같은 정부의 균형재정추구 노력이 가져오는 결과는 무엇인가?

📝 **문제 해답**

> (1) 비례적인 소득세가 부과되는 경우 경기침체로 국민소득이 하락하면 조세수입도 그에 비례하여 하락한다. 조세수입이 하락하면 재정은 자동적으로 적자가 된다. 재정적자는 총수요를 증가시켜 가처분소득과 소비를 증가시키고 경기침체를 완화시킨다. 즉 재정의 자동안정화장치가 경기조절기능을 가지는 것이다.
> (2) 불황기에는 조세수입의 감소로 재정적자가 되는데 당국이 균형재정을 유지하려고 하면 정부지출을 줄이든지 세율을 높여 조세수입을 증가시키든지 해야 한다. 이러한 긴축재정은 총수요를 억제시켜 경기는 더욱 침체된다. 경기가 더욱 침체되면 조세수입이 더욱 감소되어 재정적자는 해소되지 않고 경기는 더 더욱 침체되는 결과를 가져온다. 결국 경기침체기에 균형재정을 추구함으로써 경기가 더욱 침체에 빠지는 정책함정(policy trap)이 유발된다.

08. 다음 기술이 옳은가 그른가를 밝히고 그 이유를 설명하라.

① 승수는 균형국민소득이 완전고용국민소득과 같게 하는 것을 보증한다.

② 재정적자는 재정지출과 조세수입의 차이이다.

③ 재정정책은 단기에는 효과적일 수 있지만 장기에는 무력하기 쉽다.

④ 케인즈의 모형에서 자동안정화장치는 경기조절의 주요수단이다.

⑤ 디플레이션 갭은 부(−)의 인플레이션 갭이다.

⑥ 정액세 승수는 비례세 승수보다 크다.

📝 **문제 해답**

① × (이는 어느 모형에서든 성립하지 않는다.)

② ○ (원래 재정적자는 세출과 세입의 차액이지만, 정부지출이 세출의 대종을 이루고, 조세수입은 세입의 대종을 이루므로, 경제학에서는 편의상 정부지출과 조세수입의 차액을 재정적자로 취급한다.)

③ ○ (단기에는 케인즈단순모형에서처럼 승수효과를 유발할 수 있지만 장기에는 고전학파모형에서처럼 구축효과 때문에 무력할 수 있다.)

④ × (자동안정화장치는 케인스의 재량적 재정정책과 대립되는 개념이다.)

⑤ ○

⑥ ○ $\left(\dfrac{1}{1-b} > \dfrac{1}{1-b(1-t)} \right)$

22 금융제도와 화폐공급

01. 외형적으로는 큰 변화가 없다. 그러나 내용적으로는 카카오뱅크 등 인터넷뱅킹이 활성화되고 있다. 또한 분업주의에서 겸업주의로 이행하고 있어 앞으로 금융기관의 분류에 변화가 불가피하다. 겸업주의의 대표적인 예로는 은행에서 보험업무를 취급하는 '방카슈랑스'이다. 특히 최근의 은행합병추세는 은행의 대형화와 더불어 이러한 겸업화를 확대시킬 것이 분명하다.

02. 화폐보유자가 중앙은행에 화폐를 제시하고 금을 요구하면 금으로 바꾸어(태환(兌換)해) 주던 금본위제도하에서는 본원통화가 중앙은행의 부채라는 것이 명백하다. 오늘날은 중앙은행이 새 돈으로밖에는 바꾸어 주지 않기 때문에 부채라는 것이 뚜렷하지 못한 점이 있다. 그러나 화폐개혁과 같은 상황을 생각해 보라. 종전의 화폐를 새 화폐로 바꾸어 주어야 하기 때문에 부채라는 것을 알 수 있다.

03.

	본원통화	현금통화	M_1	M_2	현금예금비율 (C/D)	현금통화비율 (C/M_1)	통화승수 (B/M_1)	총통화승수 (B/M_2)	1인당현금보유량 (1만)	금융연관비율 (금융자산/ GDP)
1980	2,712.2		4,075.9	10,764.1			1.50	3.97		2.88
1985	3,735.9		13,005.5	26,015.3			3.48	6.96		3.58
1990	11,707.3	5,098.1	38,053.9	130,599.2	15.47	13.40	3.25	11.16	11.89	3.90

1995	24,322.7	11,556.2	87,706.3	338,213.2	15.18	13.18	3.61	13.91	25.63	4.32
2000	26,357.0	13,756.0	183,349.9	691,393.5	8.11	7.50	6.96	26.23	29.26	5.66
2005	38,785.2	38,785.2	332,902.1	993,960.1	13.19	11.65	8.58	25.63	80.49	5.76
2010	67,585.1	67,585.1	399,412.3	1,639,675.1	20.37	16.92	5.91	24.26	136.39	8.44
2015	120,691.4	120,691.4	636,639.0	2,182,911.9	23.39	18.96	5.27	18.09	236.58	9.33
2016	137,441.5	137,441.5	734,411.8	2,342,621.3	23.02	18.71	5.34	17.04	268.20	9.43
2017	151,858.1	151,858.1	802,016.5	2,471,225.6	23.36	18.93	5.28	16.27	295.18	9.54

주: 평잔기준, 10억원(본원통화, 현금통화, *M*1, *M*2); 2000년 현금예금비율과 현금통화비율이 1995년에
  비해 급감한 것은 *M*1이 1995년 87.7조원에서 2000년 183조로 2배 이상 급증하였기 때문임.
자료: 한국은행경제통계시스템(http://ecos.bok.or.kr/)

(1) 현금예금비율과 현금통화비율의 추세: 현금예금비율과 현금통화비율은 1990년
  이후 2005년 까지 감소추세였으나 2000년대 중반 이후 증가하였으나 2015년 이후
  최근까지 큰 변화가 없는 것으로 나타나고 있다. 2017년 현재 현금통화는 예금의
  약 1/4, 통화량의 약 1/5을 차지하고 있다.

(2) 협의통화승수와 광의통화승수 추세: 아래 그림에서 통화승수 추세를 보면 협의통
  화승수는 큰 변화가 없는 반면 광의통화승수는 1990년대 큰 폭으로 상승하였으나
  2000년대 들어 다소 감소하고 있는 것으로 나타나고 있다. 협의통화승수는 1985
  년 3.5에서 1999년 6.7로 상승한 이후 2017년 5.3으로 다소 감소한 반면 광의통화
  승수는 1985년 7.0에서 1999년 30.8로 급등한 이후 2017년 16.3으로 급감한 것으
  로 나타나고 있다. 특히 2008년 글로벌금융위기 이후 광의통화승수의 하락폭이 큰
  것으로 나타나고 있다. 통화승수는 현금통화비율과 지급준비율이 클수록 작아진
  다. 예금은행지급준비율에 큰 변화가 없었다고 가정하면 2008년 이후 광의통화승
  수가 상대적으로 큰 폭으로 하락한 것은 주로 현금통화비율의 변화에 기인할 것이
  다. *M*2에서 차지하는 현금통화의 비율은 2000년 1.98%에서 2008년 3.8%, 2017년
  6.14%로 2008년과 2017년 사이에 급증한 것으로 나타나고 있다. 이는 *M*2에서 차
  지하는 현금통화의 비율이 2000년 7.5%에서 2008년 17%, 2017년 18.9%로 상승
  한 것과 대비된다.

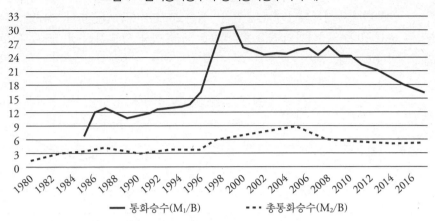

그림 1 협의통화승수와 광의통화승수의 추세

통화승수(M₁/B) ∙∙∙∙ 총통화승수(M₂/B)

자료: 한국은행경제통계시스템(http://ecos.bok.or.kr/)

(3) 국민1인당 현금보유량: 국민1인당 현금보유량은 1990년 11만 8,900원에서 2,000
년 29만 2,600원, 2010년 136만 3,900원, 2017년 295만 1,800원으로 증가하고 있다.
아래 그림처럼 국민 1인당 현금보유량은 1인당 국민총소득과 그 추세를 같이 하고
있으나 2008년 글로벌 금융위기 이후 국민 1인당 현금 보유량이 1인당 국민총소득
에 비해 상대적으로 빨리 증가하는 것을 볼 수 있다. 2008년 이후 국민 1인당 현금
보유량이 이전에 비해 가파르게 증가하는 것은 2009년 6월 정부가 고액권인 5만원
권을 발행한 것과 어느 정도 관련이 있을 것이다.

그림 2 국민 1인당 현금보유량과 1인당 국민총소득

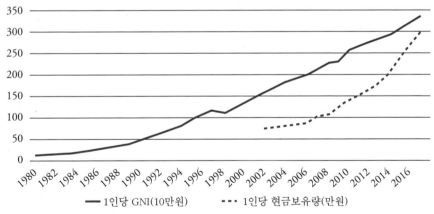

1인당 GNI(10만원) ∙∙∙∙ 1인당 현금보유량(만원)

자료: 한국은행경제통계시스템(http://ecos.bok.or.kr/)

(4) 금융연관비율 추세: 우리나라의 금융연관비율(금융자산/명목GDP)의 추세는 [그

림 3]과 같다. 우리나라 금융연관비율은 1980년 2.9에서 1998년 5.8로 증가한 이후 2005년까지 정체되었다. 금융연관비율은 2005년 이후 급증하여 2017년 9.5에 달하고 있다. 우리나라의 금융연관비율은 미국, 영국, 일본 등의 선진국 수준으로 수렴하고 있다.

그림 3 금융연관비율 추세

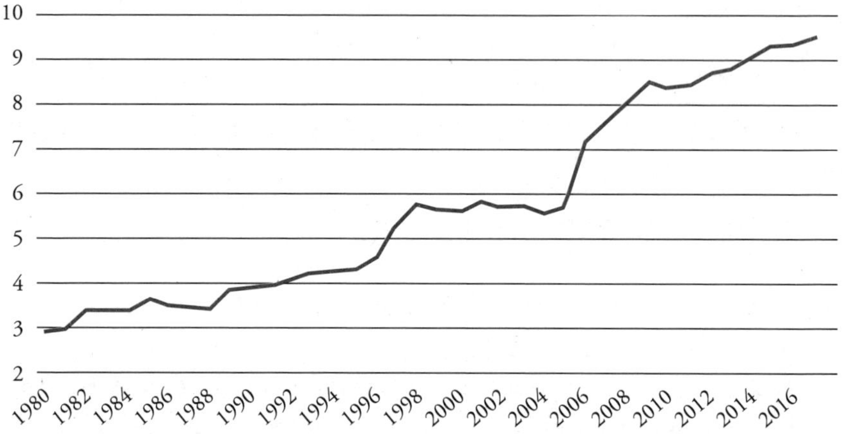

자료: 한국은행경제통계시스템(http://ecos.bok.or.kr/)

(5) 한국은행이 매월 발간하는 『조사통계월보』 통계편에 있는 한국은행계정을 볼 것, 계정에는 국내자산에 현금과 유가증권, 외화예탁금, 고정자산 등이 나와 있는데 이것들이 [표 22-4]에서는 기타자산에 포함되었다. 국내부채에 외국환평형기금, 외화예금, 통화안정증권발행 등이 나와 있는데 이것들이 표에서는 기타부채에 포함되었다.

04. (1) $M = C + D$

$B = C + R$

에서 $\dfrac{M}{B} = \dfrac{C+D}{C+R}$ 이므로 우변의 분모와 분자를 M으로 나누면 $\dfrac{M}{B} = \dfrac{C/M + D/M}{C/M + R/M}$ 이 된다.

(2) $\dfrac{C}{M} = z \rightarrow C = zM$ 이므로 $M = C + D$ 는 $M = zM + D$ 가 된다. 따라서 $D = (1-z)M$ 이고, $\dfrac{R}{D} = r \rightarrow R = rD$ 이므로 $B = C + R$ 은 $B = zM + rD = zM + r(1-z)M$ 이 된다.

따라서 $M = \dfrac{1}{z + r(1-z)B} B$ 가 되므로, 통화승수는 $\dfrac{1}{z + r(1-z)}$ 이다.

$$z = 0.20, \ r = 0.15 + 0.05 = 0.203$$

(3) $m = \dfrac{M}{B} = \dfrac{1}{z + r(1-z)}$

$\qquad = \dfrac{1}{(0.2)+(1-0.2)(0.2)} = \dfrac{1}{0.36} \fallingdotseq 2.78$

(4) $M = mB = 2.78 \times 10$억 $= 27$억 8천만원

(5) $M = mB$에서 $\varDelta M = m \varDelta B$

$\quad 2 = 2.78 \times \varDelta B \to \varDelta B = 0.72$, 즉 7천 2백만원 늘려야 한다.

(6) $M = mB$에서 m을 변화시켜야 하며 m을 변화시키기 위해 중앙은행은 법정 지급준비율을 변화시키면 된다(현금통화비율 z는 일정하다고 가정).

$\quad$① $M + \varDelta M = m'B$

$\qquad \to \varDelta M = m'B - M = m'B - mB = (m' - m)B$

$\qquad \therefore \ m' = m = \dfrac{\varDelta M}{B} = \dfrac{2}{10} = \dfrac{1}{5}$

$\quad$② $m' - m = \dfrac{1}{z + (1-z)r'} - \dfrac{1}{z + (1-z)r}$

$\qquad\qquad = \dfrac{1}{0.2 + (1-0.2)r'} - \dfrac{1}{0.36} = \dfrac{1}{5} \leftarrow$ (①의 결과에 의해)

$\quad \Rightarrow r' = 0.17$

$\quad \therefore$ 시중은행의 초과지준율이 0.05일 때 법정지급준비율을 0.15에서 0.12로 낮추어야 한다.

05. $M = mB = \dfrac{1}{z + r(1-z)} B$에서

(1) $z = 1$이면 $M = \dfrac{B}{1+0} B$

본원통화가 바로 통화량이다. $z = 1$이라는 것은 요구불예금이 전혀 없고 거래도 현금으로만 이루어진다는 뜻이다. 이 경우 예금은행의 신용창조는 없다.

(2) $r = 1$이면 $M = \dfrac{1}{z + (1-z)} B = B$

$r = 1$이라는 것은 고객으로부터 받은 예금전체를 은행이 지급준비금으로 가지고 있다는 뜻이다. 따라서 이 경우에도 거래는 현금으로만 이루어진다.

06. (1) 자금수요자 = 은행, 자금공급자 = 고객, 현금과 예금증서가 서로 교환·거래되었다.

(2) 은행에게 금융부채 10만원, 고객에게 금융자산 10만원이 발생하였다. 만기가 되어 예금을 찾으면 은행의 금융부채가 없어지고, 고객의 금융자산은 예금에서 현금으로 그 형태가 바뀐다.

(3) 은행까지 민간부문으로 잡으면 자산과 부채가 상쇄되어 민간의 부에 포함되지 않는다. 가계의 부이지만 민간의 부는 아닌 것이다.

(4) 고객이 언제라도 인출하여 지불수단으로 쓸 수 있기 때문이다.

07. 신용카드는 일견 지불수단으로 쓰이는 것 같지만 실질적으로는 지불의 유예수단이다. 신용카드로 물건을 구입하더라도 나중에 구입대금이 예금구좌에서 빠져나간다. 이 예금구좌의 잔고는 화폐에 포함된다. 반면 직불카드는 예금구좌에서 돈을 직접 인출하는 데 쓰인다. 물건구입대금에 대한 지불을 연기시켜 주는 신용카드와 달리 직불카드는 사용자와 예금구좌를 즉각적으로 연결시켜 준다. 이런 점에서 직불카드가 화폐와 더 유사하다고 볼 수 있다. 직불카드 이면에 있는 예금잔고는 화폐에 포함되기 때문이다.

선불카드는 일정한 금액을 미리 지불하고 해당 금액이 기록된 카드를 발급 받아 카드잔액 범위 내에서 수시로 소액의 상품을 살 수 있는 카드이다. 화폐 대신 직접 지불수단으로 쓰이지만 사용자에게 별다른 혜택이 없어 우리나라에서는 활성화되지 않고 있다.

08. 그동안 우리나라 대부분의 기업, 특히 대기업은 외부자금 조달방식에 크게 의존하고 그 중에서도 은행이나 비은행권 금융기관으로부터 차입하는 간접금융에 주로 의존해 왔다.

증권시장이 발달함에 따라 장기적으로 직접금융의 비중이 점차 늘어나는 추세를 보이고 있다.

09. ① ○ (일반적인 지불수단은 일반적인 교환의 매개수단과 같은 뜻이라고 볼 수 있기 때문)

② ×

③ ○ (call market은 최단기 금융시장이며 콜시장에서 거래되는 자금을 공급자측에서 call loan, 수요자측에서 call money라 한다.)

④ ×

⑤ × (준통화가 감소하고 M_1이 증가하며 M_2는 불변)

⑥ ○

⑦ ○

⑧ ○

⑨ × (기업이 사채중계업자를 통할 경우 사채중계업자는 사채의 최종공급자와 일치하지 않는다.)

⑩ ○ (물가가 안정될수록 금융저축이 높아지고 저축이 높아질수록 금융자산이 많아 진다.)

⑪ × (10원짜리 동전도 수표처럼 법화가 아니다. 10만원을 지폐가 아닌 동전으로 지불할 때 못 받겠다고 거절할 수 있다.)

⑫ ×

⑬ ○ (신축 위해 대금 지출 → 본원통화 증가)

⑭ ○ (신용승수는 $\dfrac{1}{r_l}$, 통화승수는 $\dfrac{1}{z+r(1-z)}$ 이다. $z=0$이고 초과지급준비율(r_e)이 0일 때 양자가 같아진다.)

⑮ ○ (수표, 현금카드, 신용카드 등의 사용은 그만큼 현금사용의 필요성을 줄인다.)

⑯ × (신용승수는 법정지급준비율의 역수이기 때문에 법정지급준비율이 20%일 때 신용승수가 5가 된다.)

⑰ ○ (이론적으로는 그렇지 않은 특수한 경우도 있을 수 있으나 현실세계에서는 그렇다.)

⑱ × $\left(m=\dfrac{1}{z+(1-z)r} \text{에서 } z\uparrow, r\uparrow \rightarrow m\downarrow \right)$

⑲ ○ (수출기업이 흔히 수출대금인 외화를 국내은행에서 원화로 환전하기 때문에)

⑳ ○ ($M=C+D$에서 양변을 M으로 나누어주면 $1=\dfrac{C}{M}+\dfrac{D}{M}$, 또는 $z+(1-z)=1$)

㉑ ○ (금융시장이 불안정하면 현금보유비율이 높아지고 이에 따라 화폐승수 $=\dfrac{1}{z+r(1-z)}$ 에서 z가 커지므로 화폐승수는 작아진다.)

01. 미국의 은행은 크게 상업은행(commercial bank : CB)과 투자은행(investment bank : IB)으로 나뉜다. 두 은행의 차이점을 알아보라.

📋 **문제 해답**

상업은행은 우리나라의 예금은행과 같은 일반은행이다. 투자은행은 기업을 주 영업 대상으로 하는 은행이다. 우리나라의 증권회사처럼 기업이 발행하는 주식과 채권을 직접 사들이거나 다른 투자자들이 살 수 있도록 주선해 준다. 기업을 사고파는 인수 합병이나 선물 옵션을 이용한 파생금융시장에도 진출하고 있다. 1929년 세계대공황 때 주식에 투자했던 많은 은행이 파산해 큰 문제가 되자 1933년에 은행의 주식투자 를 금지하는 글래스-스티걸 법을 만들었다. 이후 주식투자가 허용되는 투자은행은 직접금융시장의 발전에 힘입어 크게 발전했으나 위험관리에 실패해 2008년 세계적 인 금융위기를 불러일으키는 주역이 되었다.

02. 금융에는 역선택과 도덕적 해이의 문제가 나타나고 좋은 금융제도는 공공재이자 외 부효과를 낳는다고 말한다. 이를 설명하라.

📋 **문제 해답**

역선택: 금융공급자가 수요자의 속성을 제대로 알 수 없다.
도덕적 해이: 돈 빌린 사람이 '배째라'하고 나올 수 있다.
좋은 금융제도는 여러 사람이 동시에 사용하는 비경합성, 싼 이용료를 내거나 공짜 로 사용할 수 있게 하는 비배제성을 갖는다. 좋은 금융제도는 전반적인 경제활동을 원활하게 촉진함으로써 금융을 이용하지 않는 제3자(노인, 어린이 등)에게도 좋은 영향을 미치기 때문에 외부성이 크다.

03. 우리나라에서 신용카드는 수표처럼 지불수단으로 사용되고 있지만 화폐로 분류되지 않고 있다. 왜 그럴까? 신용카드는 수표와 어떻게 다른가?

문제 해답

현금통화는 중앙은행의 부채이다. 예금통화와 준통화는 예금은행의 부채이다. M_3에 포함되는 다른 것들도 비통화금융기관과 예금은행의 부채이다. 이처럼 현재까지는 금융기관의 부채항목으로 잡히는 지불수단만이 화폐로 분류된다. 신용카드는 지불수단으로 사용되고 있지만 금융기관의 부채항목으로 잡히지 않기 때문에 화폐로 분류되지 않고 있다.

04. 현금통화를 왜 중앙은행이 독점적으로 공급하게 할까? 각국의 통화당국이 위조지폐의 출현에 세심하게 대비하는 이유를 설명하라. 이윤극대화를 추구하는 기업들이 현금통화를 자유롭게 발행할 수 있도록 허용하면 현금통화의 가치는 어떻게 결정될 것인가를 설명하라.

문제 해답

이윤극대화를 추구하는 기업들이 현금통화라는 재화를 자유롭게 생산(발행)할 수 있도록 허용하면 기업들은 이윤극대화조건 $MR=MC$를 만족시키는 수준까지 현금통화를 발행하고 한계비용가격설정($P=MC$)이 이루어질 것이다. 그런데 10,000원권 지폐를 발행하는 총비용은 대부분 고정비용이고 10,000원권 지폐를 한 장 더 발행하는 데 들어가는 비용, 즉 한계비용은 0에 가까울 것이다(10,000원권 지폐 크기의 종이값 $+a$일 것이다). 따라서 현금통화는 현재 통용되는 10,000원, 5,000원, 1,000원 등의 명목가치를 가지지 못하고 0에 가까운 소재가치를 가질 것이다. 명목가치와 소재가치의 엄청난 괴리가 가능케 하기 위해 각국은 중앙은행이 독점적으로 지폐를 공급한다. 이 괴리에 따른 자본이득을 노려 위조범들이 등장할 수 있기 때문에 위조지폐 출현에 세심하게 대비한다.

05. 우리나라의 은행들은 본문의 설명과는 달리 음의 초과지급준비금을 가지는 경우가 흔하다. 왜 그런가?

문제 해답

우리나라에서는 지금까지 만성적인 자금의 초과수요가 있어 왔기 때문이다. 대출수요가 넘치기 때문에 은행이 필요지급준비금의 일부까지 대출해 주는 경우가 많았다.

06. 다음 각 기술이 옳은가 그른가를 밝히고 그 이유를 설명하라.

① 준통화란 이자율이 비교적 높은 요구불예금을 말한다.

② MCT는 M_2는 포괄범위가 좁다.

③ 초과지급준비금은 총예금에서 지급준비금을 공제한 것이다.

④ 현금통화비율이 클수록 통화량의 조절이 용이해진다.

⑤ 중앙은행이 국채를 매각하면 통화량은 증가하지만 이자율은 변동이 없다.

⑥ 순신용승수는 신용승수보다 작다.

⑦ 예금은행조직에 의한 신용창조는 필요지급준비율이 100%보다 적기 때문에 가능하다.

⑧ 부동산버블 붕괴로 경기가 둔화되면 현금통화비율이 높아진다.

⑨ 중앙은행은 특수은행이다.

⑩ P2P 대출은 직접 금융이다.

📋 **문제 해답**

① × (준통화는 저축성예금이다.)

② × (포괄범위가 서로 다르다.)

③ × (초과지급준비금 = 총지급준비금 − 필요지급준비금, 때로는 총지급준비금을 지급준비금으로 표기하는 경우도 있다.)

④ × (현금통화비율이 일정한 상수이기만 하면 통화량 조절이 쉬워진다.)

⑤ × (이자율상승)

⑥ ○ $\left(\text{신용승수} = \dfrac{1}{r_e} > \text{순신용승수} = \dfrac{1 - r_e}{r_e} \right)$

⑦ ○

⑧ ○ (부동산거품이 붕괴되면 금융시장이 불안정해져 현금보유비율이 높아진다.)

⑨ × (중앙은행은 일반은행도 특수은행도 아니다. 은행의 은행이다.)

⑩ ○ (인터넷 플랫폼에서 개인들끼리 직접 돈을 빌려주고 빌리는 개인간 대출이 P2P(Peer to Pear) 대출이다. 실제로는 P2P 중개업체가 있지만 이는 주식, 채권을 발행할 때 증권회사가 있는 것과 마찬가지다.)

23 화폐수요와 통화정책

01. 5명의 손을 거쳤으므로 $V = 5$이고 $k = \dfrac{1}{V} = \dfrac{1}{5}$이다.

모바일결제가 증가할수록 현금수요가 줄어들고 현금보유성향이 낮아진다. 이에 따라 현금예금비율(혹은 현금통화비율)이 하락하여 22장에서 배운 통화승수가 상승하여 화폐공급이 늘어난다. 그러면 $V = \dfrac{PY}{M}$에서 주어진 명목국민소득하에 V가 작아진다. V가 작아지면 k는 커진다.

02. 신화폐수량설 $\dfrac{M^D}{P} = k(\cdot)Y$에서 실질통화잔고의 소득탄력도는

$$\frac{\varDelta\left(\dfrac{M^D}{P}\right)\Big/\left(\dfrac{M^D}{P}\right)}{\varDelta Y/Y} = \frac{\varDelta\left(\dfrac{M^D}{P}\right)}{\varDelta Y} \frac{Y}{M^D/P} = k(\cdot)\frac{Y}{K(\cdot)Y} = 1$$ 이다.

유동성선호설 $M^D/P = L(Y, r)$에서 실질통화잔고의 소득탄력도는

$$\frac{\varDelta(M^D/P)}{\varDelta Y} \frac{Y}{M^D/P} = \frac{\varDelta L}{\varDelta Y} \frac{Y}{L}$$ 인데 이것이 1이라는 보장이 없다.

03. 프리드만이 말한 바와 같이 마샬의 k는 상수가 아니라 각종 금융자산의 수익률과 인플레이션에 의해 영향을 받는 변수이다. 우리나라는 화폐 대신 보유할 수 있는 자산의 수익률이 높기 때문에 일반적으로 k가 낮아진다.

$M = k(\cdot)PY$에서 $k(\cdot) = \dfrac{M}{PY}$ 이므로 M을 증가시키면 $k(\cdot)$가 증가될 것처럼 보인다. 그러나 M이 증가하면 장기에 P가 M과 거의 같은 비율로 증가한다. 따라서 장기에 k가

높아진다는 보장이 전혀 없다. 선진국은 통화공급의 증가율이 한 자릿수로 낮은데도 불구하고 $k(\cdot)$가 높다. 우리나라는 1962~1992년 기간중 연평균 30%의 M_2 증가율을 보였는데도 불구하고 $k(\cdot)$가 낮았다. $k(\cdot)$는 각국의 제도적 요인에도 큰 영향을 받으므로 높을수록 좋다는 명제도 성립하지 않는다.

04. (1) 현금을 오랫동안 보유하므로 화폐의 유통속도(V)가 줄고 마샬의 $k\left(=\dfrac{1}{V}\right)$가 증가한다.

(2) $PY=MV(\cdot)$에서 $V(\cdot)$가 금융실명제라는 외생적 충격으로 감소하였기 때문에 M을 증가시켜도 PY에는 별다른 영향을 미치지 않는다는 것이다.

(3) $V(\cdot)$가 원래의 속도로 회복되면 기간중 늘어난 통화는 명목GDP, 그 중에서도 물가의 상승압력으로 나타난다.

05. 화폐의 거래유통속도와 소득유통속도의 추세는 아래 그림과 같다. 아래 그림에서 V_1은 협의통화의 유통속도(= 명목GDP/M_1), V_2는 광의통화의 소득유통속도(= 명목GDP/M_2), T_1은 협의통화의 거래유통속도(= 명목총산출량/M_1), T_2는 광의통화의 거래유통속도(= 명목총산출량/M_2)를 나타낸다. M_1으로 측정한 협의통화의 소득유통속도는 1980년대 이후 지속적으로 하다가 2000년대 중반 그 상승세가 꺾였으나 2008년 글로벌 금융위기 이후 다시 하락하고 있다. M_1으로 측정한 협의통화의 거래유통속도는 글로벌 금융위기 이후 그 감소세가 뚜렷이 나타나고 있다. 반면 M_2로 측정한 광의통화의 소득유통속도 거래유통속도는 큰 변화가 없이 일정한 추세를 유지하고 있다.

그림 1   화폐의 거래유통속도와 소득유통속도의 추세

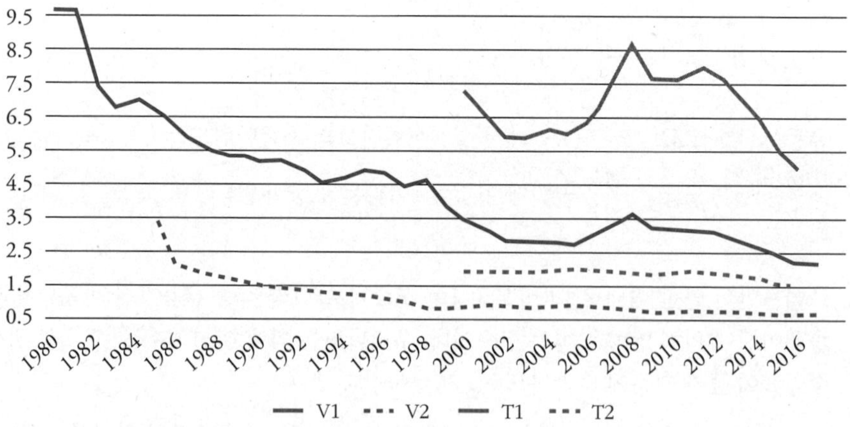

자료: 한국은행경제통계시스템(http://ecos.bok.or.kr/)

06. (1) 중앙은행의 자산란: 예금은행 대출금, 부채란: 지급준비예치금

(2) 초과지급준비금 = 0(필요지급준비금은 $400 \times 0.05 = 20$억원이다.)

(3) 늘어나는 자금을 대출로만 활용한다고 가정한다.

① 예금은행으로부터 1억원어치 국채매입: 20억원 신용창조가 대출로.

예금은행조직			
지준금	21	요구불예금	420
대출금	320	중앙은행차입금	10
유가증권	89		
	430		430

중앙은행			
외화자산	10	화폐발행액	50
유가증권	53	지준예치금	21
예금은행대출금	10	정부예금	2
	73		73

② 예금은행에 1억원어치 국채매각: 20억원 신용창조와 대출 감소.

예금은행조직			
지준금	19	요구불예금	380
대출금	280	중앙은행차입금	10
유가증권	91		
	390		390

중앙은행			
외화자산	10	화폐발행액	50
유가증권	51	지준예치금	19
예금은행대출금	10	정부예금	2
	71		71

③ 필요지준율 5% → 10%로 인상: 대출금 중 20억원을 회수하여 지준을 40억원으로 만들려고 하면 승수효과를 통하여 $20 \times \dfrac{1}{0.1} = 200$억원의 대출이 감소된다. 이는 200억원의 요구불예금 감소로 나타난다.

예금은행조직				중앙은행 B/S는 不變	
지준금	20	요구불예금	200		
대출금	100	차입금	10		
유가증권	90				
	210		210		

④ 필요지준율 5% → 4%로 인하: 초과지준금 4억 증가 → 요구불예금

$4 \times \dfrac{1}{0.04} = 100$억 증가

예금은행조직			
지준금	20	요구불예금	500
대출금	400	은행차입금	10
유가증권	90		
	510		510

⑤ 중앙은행으로부터의 차입금 1억 증가 → 초과지준금 1억 증가

⇒ 예금 20억 증가

예금은행조직				중앙은행			
지준금	21	요구불예금	420	외화자산	10	화폐발행액	50
대출금	320	중앙은행차입금	11	유가증권	52	지준예치금	21
유가증권	90			예금은행대출금	11	정부예금	2
	431		431		73		73

07. 이자율이 생산물시장에서 생산물의 수요·공급에 의하여, 혹은 같은 말이지만 생산물의 흐름에서 의도된 주입 $I(r) + G$가 누출 $S(r) + T$와 같아야 한다는 고전학파의 실물적 이자론으로 설명할 수 있다. 쌀이라는 형태로 나타난 의도된 주입과 누출을 일치시키는 가격변수가 (실질)이자율이다. 이자율이 20%일 때 양자가 같고, 생산물시장이 균형에 도달한다.

08. $\dfrac{\Delta M}{M} = \dfrac{\Delta P}{P} + \dfrac{\Delta Y}{Y} - \dfrac{\Delta V}{V}$ 에서 물가상승률을 3~5%, 경제성장률을 6~8%, 그리고 화폐의 유통속도증가율을 −2~−3%로 잡고 계산하면 총통화공급증가율이 12~16%가 된다.

09. ① 읽을거리 23-3 참고.
  1) 선제 안내(forward guidance)
    상당 기간 동안 단기금리를 낮게 유지할 것이라는 믿음직한 신호를 줌.
    → 장기금리를 낮추어 소비와 투자 촉진
  2) 단기 채권 대신 장기 채권 매입
    전통적인 통화정책처럼 단기 국채를 매입하는 대신 장기 채권을 매입
    → 장기금리를 낮추어 소비와 투자 촉진
  3) 화폐를 발행하여 채권 매입
    → 낮은 금리와 풍부한 유동성으로 소비와 투자 촉진
② 1) 양적완화정책의 장점
    • 유동성함정에 빠져 단기금리를 중시하는 전통적인 통화정책이 무력해진 상황에서 경기침체가 장기화하는 것을 막는 불가피한 대안이 될 수 있다.
    • 장기금리도 낮추고 통화공급도 증대시킴으로써 소비심리와 투자심리를 북돋는 유력한 수단이 될 수 있다.
  2) 양적완화정책의 단점
    비정상적인 정책을 정상화시키는 적절한 때와 방법을 알기 어렵다.
③ 중앙은행이 단기채권이든 장기채권이든 채권을 매입하면 중앙은행의 채권 자산과 본원통화 부채가 같이 늘어난다. 단기채권을 팔고 그 대금으로 장기채권을 살

경우에는 중앙은행 채권 자산 구성의 변화만 있고 본원통화 규모는 변하지 않는다.

④ 양적완화정책을 너무 빠르게 종료하면 회복기에 접어든 경기를 다시 후퇴시켜 경제에 큰 충격을 줄 수 있다. 너무 늦게 종료하면 물가를 걷잡을 수 없이 자극하여 경제의 안정기조가 흔들릴 수 있다.

⑤ 북구 일부 국가와 일본이 부분적, 일시적으로 실시하였다. 은행에 돈을 맡기면 이자를 주는 대신 수수료를 징수함으로써 소비지출을 촉진코자 하였다. 다른 금융기관에 예치하거나 집에 퇴장시키는 등 대체수단이 있고 일시적으로 실시되었기 때문에 별다른 효과는 없었다. 1930년대의 대공황 같은 공황기에 금융기관이 전면적으로 중장기에 걸쳐 마이너스 금리를 실시한다면 소기의 성과를 낼 수도 있을 것이다.

10. ① × (통화량이 물가를 결정한다는 것이 화폐수량설이다.)

② ○

③ ○

④ ○ $\left(P = \dfrac{\overline{V}}{Y_F} M\right)$

⑤ ○

⑥ ○ (r이 낮을수록 증권가격이 높으므로 증권구입을 유예하기 때문에 대기성자금으로서의 유휴잔고가 증가한다.)

⑦ ○ (화폐 대신 수익성자산을 보유할 때 받게 되는 이자를 포기하는 것이므로)

　※ 이자율이 10% 또는 0.1이라는 것은 화폐 1원을 수익성금융자산으로 가지고 있을 때 일정기간 후에 1원의 10%, 즉 0.1원의 이자를 받는다는 것을 뜻한다.

⑧ × (일정시점에서의 저량(stock)을 분석대상으로 함.)

⑨ ○ $\left(\dfrac{\Delta M}{M} = \dfrac{\Delta P}{P} + \dfrac{\Delta Y}{Y} - \dfrac{\Delta V}{V} \text{에서 } \dfrac{\Delta M}{M} = 0\% + 5\% - (-2)\% = 7\%\right)$

⑩ ○ (사들이는 시점에서 그렇다.)

⑪ ○

⑫ × (단일은행의 경우 최대 10억원이 증가한다. 은행조직 전체로는 승수효과가 발생 10억원보다 훨씬 많이 증가한다.)

⑬ ○

⑭ ○

⑮ ○

⑯ × (중앙은행의 국채매입 자체는 본원통화증가일 뿐 신용창조는 아니다. 신용창조의 발단이 될 뿐이다.)

⑰ ○

⑱ ○ (회사채수요가 증가하여 회사채가격상승 → 회사채 유통수익률 = 이자율 하락)

⑲ ○

01. 어느 해의 총산출은 830조원, 명목GDP는 390조원, 통화량은 35조원이었다고 하자. 이 해의 연간 거래유통속도와 소득유통속도를 계산하라.

📋 **문제 해답**

$$V^T = \frac{PT}{M} = \frac{830}{35} = 23.7$$

$$V = \frac{PY}{M} = \frac{390}{35} = 11.1$$

02. "화폐수요는 제도적 변화에 크게 영향을 받는다." 논평하라.

📋 **문제 해답**

$M^D = kPY$에서 k의 크기는 소득지불방법, 금융기관의 발달정도 등 제도적 측면에 의존한다.

예컨대 지금까지 근로자들이 매월 한 번씩 임금을 받는 월급제였는데 이제 매주 한 번씩 임금을 받는 주급제로 소득지불방법이 달라진다고 하자. 그러면 일상적 거래에 사용하기 위해 현금이나 요구불예금으로 가지고 있어야 할 화폐가 종전보다 작아진다. 월 단위에서 주 단위로 지출계획을 짜면 되기 때문이다. 현금자동지급기가 곳곳에 설치되면 화폐수요가 감소될 것이다. 아무데나 필요한 돈을 찾아 쓸 수 있기 때문에 평소에 많은 돈을 지갑에 가지고 다닐 필요성이 적어진다.

03. 대부자금설에서 $S = I^D + \frac{\Delta M}{P} + \frac{\Delta B}{P}$의 식을 얻을 수 있음을 보이고 이 식의 경제학적 의미를 설명하라.

📋 **문제 해답**

식 (23-11)의 대부자금설 $I^D = S + (T - G)$와 정부의 예산제약식 $G - T = \frac{\Delta M}{P} + \frac{\Delta B}{P}$

를 합치면 $S = I^D + \dfrac{\Delta M}{P} + \dfrac{\Delta B}{P}$ 가 된다. I^D는 주식이나 회사채 발행을 통하여 주로 재원이 조달된다. 따라서 민간저축(S)은 주식, 회사채, 화폐 및 공채보유의 증가로 나타난다는 것을 보여 준다.

04. 1970년대 이후 금융혁신이 세계적으로 일어나고 있다. 금융혁신의 실상과 예상효과에 관하여 알아보라.

📝 **문제 해답**

금융혁신은 혁신의 형태에 따라 ① 다양한 새 금융상품이 등장하는 금융상품의 혁신(product innovation), ② 수표 없는 사회를 지향하는 전자이체(electronic fund transfer : EFT)와 같이 금융거래과정에서 일어나는 금융경로의 혁신(process innovation)으로 구분된다. 이 양자가 세계적으로 광범위하게 일어나고 있다. 금융혁신은 소비자가 더 편리하고 포괄적인 금융서비스를 소비할 수 있도록 해 준다. 한편 금융기관에게는 치열한 경쟁풍토를 조성하여 금융불안정이 증대될 수 있다. 금융혁신은 통화승수를 불안하게 하고 통화유통속도를 변화시킴으로써 통화금융정책의 유효성을 저하시키는 방향으로 작용한다.

05. 다음의 각 기술이 옳은가 그른가를 밝히고 그 이유를 설명하라.
  ① 신화폐수량설은 내용상 고전학파의 화폐수량설보다 케인즈의 유동성선호설에 가깝다.
  ② 피셔의 교환방정식은 원래 통화량과 물가의 관계를 표시해 주는 항등식이다.
  ③ 프리드만의 화폐수요는 좁은 의미의 통화(M_1)에 국한하고 있다.
  ④ 케인즈의 화폐수요는 넓은 의미의 통화(M_2)를 대상으로 하고 있다.
  ⑤ 명목이자율에 예상물가상승률을 더한 것이 실질이자율이다.
  ⑥ 케인즈의 유동성선호설은 유동성이 가장 큰 것이 통화이므로 통화를 금융정책의 운영목표로 삼아야 한다고 한다.
  ⑦ 프리드만은 민간경제주체의 합리적 예상을 도입하여 실질이자율보다 명목이자율을 통화정책지표로 삼을 것을 권고한다.
  ⑧ 자동차는 기민하게 움직일 수 있으므로 유동성이 큰 자산이다.
  ⑨ 기업이 자기 저축 이상으로 투자하면 그 차액만큼이 자금부족으로 나타난다.
  ⑩ 금융기관의 대출이자율은 예금이자율보다 높다.
  ⑪ 우리나라에서 제2금융권의 금리가 은행금리보다 높다.

⑫ 물가가 오르면 사람들의 명목화폐수요는 증가하지만 실질화폐수요는 불변이다.

⑬ EC방식에서 통화공급증가율을 실질경제성장률과 같게 하면 인플레이션율은 소득유통속도증가율과 같다.

⑭ 케인즈의 세계에서 이자율은 화폐시장과 생산물시장을 연결하는 고리이다.

📋 문제 해답

---

① × (통화수요가 이자율에 거의 영향을 받지 않는다는 점에서 고전학파에 더 가깝다.)

② × (일정기간중 총화폐지출액이 명목국민소득과 같다는 항등식, 통화량과 물가, 실질국민소득의 관계를 표시해 두는 항등식)

③ × (준통화도 포함하고 있음.)

④ × (M_1을 대상으로 하고 있음.)

⑤ × (실질이자율 = 명목이자율 − 예상물가상승률)

⑥ × (유동성선호설과 금융정책수단문제와는 별개이다.)

⑦ × (프리드만은 기본적으로 고전학파의 입장을 지지)

⑧ × (유동성이란 어떤 자산이 그 가치의 손실 없이 얼마나 빨리 화폐로 교환될 수 있는가 하는 정도를 나타낸다.)

⑨ ○ (기업은 대개 자금부족부문이다. 가계는 대개 저축이 투자를 상회하는 자금잉여부문이다. 두 부문을 연결시켜 주는 중개기관이 금융기관이다.)

⑩ ○ (일부 정책금융자금의 대출이자율은 정책적으로 예금이자율보다 낮다. 이 정책금융을 제외하면 맞다.)

⑪ ○ (일반국민이 인식하는 위험도가 은행보다 제2금융권이 높다. 은행보다 제2금융권을 통한 자금 차입자의 신용도가 낮다.)

⑫ ○ ($M^D = P \cdot L(Y, r)$에서 물가는 명목화폐수요 M^D에만 영향을 준다.)

⑬ ○ $\left(\dfrac{\Delta M}{M} = \dfrac{\Delta P}{P} + \dfrac{\Delta Y}{Y} - \dfrac{\Delta V}{V} \text{에서 } \dfrac{\Delta M}{M} = \dfrac{\Delta P}{P} \text{이면 } \dfrac{\Delta P}{P} = \dfrac{\Delta V}{V} \right)$

⑭ ○ (통화공급 증대 → 이자율 하락 → 투자수요 증대를 통해 이자율은 화폐시장과 생산물시장을 연결시킨다.)

24	# 총수요·총공급의 이론

01. (24-1) $Y^D = C + I^D + G$

(24-2) $C = a + 6(Y - T), a > 0, 0 < b \leq 1$

(24-3) $I^D = I(r) = I_0 - cr, I_0 > 0, c > 0$

(24-4) $G = G^o, T = T_0$

(24-5) $Y^D = Y$

$Y^D = C + I^D + G = a + b(Y - T_0) + I_0 - cr + G_0 = Y$

$\Rightarrow cr = a - (1 - b)Y - bT_0 + I_0 + G_0$

$\Rightarrow r = \dfrac{1}{c}(a + I_0 + G_0 - bT_0) - \dfrac{1-b}{c}Y$ 가 됨.

이 IS곡선 방정식은 수직절편이 $\dfrac{1}{c}(a + I_0 + G_0 - bT_0)$, 기울기가 $-\dfrac{1-b}{c}$인 1차식이다.

만일 투자함수나 소비함수가 선형함수가 아니면 IS곡선은 선형함수가 아님을 쉽게 확인할 수 있다.

02. $E_0(r_0, Y_0)$에서는 생산물시장이 균형을 이루어 생산물에 대한 실제지출이 총수요와 같다. 그런데 IS곡선의 왼쪽에 있는 A점에서는 이자율은 생산물시장을 균형시키는 r_0수준이지만 실제지출은 Y_2로 r_0하에서 생산물시장을 균형시키는 총수요 Y_0 수준에 못미친다. 따라서 IS곡선의 아래 영역에서는 총수요가 실제지출을 초과한다. 반면 IS곡선의 위쪽 영역에서는 생산물에 대한 실제 지출이 총수요를 초과함을 B점을 통해 쉽게 확인할 수 있다.

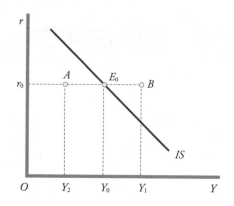

$E_0(r_0, Y_0)$에서는 화폐수요와 화폐공급이 같아 화폐시장이 균형을 이루고 있다. 그런데 LM곡선의 위쪽에 있는 A점에서는 이자율수준이 균형이자율 r_0보다 높다. 이자율이 높으면 화폐수요가 감소한다. 따라서 A점과 같은 LM곡선의 위쪽 영역에서는 화폐의 초과공급이 존재한다. 반면 B점과 같이 LM곡선의 아래쪽에 있는 점은 이자율 수준이 균형이자율 수준보다 낮다. 이자율이 낮으면 화폐수요가 증가한다. 따라서 B점과 같이 LM곡선의 아래쪽 영역에서는 화폐의 초과수요가 존재한다.

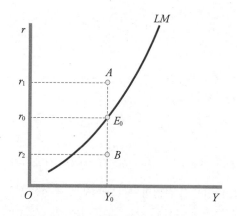

03. (1) ① 정부지출증가($G\uparrow$)

    (i) 최초에 $IS-LM$은 E_0, $AD-AS$는 E_0'에서 균형

    (ii) 정부지출증가: $IS \rightarrow IS'$: $r\uparrow$, $Y\uparrow$

               $AD \rightarrow AD'$: $P\uparrow$, $Y\uparrow$ (AD'곡선은 (P_0, Y_0')점을 통과)

    (iii) 초과수요로 $P\uparrow$: $LM \rightarrow LM'$

    (iv) 최종균형점: $E_1(r_1, Y_1)$, $E_1'(P_1, Y_1)$

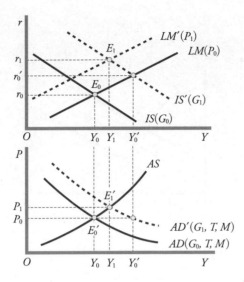

② 정액세증가($T\uparrow$)

    (ⅰ) 최초에 E_0에서 균형

    (ⅱ) $T\uparrow : IS \rightarrow IS' : r\downarrow, Y\downarrow$

            $AD \rightarrow AD' : P\downarrow, Y\downarrow$

    (ⅲ) $P\downarrow : LM \rightarrow LM'$

    (ⅳ) 최종균형점 : $E_1(r_1, Y_1)$, $E_1'(P_1, Y_1)$

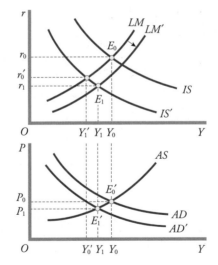

③ 통화공급증가($M\uparrow$)

    (ⅰ) 최초 E_0에서 균형

    (ⅱ) $M\uparrow : LM \rightarrow LM' : r\downarrow, Y\uparrow$

$$AD \rightarrow AD' : P\uparrow, Y\downarrow$$

(iii) $P\uparrow : LM' \rightarrow LM''$으로 이동

(iv) 최종균형점: $E_1(r_1, Y_1), E_1'(P_1, Y_1)$

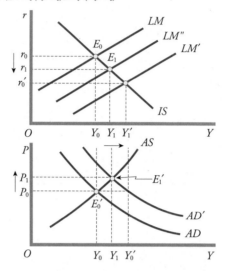

④ 물가상승: 어떤 이유로 물가가 올랐다면 그 이유가 AD곡선이나 AS곡선에 영향을 미치지 않는 한 초과공급(ES)을 낳아 물가가 원래수준으로 떨어진다.

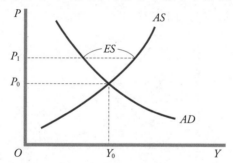

⑤ 독립투자증가($I_0\uparrow$)

(ⅰ) 최초에 E_0에서 균형

(ⅱ) $I_0\uparrow : IS \rightarrow IS' : r\uparrow, Y\uparrow$

$\quad\quad\quad AD \rightarrow AD' : P\uparrow, Y\uparrow$ (AD'곡선은 (P_0, Y_0')점을 통과)

(ⅲ) $P\uparrow : LM \rightarrow LM'$로 이동

(ⅳ) 최종균형점: $E_1(r_1, Y_1), E_1'(P_1, Y_1)$

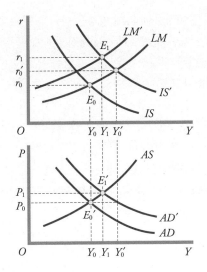

⑥ ①번 분석과 같음.

(2) 고전학파모형에서는 실질국민소득은 총공급측면에서 완전고용국민소득수준으로 주어지고, 실질이자율은 생산물시장에서 결정된다. 실질국민소득과 실질이자율이 결정되면 소비·저축·투자 등 나머지 실질변수들도 결정된다.

또한 실질국민소득과 실질이자율이 결정되면 실질화폐수요도 결정된다. 따라서 화폐시장 균형조건식

$$\frac{M^s}{P} = L(Y, r)$$

에서 주어진 실질화폐수요에 맞추어 통화공급 M^s에 비례하여 물가 P가 변하여야 한다. 따라서 고전학파모형에서는 화폐의 중립성이 성립한다.

케인즈모형에서는 $M^s \uparrow \rightarrow r \downarrow \rightarrow I^D \uparrow \rightarrow Y^D \uparrow$, $C \uparrow$가 이루어지고 $Y \uparrow$, $r \downarrow \rightarrow L(Y, r) \uparrow$ 되므로 화폐의 중립성이 성립하지 않는다.

재정정책의 경우 고전학파모형에서는 구축효과로 인해 재정정책은 무력하다. 즉 $G \uparrow (T \downarrow) \rightarrow$ 국공채가격 하락 $\rightarrow$ 이자율 상승 $\rightarrow$ 소비 및 투자 감소가 이루어진다. 이때 이자율 상승으로 인한 소비 및 투자감소분이 확대재정정책으로 인한 정부지출 증가분과 같아 재정정책이 무력하다고 보는 것이 고전학파이다. 재정정책이 무력하다는 것은 총생산에 영향을 못 미친다는 것일 뿐 소비, 저축, 투자 등의 실물변수에는 영향을 미친다.

케인즈모형에서도 재정정책은 실물부문에 영향을 미친다. 케인즈모형에서는 확대재정정책과 이에 따른 이자율 상승으로 인한 투자위축이 있지만 이것이 정부지출증가분을 상쇄시킬 만큼 크지 않기 때문에 재정정책은 유효하다고 본다. 특히 케인즈모형은 소비는 소득에 의해서만 영향을 받기 때문에 이자율 상승으로 소비

위축은 없고, 투자는 이자율에 의해 영향을 받아도 아주 작게 받기 때문에(즉, 투자의 이자율탄력도가 아주 작기 때문에) 재정정책에 따른 구축효과는 아주 미미하다고 본다. 뿐만 아니라 재정정책은 승수효과를 유발하기 때문에 총생산에 미치는 효과가 크고 강력하다고 본다.

04. 이자율이 하락하면 투자는 증가하고 저축은 감소한다. 따라서 저축이 이자율의 증가함수이면 새 균형점은 (r_1, Y_2)가 된다. 이는 저축이 이자율의 함수가 아닐 때의 새 균형점 (r_1, Y_1)과 대비된다. 증가한 투자에 발맞추어 저축이 증가하기 위해서는 이자율 하락에 따른 저축감소분도 보전할 겸 국민소득이 많이 증가해야 한다.

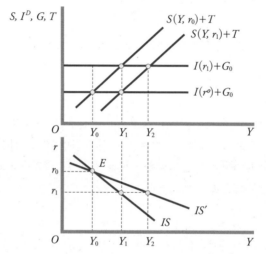

05. 그림 (c)의 Y_1^E에 대응하는 새 이자율이 그림 (a)의 r_1과 같아야 하는데 그런 보장이 없다. 그림 (c)의 Y_1^E가 그림 (a)의 Y_0와 다르기 때문이다. [그림 24-13]에서는 생산물시장과 화폐시장을 동시에 균형시키는 (Y, r)을 구하고 있다. 그러나 이 문제의 AD곡선 도출과정에서는 그렇지 못하다.

06. 실질임금을 종축에 측정하면 노동수요곡선은 MP_N곡선이 되고 이 곡선은 물가가 변해도 불변이다. 노동공급곡선은 이제 물가가 상승할 때 오른쪽으로 이동한다. $N^S\left(\dfrac{w}{P_0^e}\right)$ $N^S\left(\dfrac{w}{P} \cdot \dfrac{P}{P_0^e}\right)$에서 $\dfrac{w}{P}$와 P_0^e가 주어져 있더라도 P가 상승하면 노동공급량이 증가하기 때문이다.

07. ① $Y^D = C + I^D + G$

$\quad = 0.8(Y - 100) + 200 + 200 - 20r + 100 = Y$

$\rightarrow 20r = -0.2Y + 420$

$\rightarrow \quad r = -0.01Y + 21$: IS곡선방정식

② $M^D/P = 100 + 0.2Y - 30r$: 균형에서 $M^D = M^D = 510$이므로

$\rightarrow 510/P = 100 + 0.2Y - 30r$

$\rightarrow r = 1/510Y + 10/3 - 17/P$: LM곡선방정식

③ IS곡선 방정식과 LM곡선 방정식에서 r을 소거하고 P를 Y의 함수로(혹은 Y를 P의 함수로) 나타낸 것이 AD곡선방정식이다.

$r = -0.01Y + 21 = 1/150Y + 10/3 - 17/P$

$\rightarrow 17/P = 1/60Y - 53/3$: AD곡선방정식

④ AS곡선방정식은

$P = 1$, $Y \leq 2,100$

$Y = 2,100$, $P > 1$이고, 그림에서와 같이 거꾸로 L자형으로 그려진다.

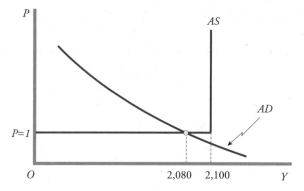

⑤ ③, ④에서 $17 = Y/60 - 53/3$이므로 $Y_E = 2,080$

이 Y_E를 IS곡선이나 LM곡선에 대입하면 $r_E = 0.2$

⑥ $P = 1$로 놓고 IS, LM을 그리면 다음과 같다.

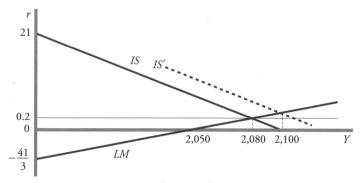

ⓐ G나 T를 변경시키면 일차적으로 IS곡선이 오른쪽으로 이동하고, 물가가 변하면 2차적으로 LM곡선도 이동한다. 그러나 이 모형에서는 물가가 1로 고정되

었으므로 LM곡선은 불변이다. 위 그림에서 보는 바와 같이 IS곡선이 LM곡선과 $Y_F = 2,100$에서 교차할 수 있도록 IS′곡선으로 상방이동하면 된다. 상방 이동폭을 X라 하면 IS곡선이 $r = -0.01Y + 21$(혹은 $20r = -0.2Y + 420$)이므로 IS곡선 방정식은 $r = -0.01Y + 21 + X$(혹은 $20r = -0.2Y + 420 + 20X$)이다. 이 식을 LM곡선 $r = 1/150Y + 10/3 - 17 = 1/150Y - 41/3$과 결부시켜 $Y = 2,100$으로 놓으면 $X = 1/3$이 된다.

$Y^D = C + I^D + G = Y$에서

$20r = -0.2Y + 420$을 얻었다. 즉 G가 ΔG만큼 증가하려면 $20r = -0.2Y + 420 + \Delta G$가 될 것이다. 따라서 Y_F를 달성하기 위한 정부지출의 증가분은 $\Delta G = 20X = 20 \times 1/3 = 20/3$이다. 세금이 ΔT만큼 증가하면 IS방정식은 $20r = -0.2Y + 420 - 0.8\Delta$이다. 따라서 Y_F를 달성하기 위한 조세증가분은 $-0.8\Delta T = 20X = 20/3 \Rightarrow \Delta T = -25/3$, 즉 세금을 $25/3$만큼 삭감해야 한다.

주: 투자수요가 독립투자만일 때는 한계소비성향이 0.8이므로 정부지출승수는 $1/(1-0.8) = 5$, 정액세승수는 $-0.8/(1-0.8) = -4$이다. 따라서 GDP 갭 20을 메우기 위해서는 $\Delta G = $ GDP/정부지출승수 $= 20/5 = 4$ 혹은 $\Delta T = 20/-4 = -5$이면 된다.
투자수요가 이자율의 감소함수이면 Y_F를 달성하기 위해 필요한 재정지출이나 조세 삭감규모는 증가한다. 그 이유는 확대재정정책에 따른 구축효과 때문이다. 구축효과로 인해 일부 확대재정정책효과가 상쇄되기 때문에 이를 만회하기 위해 확대재정정책규모가 커지는 것이다.

ⓑ AD곡선방정식 $M^S/30P = 1/60Y - 53/3$에서 $P = 1$, $Y = 2,100$을 대입하면 $M^S = 520$이다. 따라서 $\Delta M^S = 10$.

08. ① ○ (화폐수요의 이자율탄력도가 ∞이면 LM곡선은 수평선이다.)

② × (소득과 물가만 표시된다.)

③ ○ (주어진 AD곡선을 따라 이동하면 생산물시장 및 화폐시장을 균형시켜 주는 P와 Y가 변한다. 이에 따라 균형이자율도 물론 변한다.)

④ ○ ($N^D = N^D\left(\dfrac{w}{P}\right)$, $N^S = N^S(w)$)

⑤ × (AD곡선도 완만해짐)

⑥ ○ (소비수요도 이자율에 영향을 받지 않는다고 가정하면)

⑦ ○ (물가불변은 공황기에나 그럴 듯한 현상이다.)

⑧ ○

⑨ × (IS-LM모형은 경제의 총수요측면만을 고려했으므로 균형총수요가 결정된다.)

⑩ ○

⑪ ○ (실제물가가 예상물가보다 크면 실제생산량이 자연생산량을 초과할 수 있다.)

⑫ ○ (루카스 총공급함수 $Y = Y_N + a(P - P^e)$를 다시 한번 확인하라.)

⑬ ○ $\left(\dfrac{M^S}{P} = L(Y, r)$에서 물가가 상승하여 실질통화공급이 줄면 실질화폐수요도 줄어야 되고 그러기 위해서는 Y가 감소하거나 r이 상승해야 한다. 그런데 단기에 r이 먼저 상승한다.$\right)$

⑭ ○ (물가 상승 → 민간보유 현금 및 국공채 실질가치 하락 → 실질자산 감소 → 소비수요 감소)

⑮ ○

⑯ ○ $\left(P^e \uparrow \ \rightarrow \ \dfrac{w}{P^e} \downarrow \ \rightarrow \ N^S\!\left(\dfrac{w}{P^e}\right) \downarrow \ \rightarrow$ 노동공급 감소 → 총공급 감소$\right)$

⑰ ○

01. IS곡선이 수직선이 되는 경우를 설명하라. 어느 경우에 IS곡선이 수평선이 되는가? 투자의 이자율탄력도가 클수록 IS곡선의 기울기가 완만해지는 것을 설명하라.

📝 **문제 해답**

> 본문 p.733이나 본문 문제 1.의 *IS*곡선방정식에서 $c=0$이면 Y값이 유일하게 결정되고 *IS*곡선은 수직선이 된다. $c=0$이라는 것은 투자수요의 이자율탄력도가 0이라는 것을 뜻한다. 투자수요의 이자율탄력도가 ∞이면 *IS*곡선은 수평선이 된다. c가 클수록 투자의 이자율탄력도가 커지고 *IS*곡선의 기울기는 작아진다.

02. *LM*곡선이 어느 경우에 수직 또는 수평의 직선이 되는가?

📝 **문제 해답**

> (1) 화폐수요의 이자율탄력성이 0인 경우: 수직 ([그림 24–11] 참조)
> (2) 화폐수요의 이자율탄력성이 ∞인 경우: 수평(유동성함정이 있는 경우. [그림 24–10] 참조)

03. 물가가 오르면 *LM*곡선이 상방으로 이동하는 이유를 경제논리로 설명하라.

📝 **문제 해답**

> $M_0=P_0L(Y_0, r_0)$에서 물가가 오르면 화폐시장에 초과수요 $M_0<P_1L(Y_0, r_0)$가 생긴다. 이 초과수요를 없애기 위해서는 Y가 Y_0일 때는 r이 상승해야 하고 r이 r_0일 때는 Y가 감소해야 한다. *LM*곡선상의 어떤 (Y, r)조합에서도 이런 조정이 일어나기 때문에 *LM*곡선이 상방이동한다.

04. 다음 기술이 옳은가 그른가를 밝히고 그 이유를 설명하라.
　① *IS–LM*의 이론에 의해 결정되는 국민소득, 이자율은 항상 균형국민소득, 균형이

자율보다 과대평가된다.

② 확대재정정책은 고전학파의 총수요곡선을 오른쪽으로 이동시킨다.

③ 국방비지출이 증가하면 이자율이 상승하여 투자가 감소하기 때문에 국민생산은 감소할 것이다.

④ 화폐수요의 소득탄력도가 클수록 통화정책은 더 효과적이고 재정정책은 덜 효과적이게 된다.

⑤ $IS-LM$분석과 $AD-AS$분석 결과는 변동규모만 다를 뿐 변동방향에 있어서는 똑같다.

⑥ 물가가 상승하면 무역수지가 악화된다.

⑦ 총공급곡선의 형태는 노동공급곡선의 형태에 의해 좌우된다.

⑧ 조세를 감면하면 국민소득은 증가하지만 물가와 이자율은 하락한다.

⑨ 프리드만의 영구소득은 케인스의 절대소득보다 항상 작다.

📝 문제 해답

---

① × (물가변동에 따른 LM곡선의 이동을 감안하면 과대평가되지 않음)

② × (고전학파모형에서 총수요곡선을 이동시키는 요인은 통화공급의 변화이다.)

③ × (고전학파모형에서 국민생산은 불변, 케인즈학파모형에서는 국민생산이 증가)

④ ○ (소득탄력도가 클수록 재정정책에 의한 이자율 상승이 더욱 커서 구축효과가 크게 나타나게 됨)

⑤ ○

⑥ ○ (물가 상승 → 수출상품가격 상대적 상승 → 수출 감소
물가 상승 → 수입상품가격 상대적 하락 → 수입 증가
결국 물가 상승으로 수출이 줄고 수입이 늘어나므로 무역수지가 악화된다.)

⑦ ○

⑧ × (r, P도 상승)

⑨ × (음의 임시소득이 있을 수 있기 때문에)

25 경기변동과 안정화정책: 거시경제학의 두 조류

01. ① 정부지출의 감소

    (a) 고전학파모형 : 정부지출이 감소하면 총수요곡선이 왼쪽으로 이동한다. 총공급 곡선이 수직이기 때문에 자연생산량은 불변이고 물가는 하락한다. 물가가 하락 하면 이자율이 하락하고 이에 따라 소비·투자수요가 증가한다. 따라서 이자율 의 신축적인 작용으로 정부지출감소분만큼 소비 및 투자수요가 증가하여 총공 급측면에서 결정된 국민소득은 불변이다. 이자율 하락으로 저축도 감소한다.

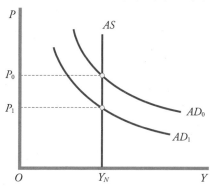

    (b) 케인스모형 : 제20장에서 다룬 케인스단순모형 대신 제24장에서 다룬 $IS{-}LM$모 형을 케인스 총수요모형으로 보면 케인스모형과 고전학파모형의 총수요곡선은 똑같고 총공급곡선만 다르게 됨. 정부지출이 감소하면 총수요곡선이 왼쪽으로 이동하여 생산은 감소한다. 케인스모형에서 물가는 고정되어 있으므로 불변이 다. 또한 정부지출감소로 이자율이 하락하여 투자수요는 증가한다. 구축효과가

미미하여 투자 증가가 정부지출 감소를 상쇄할 정도로 크지 못하므로 총수요가 감소하고 국민소득도 감소한다. 국민소득 감소로 소비·저축은 감소한다.

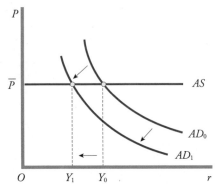

(c) 루카스공급함수하의 단기모형: 단기에는 기대물가가 고정되어 있으므로 긴축재정정책으로 총수요곡선이 왼쪽으로 이동하여 물가가 하락해도 총공급곡선은 불변이다. 따라서 단기에는 일시적으로 물가하락, 생산감소가 나타난다. 그러나 장기에는 기대물가도 P_1으로 하향 조정되어 총공급곡선이 우측으로 이동하기 때문에 물가만 하락하고 생산량에는 변화가 없다. 단기에 이자율은 긴축재정정책으로 IS곡선이 왼쪽으로 이동하고 물가하락으로 LM곡선이 오른쪽으로 이동하여 r_1'까지 하락한다. 장기에는 LM곡선이 $LM(P_1)$까지 오른쪽 이동하여 r_1까지 하락한다. 이자율 하락으로 소비·투자가 늘고 저축은 감소한다.

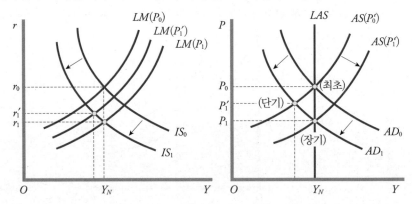

② 공개시장매입은 통화량을 증가시키므로 확대통화정책효과를 (1)과 비슷한 방법으로 분석.
  (a) 고전학파모형에서는 물가만 상승하고 생산·이자율·투자수요 등은 불변
  (b) 케인스모형에서는 이자율 하락·투자수요 증가·물가불변·생산·소비·저축 증가
  (c) 루카스 단기모형에서는 단기에 물가·생산 증가, 이자율 상승 및 투자수요 감소.

③ 소득세율 인하는 정부지출 증가와 같다. 따라서 (1)과 반대로 생각하면 된다.

④ 불리한 공급충격으로 해석하여 총공급곡선이 왼쪽으로 이동하는 것으로 분석하면 된다.

(a) 고전학파모형: 단기총공급곡선이 왼쪽으로 이동해도 경제의 총공급 측면에 의해 주어진 자연생산량은 불변이고 물가만 상승, 물가상승으로 이자율이 상승하여 투자 · 소비수요 감소, 저축 증가.

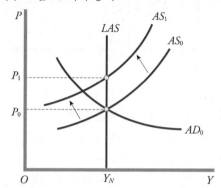

(b) 케인스모형: 음의 공급충격으로 생산이 줄고 물가는 상승. 물가상승으로 이자율이 상승하여 투자수요 감소. 생산 · 소득 감소로 소비 · 저축 감소.

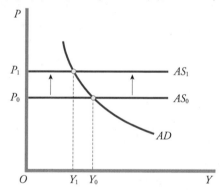

(c) 루카스 단기모형: 음의 공급충격으로 단기에는 생산이 줄고 물가는 상승. 장기에 사람들의 기대물가가 P_1으로 조정되면 자연생산량은 불변, 단기에는 물가 상승으로 이자율이 상승하여 투자 · 소비수요 감소.

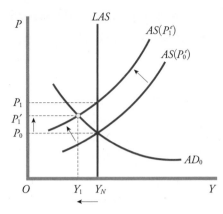

⑤ 투자액에 대한 세금감면으로 투자수요가 증대하면:

  ⓐ 고전학파모형에서는 총공급측면에 영향을 주지 못하므로 생산·물가 등은 불변. 이자율이 변하지 않아도 투자는 증대, 투자증대로 총수요가 늘어나면 이자율이 상승하여 소비·투자가 줄어 투자증대 효과 구축

  ⓑ 케인즈모형에서는 투자증대로 총수요가 증대하여 생산 증가. 물가는 불변. 투자수요증대로 자금수요가 늘어 이자율이 상승하여 투자가 당초 늘어난 것보다는 감소. 생산 증가로 소비·저축 증가.

  ⓒ 루카스 단기모형에서는 투자증대로 총수요가 증대하여 생산·물가증대. 물가상승에 따른 이자율 상승으로 소비·투자수요가 줄어들지만 최초의 투자증대를 상쇄할 만큼 크지는 않음.

02. (1) ① IS방정식:

$$Y^D = C + I^D + C = Y 에서$$

$$0.8(Y-200) + 204 + 200 - 100r + 200 = Y$$

$$\rightarrow -0.2Y + 444 = 100r$$

$$\rightarrow r = -\frac{0.2}{100}Y + \frac{444}{100} : IS방정식$$

② LM방정식

$$\frac{M^D}{P} = 0.1Y - 100r = \frac{M^S}{P}$$

$$\rightarrow 210/P = 0.1Y + 100r$$

$$\rightarrow r = -2.1/P + 0.1/100Y : LM방정식$$

③ AD방정식

IS곡선과 LM곡선에서 r을 소거하여 얻는다.

$$-0.2/100Y + 444/100 = -2.1/P + 0.1/100Y$$

$$\rightarrow 0.3/100\,Y = 2.1/P + 444/100$$

$$\rightarrow Y = 700/P + 4{,}440/3 \text{ 또는 } P = 210/(0.3Y - 444)$$

④ AS방정식

$$\rightarrow Y = 2{,}179 + P^2 \rightarrow P = \sqrt{Y - 2{,}179}$$

(2) ① AD와 AS방정식에서

$$700/P + 4{,}440/3 = 2{,}179 + P^2 \rightarrow P^3 + (2{,}179 - 4{,}440/3)P - 700 = 0$$

$$\therefore 3P^3 + 2{,}097P - 2{,}100 = 0$$

$$(P-1)(3P^2 + 3P + 2{,}100 = 0)$$

$$\rightarrow 3P^2 + 3P + 2{,}100 > 0 \text{이므로 } P = 1$$

② $P = 1$이므로 $Y = 2{,}179 + P^2 = 2{,}180$

③ $r = -2.1/P + 0.1/100 \times 2{,}180 = 0.08$

④ $C = 0.8(Y - T) + 204$

$$= 0.8(2{,}180 - 200) + 204 = 1{,}788$$

⑤ $I^D = 200 - 100r = 200 - 100 \times (0.08) = 192$

⑥ 화폐시장균형에서 $M^D = M^S = 210$

(3)

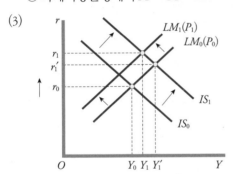

① 확대재정정책을 시행하면 IS곡선과 AD곡선이 오른쪽으로 이동하여 이자율·물가·생산이 증가한다. 물가증가로 LM곡선이 왼쪽으로 이동하면 생산은 최초증가분보다 줄어들고 이자율은 늘어난다.

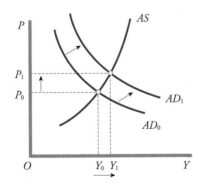

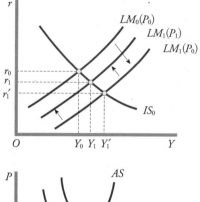

② 확대통화정책은 LM곡선과 AD곡
선을 오른쪽으로 이동시킨다. 이
에 따라 이자율이 감소하고 생산
과 물가가 증가한다. 물가상승으
로 LM곡선이 왼쪽으로 이동하면
이자율(하락)은 당초 하락폭보다
작아지고 생산증가는 당초 증가분
보다 작게 증가한다.

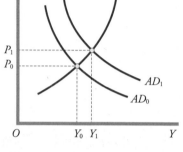

(4) 케인스모형으로 바꾸려면 물가가 고정되어 있다고 가정하면 된다. 물가가 고정되
어 있으므로 AS곡선은 수평이 된다.

① 확대재정정책 → IS곡선과 AD곡선 우측 이동 → 생산 증가, 물가는 불변. 확대
재정정책으로 이자율이 증가해도 구축효과는 크지 않음.

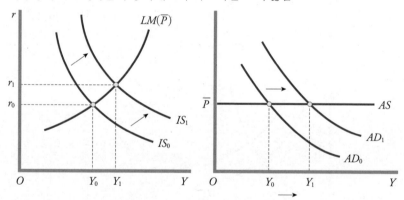

② 확대통화정책 → LM곡선과 AD곡선 오른쪽 이동. 이자율하락으로 투자증가 총
수요 증가 → 총생산 증가, 물가는 불변

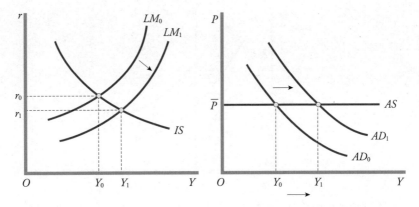

(5) 고전학파모형으로 바꾸려면 (2)식의 소비함수가 이자율에 의해서도 영향을 받는 것으로 고치고 노동에 대한 수요·공급함수와 총생산함수를 도입하며 총공급곡선은 자연생산량수준에서 수직인 것으로 고치면 된다.

① 확대재정정책은 무력하다. 확대재정정책으로 IS곡선과 AD곡선이 오른쪽으로 이동하여 이자율과 물가가 상승하지만 생산은 불변이다. 확대재정정책에 따른 이자율상승이 투자와 소비를 구축하여 총생산이 불변이다.

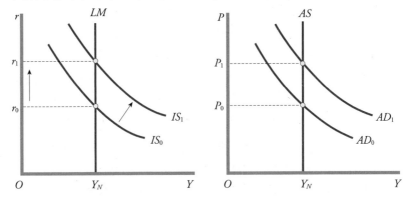

② 확대통화정책은 물가만 비례적으로 상승시킨다. 통화공급이 증대해도 이자율은 생산물시장에서 결정되고 생산은 완전고용수준으로 총공급측면에 의해 주어지기 때문에 통화공급 증가에 비례하여 물가만 비례적으로 상승하고 여타 실질변수들은 불변이다.

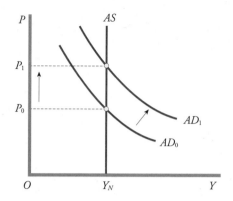

(6) 확대재정정책이나 확대금융정책은 단기에 생산을 Y_N에서 Y_1으로 증가시키지만 장기에는 생산이 Y_N으로 돌아오고 물가만 P_1까지 상승한다. 확대정책이 단기에는 생산증대효과를 낳지만 장기에는 물가상승효과만을 남긴다.

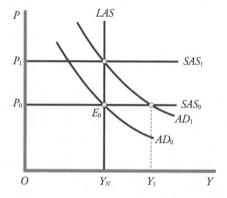

03. 비합리적 기대는 과거물가의 행태만을 고려하기 때문에 정보부족에 따른 체계적인 예측오차를 낳게 된다. 그러나 합리적 기대는 이용가능한 모든 정보를 활용하여 예측하게 됨으로써 설령 한번 예측을 잘못했다 하더라도 계속해서 똑같은 실수를 범하지 않는다는 것을 의미한다. 사람들이 일시적으로 속을 수 있지만 평균적으로는 정확한 예상을 하게 된다는 것이다. 비합리적 기대에서도 사람들이 장기에는 미래를 정확하게 예상할 수 있다고 본다. 따라서 경제학에서 사용하는 기대형성 메커니즘과 링컨의 말은 둘 다 장기에 합리성을 상정하고 있다는 점에서 같다. 예측오차가 있을 수 있는 단기에는 총공급곡선이 우상향하고, 예측오차가 없는 경우, 즉 정확한 예상의 경우에는 수직의 총공급곡선을 나타내게 된다.

04. 만물의 생동상태에 따라 계절을 구분할 때 회복-봄, 호황-여름, 후퇴-가을, 불황-겨울로 대비시킬 수 있다.

05. 상승국면에서는 소비수요가 증가하면 가속도효과가 일어나 유발투자가 증가하고 이는 승수효과를 통해서 소득을 증가시키고 다시 소비수요를 증가시킨다. 소득의 증가가 완전고용국민소득수준에 이르면 상부전환점이 된다. 상부전환점부터는 소비수요 감소가 가속도효가를 통해 유발투자가 감소하고 승수효과를 통해 국민소득감소가 일어난다. 하강국면에서 감가상각은 자본부족을 가져와 새로운 투자를 유발하여 국민소득을 상승시키는 역할을 하고 감가상각에 의해 새로운 투자의 유발은 국민소득의 하부전환점을 결정한다.

06. 생산자들이 앞으로 경기가 침체할 것이라고 예상하면 생산시설을 증설하지 않아 투자수요가 감소하는 것은 물론 종전보다 생산과 고용을 감축하는 감량조정을 할 것이다. 소비자들의 경우 서둘러 물건을 구매할 동기가 없을 뿐더러 노동시간의 축소에 따른 소득감소로 소비수요가 감소한다. 따라서 앞으로 경기가 침체될 것이라는 예상 자체가 경기를 실제로 침체시키는 역할을 수행한다. 경기회복도 마찬가지다.
이 심리적 경기순환이론은 합리적인 경제주체들의 예상요인이 경기변동에 영향을 미친다는 점에서 설득력을 가진다. 그러나 언제 경기상승에서 후퇴로 혹은 후퇴에서 상승으로 전환이 이루어지는가를 만족스럽게 설명하지 못한다.

07. 실물적 경기변동이론은 경제의 총공급측면이 경기변동의 주요원인이라고 본다. 예를 들어 기술혁신이 일어나면 총공급곡선이 우측 이동하여 생산·고용이 증가하지만 물가는 하락하므로 물가는 경기역행적이다. 반면 기술혁신으로 노동생산성 증가 → 실질임금 상승이 이루어지므로 실질임금은 경기순응적이다. 새 케인즈학파의 경기변동이론은 경제의 총수요측면이 경기변동의 주요원인이라고 본다. 예를 들어 투자붐이 일어나 총수요곡선이 우측 이동하면 생산·고용·물가가 상승하여 물가는 경기순응적이지만 물가상승으로 실질임금은 하락하므로(케인스학파 계통에서는 명목임금은 경직적임을 상기하라.) 실질임금은 경기역행적이다.

08. ① 학기말 시험을 치른다고 공표해 놓고 시험을 보지 않고 모든 학생들에게 후한 점수를 주는 일.
선생은 채점의 수고를 덜고 학생들은 후한 점수를 받아 당장에는 양쪽 다 좋은 최적정책인 것 같지만 다음해에 학생들이 이 선례를 상기하여 열심히 공부하지 않으므로 시간비일관성이 일어남.
② 자식이 나쁜 짓을 하면 혼낸다고 해 놓고 막상 나쁜 짓을 했을 때 눈감아 주는 일.
③ 폭력시위를 엄단한다고 해 놓고 폭력시위자를 관용하는 일.

09. ① × (반대)

② × (재정정책의 경우에도 존재함)

③ ×

④ ○

⑤ ○

⑥ × (예측오차가 있을 수 있지만 평균적으로 예측오차가 0이 된다는 것임)

⑦ ○

⑧ ○

⑨ × (재량정책을 통태적으로 비일관적인 것으로 본다.)

⑩ × (비체계적 안정화 정책은 단기에 유효하지만 바람직스럽지 않다. 본문 pp.779~
    781 참조)

01. 새케인스학파가 제시하는 가격이 경직성을 갖게 되는 이유를 설명하라. 또한 합리적 기대를 수용하면서도 단기안정화 정책이 효과를 보이는 이유는?

📝 **문제 해답**

> 효율성임금가설, 차림표비용, 엇갈리는 가격설정 등으로 가격경직성을 설명. 합리적 기대를 수용해도 장기계약 등으로 노동시장에 불균형이 존재한다면 단기안정화정책이 효과를 갖는다.

02. 가전제품산업이 의류산업보다 경기의 영향을 더 크게 받는 이유를 설명하라.

📝 **문제 해답**

> ① 가전제품은 의류에 비해 구매의 연기가 가능하다.
> ② 가전제품의 생산기업이 더 큰 시장지배력을 가지고 있으면서 경기가 침체할 때 가격인하보다 생산감축에 의존하는 경우가 많다.

03. 회사채가격도 주식가격처럼 경기와 같은 방향으로 움직일까? 그 이유를 설명하라.

📝 **문제 해답**

> 회사채는 확정이자부채권이므로 그 가격이 이자율과 반대로 움직인다. 이자율은 경기와 같은 방향으로 움직이므로 이자율과 관련해서 회사채는 경기와 다른 방향으로 움직인다고 말할 수 있다. 그러나 경기가 좋으면 소득이 늘어나고 이에 따라 회사채에 대한 수요도 늘어나므로 회사채 가격이 오를 것이다. 이 점에서는 회사채와 경기가 같은 방향으로 움직인다. 결국 사전적으로 어떤 확정적인 관계가 있다고 말할 수 없다.

04. 우리나라의 경기변동과 선진자본주의 국가들의 경기변동현상과의 같은 점, 다른 점을

생각해 보라.

📝 **문제 해답**

> 같은 점: 경기순환의 일반적인 특징(반복적이지만 그 주기가 같지는 않고, 확장국면
> 　　　　이 수축국면보다 긴 비대칭성 등을 공유한다.)
> 다른 점: 경기침체기에도 우리나라는 陰의 성장을 보이지 않고, 경기순환이 해외에
> 　　　　서 발생한 공급측 교란요인의 영향을 크게 받았다.

05. 케인스학파를 양의(洋醫)에 비유하고 고전학파를 한의(漢醫)에 비유한 다음 양자가
감기환자를 치료하는 방법을 예로 들어 양자의 차이를 설명해 보라.

📝 **문제 해답**

> 케인스학파는 그때 그때의 경제상황에 따라 적절한 정책처방으로 경제문제를 치유
> 하려 하고 고전학파는 적극적 · 의도적인 정책 대신 경제환경변화에 관계없이 일정
> 한 준칙을 준수하라고 주장한다. 이는 양의가 감기증상에 따라 투약하는 대증요법
> (對症療法)인 데 비해 한의라면 평소에 꾸준히 건강에 유의할 것과 설사 감기에 걸렸
> 더라도 장기적으로 한약을 달여 먹고 근본적인 치료에 신경 쓰는 대인요법(對因療
> 法)인 것과 대비할 수 있다.

06. 재정파탄은 시장에서 국채가 슬슬 안 팔리는 증상부터 먼저 나타난다고 한다. 국채가
안 팔리면 어떤 일이 일어날까?

📝 **문제 해답**

> 국채가격의 하락은 금리상승과 동의어이다. 국채가 안 팔리면 국채의 초과공급이 생
> 겨 국채가격이 하락한다. 국채가격이 계속 떨어지면 금리가 폭등한다. 재원조달이
> 여의롭지 못한 정부는 돈이 모자라 공공서비스를 줄인다. 국방 · 치안 등 필수분야
> 외의 행정서비스들은 줄어들고 차츰 멈추게 된다. 금리폭등으로 채무상환을 이행하
> 지 못하는 사람들이 늘어나고 갈수록 차입이 어려워져 금융위기가 일어나기 쉽다.

07. 다음 기술이 옳은가 그른가를 밝히고 그 이유를 설명하라.

① 통화량이 두 배로 늘면 고전학파는 물가와 명목임금도 두 배로 오른다고 본다.

② 고전학파모형에서 세이의 법칙은 신축적인 이자율의 총수요조절기능으로 나타난다.

③ 확대재정정책은 장기에 자본형성을 저해하는 부작용을 가진다.

④ 케인즈단순모형에서 총공급함수는 따로 없고 총수요의 크기만큼만 공급하는 것이 균형을 가져온다.

⑤ 케인즈모형에서 임금의 하방경직성이 제거되더라도 비자발적 실업은 존재한다.

⑥ 「이자율은 화폐시장에서 결정되는 명목현상이다」라는 케인즈단순모형의 명제는 투자수요가 이자율의 감소함수일 때에는 성립하지 않는다.

⑦ 케인즈학파와 통화주의자가 화폐의 환상을 보는 관점은, 사람들이 단기에는 어느 정도 화폐의 환상을 가지지만 장기에는 화폐의 환상에서 완전히 벗어난다는 것이다.

⑧ 케인스학파와 통화주의자의 단기모형은 적응적 기대, 장기모형은 합리적 기대를 가정하고 있다.

⑨ 케인스모형에서 노동공급이 명목임금의 함수라는 것은 비자발적 실업이 존재하기 위한 필요조건이다.

⑩ 고전학파모형에서 화폐는 베일인데 이는 결국 고전학파가 화폐수요의 동기를 거래적 동기 및 예비적 동기로만 보기 때문이다.

⑪ 중앙은행이 국채를 엄청나게 많이 매입하면 금리가 마이너스로 떨어질 수 있다.

📝 문제 해답

① ○ (통화량 증가는 명목변수를 비례적으로 상승시킴)

② ○ (이자율은 $Y^D = C(r) + I(r) + G_0$가 항상 $Y = C(r) + S(r) + T_0 = Y_F$와 같게 만든다.)

③ ○ (구축효과를 통해 민간자본형성을 저해하기 때문)

④ ○

⑤ × (비자발적 실업은 임금의 하방경직성에 연유함)

⑥ ○ (투자수요가 이자율의 감소함수이면 생산물시장과 화폐시장의 상호작용으로 이자율이 결정된다.)

⑦ ○

⑧ ○

⑨ × (명목임금의 하방경직성이 필요조건이다.)

⑩ × (고전학파모형에서는 투기적 동기를 감안해도 화폐는 베일이다.)

⑪ ○ (2010년대 초반 EU 중앙은행과 일본의 중앙은행이 이런 마이너스 금리 정책을 폈다.)

26 인플레이션과 실업

01. 일할 의사가 없는 사람이나 불완전취업자가 실업수당을 타기 위해 일자리를 찾고 있다고 등록할 가능성이 크기 때문이다.

02.

우리나라의 취업구조 (단위: 천 명, %)

항목	2000	2005	2010	2015	2018
경제활동인구	22,151	23,718	24,956	27,153	27,895
취업자	21,173	22,831	24,033	26,178	26,822
관리자 · 전문가		4,199	5,133	5,547	5,861
사무종사자		3,376	3,739	4,446	4,762
서비스 · 판매종사자		5,752	5,367	5,942	6,005
농림어업숙련종사자		1,706	1,441	1,243	1,266
기능 · 기계조작 · 조립 · 단순노무종사자		7,824	8,148	9,000	8,928
비임금근로자	7,817	7,645	6,922	6,776	6,739
자영업자	5,876	6,141	5,643	5,622	5,638
무급가족종사자	1,941	1,503	1,279	1,153	1,101
임금근로자	13,356	15,186	17,111	19,402	20,084
상용근로자	6,397	7,923	10,178	12,716	13,772
임시근로자	4,602	5,059	5,107	5,114	4,851
일용근로자	2,357	2,205	1,826	1,572	1,460
남자	12,401	13,323	14,041	15,156	15,372

여자	8,772	9,508	9,992	11,022	11,450
실업자	978	887	924	976	1,073
실업률	4.4	3.7	3.7	3.6	3.8
15세이상인구	36,192	38,120	40,825	43,239	44,182
비경제활동인구	14,041	14,401	15,868	16,086	16,287
경제활동참가율	61.2	62.2	61.1	62.8	63.1
고용률	58.5	59.9	58.9	60.5	60.7

자료: 한국은행경제통계시스템(http://ecos.bok.or.kr/)

① 성별 · 직업별 · 고용형태별 취업구조: 취업자 중 남성과 여성의 비율은 2000년 58.6 : 41.4에서 2018년 57.3 : 42.7로 취업자 중 여성의 비중이 다소 증가한 것으로 나타나고 있다.

고용통계에서 직업은 관리 및 전문직, 사무직, 서비스 및 판매직, 농림어업 숙련직, 기능 · 기계조작 · 조립 · 단순노무직 등으로 구분된다. 2004년 취업자 중 관리 및 전문직의 비중은 17.9%, 사무직 14.5%, 서비스 및 판매직 25.6%, 농림어업 숙련직 7.5%, 기능 · 기계조작 · 조립 · 단순노무직 33.9%로 나타났다. 2018년의 경우 취업자 중 관리 및 전문직 21.9%, 사무직 17.8%, 서비스 및 판매직 22.4%, 농림어업 숙련직 4.7%, 기능 · 기계조작 · 조립 · 단순노무직 33.3%로 관리 및 전문직과 사무직이 다소 증가하고 농림어업 숙련직과 서비스 및 판매직이 다소 감소한 것으로 나타났다. 취업자의 1/3을 차지하는 기능 · 기계조작 · 조립 · 단순노무직의 비중은 거의 변화가 없다.

고용형태는 비임금근로자(자영업자, 무급가족종사자)와 임금근로자(상용근로자, 임시근로자, 일용근로자)로 나누어진다. 2018년 현재 취업자 중 임금근로자의 비중이 74.9%, 비임금근로자의 비중은 25.1%이다. 취업자 중 자영업자의 비중은 2000년 27.8%에서 2018년 21%로 감소하였고, 무급가족종사자의 비중도 9.2%에서 4.1%로 감소하였다. 취업자 중 상용근로자의 비중은 2000년 30.2%에서 2018년 51.4%로 증가한 반면 임시 및 일용근로자의 비중은 2000년 32.9%에서 2018년 23.5%로 감소한 것으로 나타났다([그림 1] 참고).

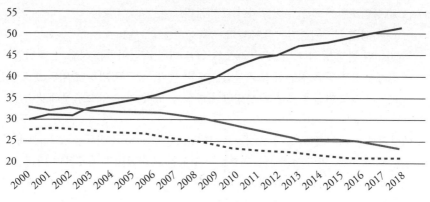

그림 1 고용형태별 취업구조(단위: %)

- - - 자영업자/취업자　——— 상용근로자/취업자　——— 임시 및 일용근로자/취업자

자료: 한국은행경제통계시스템(http://ecos.bok.or.kr/)

② 경제활동인구 중 불완전 취업자의 비율: 경제활동인구 중 임시직, 일용직 등 불완전 취업자가 차지하는 비중은 2000년 31.4%에서 2018년 22.6%로 감소하고 있다(아래 [그림 2] 참고). 경제활동인구에서 차지하는 무급가족종사자의 비중은 2000년 8.8%, 2018년 4%이다. 불완전 취업자에 무급가족종사자를 포함하면 경제활동인구에서 차지하는 불완전 취업자의 비중은 2018년 26.6%에 달한다.

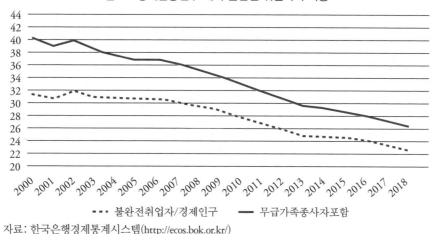

그림 2 경제활동인구 대비 불완전 취업자의 비중

- - - 불완전취업자/경제인구　——— 무급가족종사자포함

자료: 한국은행경제통계시스템(http://ecos.bok.or.kr/)

③(i) 실업 발생 가능성이 낮은 농림어업부문 취업자의 비중이 높다(선진국은 2~4%, 우리나라는 8% 수준).

(ii) 자영업주 및 무급가족 종사자가 상대적으로 많다(7~15% 대 25%).

(iii) 실업보험제도가 잘 발달되어 있지 않다.

(iv) 여성의 경제활동참가율이 낮다.

④ 2018년 현재 공식 실업률(3.7%)보다 일을 더하고 싶어하는 사람, 잠재취업가능자, 잠재구직자 등을 감안한 보조실업률이 더 높다. 참고로 가장 광의의 보조실업률 3은 11.5%로 현실을 보다 잘 반영한다고 볼 수 있다(이 장의 보충문제 9번 참고).

03. 예상된 인플레이션하에서는 인플레이션 조세를 회피하고 이득을 보기 위해 부동산, 귀금속, 골동품, 외환 등을 사들임으로써 자원을 생산적인 투자로부터 비생산적인 방면으로 흐르게 하여 경제의 생산능력을 감축시키고 자원배분을 비효율적으로 만들기 때문이다.

04. (1) 케인스학파라 할 수 있다. 오쿤의 법칙은

$$\text{실업률 변화} = -\frac{1}{b}(\text{실질GDP성장률} - \alpha\%)$$

로 나타낼 수 있다. 즉, 소득을 증가시키는 총수요관리정책으로 Y를 늘려 주면 실업이 감소함을 볼 수 있다. 이처럼 경제주체들의 인플레이션예상에 관계없이 총수요관리정책이 일정비율의 실업률 감소를 낳는다고 보기 때문에 케인스학파이다.

(2) $\frac{\Delta Y}{Y} \times 100 = 7.5 - 3.6 \Delta u$에서 $\Delta u = 1$이면 $\frac{\Delta Y}{Y} \times 100 = \text{실질GDP상승률} = 3.9\%$이다. 이는 실업률이 1%포인트 상승하면 실질GDP상승률이 자연성장률보다 3.6%포인트 감소하여 3.9%가 된다는 의미이다.

(3) b의 값이 상승한다는 것은 실업률 1%포인트 상승에 따른 실질GDP상승률의 감소분이 커진다는 것을 의미한다.

05. 현재 실업률이 u_1이고 경제가 H상태에 있다 하자. H는 불안정한 균형점이다. 장기에는 기대인플레이션율의 하향조정으로 I로 이동한다. 인플레이션을 잡기 위해 실업률목표를 u_1으로 설정하고, 긴축재정·통화정책을 쓰면 단기에 경제는 PC_1를 따라 J로 이동하고 얼마 후에 이 점에서 다시 장기에는 K로 이동한다. u_1을 여전히 정책목표로 삼아 긴축재정·통화정책을 쓰면 L, M, N, Q, u_1, u_N으로 이동하여 결국 I, K, M, Q, u_N으로 인플레이션이 가속적으로 감소하게 된다. u_1을 고집하면 궁극적으로 디플레이션이 가속적으로 일어날 것이다. 독자들은 이 그림을 [그림 26-7(b)]와 같은 그림으로 연관시켜 보기 바란다.

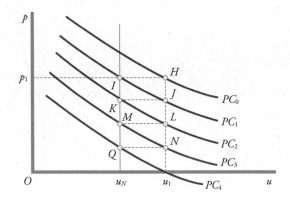

06. (1) $\pi = \pi^e = 0$일 때 $u_N = 6\%$

(2) $\pi^e = 0$일 때 $\pi = 6 - 4 = 2\%$

(3) $\pi^e = 3$일 때 $\pi = 6 - 4 + 3 = 5\%$

(4) 장기에 $\pi = \pi^e$이므로 장기필립스곡선은 $u = 6.0$에서 수직

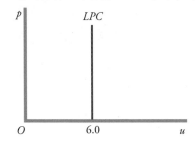

07. 스태그플레이션과 반대로 총공급곡선이 오른쪽으로 이동하면 생산증가·물가하락이 이루어지고 이것은 실업감소·인플레이션하락과 같으므로 필립스곡선이 왼쪽으로 이동한 것과 같다. 이처럼 총공급곡선이 오른쪽으로 이동하고 필립스곡선이 왼쪽으로 이동한 원인으로는 ① 지속적인 긴축통화정책에 따른 예상인플레이션율의 하락, ② 정보기술(information technology: IT)산업의 발달에 따른 생산성 증가, 기술혁신, ③ 경쟁격화에 따른 가격파괴, ④ 노동시장의 높은 유연성에 따른 실질임금 하락 등의 요인에 기인한다.

08. (1)

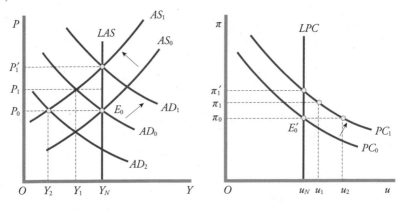

① 최초 E_0 및 E_0'에서 균형.

② 생산비 급증 → 공급 감소 → 총공급곡선 왼쪽 이동 → PC곡선 오른쪽 이동

③ 생산 · 고용감소 · 실업증가 · 인플레이션 상승

(2) 자연생산량 혹은 자연실업률을 회복하기 위해 총수요를 AD_1까지 진작시키면 물가 및 인플레이션율이 P_1' 및 π_1'까지 상승. 따라서 실업감소에는 인플레이션 상승이라는 기회비용이 따른다.

(3) 물가수준을 P_0으로 낮추기 위해서는 총수요를 AD_2까지 감소시켜야 한다. 이때 생산은 Y_2까지 줄고, 실업률은 u_2까지 높아진다. 따라서 물가수준을 P_0까지 낮추는 데는 생산감소 · 실업증가라는 기회비용이 따른다.

(4) 음의 공급충격에 대해 사람들이 일시적이라고 생각하면 사람들의 예상인플레이션이 변하지 않아 필립스곡선은 PC_0로 회귀할 것이다. 그러나 사람들이 음의 공급충격이 영구적이라고 생각하면 사람들의 예상인플레이션 자체가 변화하여 필립스곡선은 PC_1에서 고정될 것이다.

09. (1) 긴축통화정책으로 인플레이션을 감소시킬 것이라는 정부발표를 국민들이 신뢰하지 못하면 긴축통화정책으로 인한 경기침체가 더욱 심화 · 장기화될 것이다. 왜냐하면 정부발표를 국민들이 불신할수록 국민들이 예상인플레이션을 하향 조정하는 데 오랜 시간이 걸릴 것이기 때문이다.

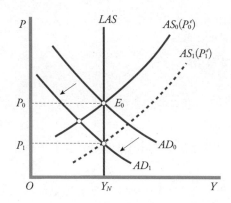

① 최초 E_0에서 균형

② 긴축통화정책 → AD곡선 왼쪽 이동 → 생산감소·실업증가·물가하락이 이루어지는데 이때 국민들이 정부발표를 불신하여 그들의 기대물가를 P_1수준까지 낮추는 데 오랜 시간이 걸릴수록 경기침체는 오래갈 것이다.

(2) 국민들이 예상인플레이션율을 실제인플레이션율과 같이 재빨리 조정하면 긴축통화정책과 더불어 AS곡선도 $AS_1(P_1^e)$로 왼쪽 이동하여 물가하락이라는 소기의 성과와 함께 자연생산량을 그대로 유지할 수 있다. 즉 생산감소·실업증가라는 대가를 지불하지 않고도 정부가 의도한 소기의 목적을 달성할 수 있다. 정부의 신뢰도가 긴축정책에 따른 고통을 최소화할 수 있는 지름길인 것이다.

(3) 명목임금의 계약기간이 짧으면 긴축통화정책에 따른 경기침체도 그만큼 덜 심각할 것이다. 긴축통화정책으로 인한 물가하락에 맞추어 명목임금도 즉각 낮추어 조정되면 그만큼 경기침체의 기간도 짧아질 것이다.

10. ① ○

② × (장기에만 확실한 양의 상관관계)

③ × (명목이자율은 오르고, 실질이자율은 변하지 않는다.)

④ ○ (경제활동인구에 포함되지 않는다.)

⑤ × (예상치 못한 인플레이션은 단기에 생산증대의 효과가 있지만 기대인플레이션은 단기에 생산증대효과도 없다.)

⑥ × (생산량은 변함이 없고 가격만 오른다.)

⑦ × $((1000 - 100)/100 = 9$배 상승$)$

⑧ ○

⑨ ○ (고용률 $= \dfrac{\text{취업자}}{\text{생산가능인구}} = \dfrac{\text{취업자}}{\text{경제활동인구} + \text{비경제활동인구}}$,

실업률 $= 1 - \dfrac{\text{취업자}}{\text{경제활동인구}}$

주어진 생산가능인구에서 취업자가 늘면 고용률이 높아진다.

그러나 경제활동인구가 취업자보다 더 늘면 실업률도 높아질 수 있다.)

⑩ ○

⑪ ○ (실업보험 등으로 서둘러 직업을 가질 유인이 없어진다.)

⑫ × (인플레이션을 "완전하게" 예상하는 경우)

⑬ × (주로 비숙련노동자의 실업률을 높임)

⑭ ○

⑮ × (이자율은 상승시키지만 국민소득의 증감은 모호함)

⑯ ○

⑰ × (사회적으로 바람직하거나 불변인 실업률이라기보다 통화정책과 무관한 자연스러운 실업률이다.)

⑱ ○ (깜짝 정책으로 경제주체들이 인플레이션을 정확히 예측할 수 없을 때 실업률이 변한다.)

⑲ ○ (효율임금이 높아질수록 자연실업률도 높아진다.)

⑳ ○ (그림을 그려서 확인하라.)

01. AS곡선이 좌측으로 이동하는 것은 필립곡선이 오른쪽으로 이동하는 것과 같다는 것을 [그림 26-5의 (a), (b)]와 같은 방식으로 설명하라.

📝 문제 해답

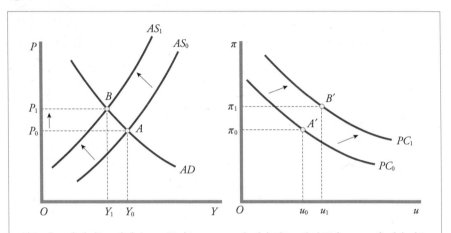

최초에 A점에서는 생산은 Y_0, 물가는 P_0로 Y_0에 대응하는 실업률을 u_0, P_0에 대응하는 인플레이션율을 π_0로 나타낼 수 있다. 이제 어떤 이유로 총공급곡선이 AS_1으로 왼쪽으로 이동하면 생산은 Y_1으로 줄고, 물가는 P_1으로 상승한다. 생산이 줄었으므로 실업률은 늘어나고, 물가가 상승했으므로 인플레이션율은 증가한다. 따라서 총수요·총공급곡선상의 B점에 대응하는 필립스곡선상의 B′점은 필립스곡선이 오른쪽으로 이동한 PC_1상에 위치한다.

02. 이자소득세율이 22%이고, 1년 명목이자율이 10%라면 본문 [표 26-1]은 어떻게 달라지는가?

📝 **문제 해답**

세율의 고정에 따른 예상인플레이션의 효과					(단위: %)
(1) 예상인플 레이션율	(2) 명목 이자율	(3) 납세전 실질이자율	(4) 세율	(5) 납세후 명목이자율	(6) 납세후 실질이자율
0	10	10	22	7.8	7.8
10	20	10	22	15.6	5.6

(3)=(2)−(1), (5)=(2)−[(4)×(2)], (6)=(5)−(1)

03. 기대인플레이션이 상승함에 따라 단기필립스곡선이 우측으로 이동하는 이유를 설명하라. 단기필립스곡선과 장기필립스곡선이 만나는 점 이외의 점들의 경우에 실제인플레이션율과 예상인플레이션율이 같지 않음을 그림으로 혹은 식 (26−5)로 설명하라.

📝 **문제 해답**

단기 필립스곡선이 이동하는 이유는 [그림 26−7]의 설명을 참조.
장단기 필립스곡선이 만나는 점은 $u=u_N$일 때이고 이 경우 $\pi=\pi^e$가 된다.
$\pi-\pi^e=-a(u-u_N)$에서 π가 3이고 π^e가 0이라면 실제 실업률은 자연실업률에서 $-\dfrac{3}{a}$만큼 차이가 발생한다.
차기에 π^e를 3으로 정확히 예상한다면 $\pi=\pi^e=3$과 $u=u_N$이 성립할 것이다. 다시 인플레이션(π)이 4로 증가하고 π^e를 전기치 3으로 예상한다면 $-1/a$만큼 실제 실업률과 자연실업률간에 격차가 발생하고 $\pi^e=0$에서 $\pi^e=3$으로 증가했으므로 단기필립스곡선은 우측으로 이동하며 단기필립스곡선과 장기필립스곡선이 만나는 점에서만 $\pi=\pi^e$가 성립함을 알 수 있다.

04. 문자 그대로 0%의 실업률을 뜻하는 완전고용이 이루어질 수 없는 이유를 설명하라.

📝 **문제 해답**

생산물시장의 불완전경쟁의 정도, 구직자와 구인기업의 탐색비용, 노동의 이동가능성, 최저임금제 등 생산물시장과 노동시장의 구조적인 특성에 의해 0%의 실업률이란 존재할 수 없다. 자연실업률 수준이 서구선진국은 5~6%, 우리 나라는 2~3% 내외인 것으로 추정되고 있다.

05. 루카스공급함수에서 식 (26-4)와 같은 관계를 도출할 수 있음을 설명하라. 필립스곡선에서 비용인상 인플레이션과 수요견인 인플레이션을 구분할 수 있을까?

📋 **문제 해답**

루카스공급함수: $Y = \alpha(P - P^e) + Y_N$은 $\pi - \pi^e = -\alpha(u - u_N)$으로 달리 표현할 수 있다. 생산은 실업과 물가는 인플레이션과 대응되기 때문이다. 루카스공급함수는 $P - P^e = \frac{1}{\alpha}(Y - Y_N)$으로 고쳐 쓸 수 있는데 인플레이션과 실업은 서로 반대방향으로 움직이므로 이 식을 인플레이션과 실업의 관계로 나타내면 $\pi - \pi^e = -\alpha(u - u_N)$으로 고쳐 쓸 수 있다.

비용인상 인플레이션은 총공급곡선을 왼쪽으로 이동시켜 생산이 줄고 물가가 상승하는 것으로 나타난다. 이는 필립스곡선이 오른쪽으로 이동하여 실업이 증가하고 인플레이션이 상승하는 것과 같다. 수요견인 인플레이션은 총수요곡선을 오른쪽으로 이동시켜 생산과 물가가 증가하는 것으로 나타난다. 이는 필립스곡선상에서 $A \rightarrow B$ 점으로 이동하여 실업이 줄고 인플레이션이 상승하는 것과 같다.

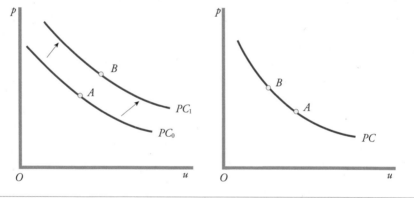

⟨비용인상 인플레이션과 필립스곡선⟩　　⟨수요견인 인플레이션과 필립스곡선⟩

06. 초인플레이션이 일어나고 있다고 하자. 각 학파는 어떤 처방을 제시할 것인가?

📋 **문제 해답**

① 통화주의자: 초인플레이션의 주원인이 통화에 있으므로 통화량을 급격히 감축하고 준칙에 의한 통화공급.
⑦ 케인스학파: 초인플레이션의 주원인이 주로 공급측(특히 과도한 임금인상)에 있으므로 소득정책으로 치유.
③ 새고전학파: 통화량을 급격히 감축할 것이라 공표.

정부정책을 일반 시민이 신뢰하면 이런 공표자체로(실제로 긴축정책을 실시하든지 관계없이) 초인플레이션이 급격히 수습됨.

07. 스태그플레이션의 대책을 세 가지만 들고 설명하라.

 문제 해답

① 재정 · 통화정책 등을 혼합한 확장적 총수요관리정책
② 임금 · 이윤 등의 인상을 억제하는 소득정책
③ 구조적 실업을 해소하는 인력정책 등
으로 필립스곡선 자체를 좌측으로 이동시켜야 한다.

08. 다음은 어느 나라의 고용/실업 상황을 나타낸 것이다. 물음에 답하라.
실업자 100만명 취업률 95%, 비경제활동인구 1,000만명
(1) 실업률은?
(2) 경제활동인구는?
(3) 생산가능인구는?
(4) 고용률은?

문제 해답

(1) 실업률 = 1 - 취업률 = 5%

(2) $\dfrac{\text{실업자}}{\text{경제활동인구}} = 0.05$에서 $\dfrac{100만}{0.05} = 2,000$만명

(3) 경제활동인구 + 비경제활동인구 = 3,000만명

(4) $\dfrac{\text{취업자}}{\text{생산가능인구}} = \dfrac{1,900}{3,000} = 63\%$

09. 우리나라 최근 고용/실업통계를 찾아 다음을 확인하라.
(1) 실업자와 실업률
(2) 일을 더 많이 하고 싶어하는 사람 수와 보조실업률 1
(3) 일자리를 찾지만 당장은 일할 수 없는 잠재취업가능자 수
(4) 지난 4주간 구직활동을 하지 않았지만 실은 일을 하고 싶어하는 잠재구직자 수

(5) (3)과 (4)를 더한 잠재경제활동인구를 감안한 보조실업률 2

(6) 가장 광의의 보조실업률 3

📋 문제 해답

2018년 통계

(1) 실업자 107만명, 경제활동인구 2,790만명, 실업률 $\dfrac{107}{2,790} = 3.8\%$

(2) 시간관련 추가취업 가능자 63만명

　보조실업률 1 = $\dfrac{107 + 63}{2,790} = 6.1\%$

(3) 5만명

(4) 168만명

(5) 잠재경제활동인구 173만명

　보조실업률 2 = $\dfrac{107 + 173}{2,790 + 173} = 9.5\%$

(6) 보조실업률 3(확장실업률) = $\dfrac{107 + 63 + 173}{2,790 + 173} = 11.6\%$

자료: 통계청, 『2018년 12월 및 연간 고용동향』.

10. 읽을거리 26-3에서 디플레이션의 악순환에 대해 소비감소를 중심으로 논의했다. 투자도 감소하는 것을 논하고 악순환의 채널을 완성해 보라.

📋 문제 해답

물가 하락이 예상되어 예상 실질이자율이 상승한다. 예상 실질금리가 상승하면 투자(수요)가 감소한다. 투자 감소는 총수요와 총생산의 감소로 연결된다. 재고 증가와 생산 감소는 기업부채 부담을 증가시킨다. 이는 실업의 증가를 낳고 경기를 더욱 위축시킨다. 이런 악순환은 기업도산을 증가시키며 때로 심각한 공황에 이를 수도 있다.

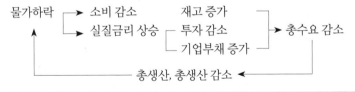

11. 다음 각 기술이 옳은가 그른가를 밝히고 그 이유를 설명하라.

① 순수확대재정정책만을 쓸 때에도 임금-물가의 악순환은 일어날 수 있다.

② 경제주체들이 화폐의 환상을 가지지 않으면 피셔가설이 성립한다.

③ 인플레이션이 일어나면 사람들의 생활수준이 낮아진다.

④ 파트타임 주부는 경제활동인구에 잡히지만 일반가정주부는 잡히지 않는다.

⑤ 경기적 실업은 총수요 부족에 기인한다.

⑥ 전화교환기가 수동식에서 자동식으로 대체되어 일어나는 실업은 구조적 실업이다.

⑦ 취업정보센터는 비자발적 실업보다 자발적 실업의 감소를 우선적인 목표로 삼는다.

⑧ 자연실업률은 통화정책과 무관한 실업률이다.

⑨ 인플레이션은 항상 사회구성원간의 영합게임이다.

⑩ 인플레이션의 해악 때문에 정치지도자들은 항상 반인플레이션 정책에 찬성한다.

⑪ 합리적 기대하에서는 실업증가라는 희생을 치르지 않고도 인플레이션을 낮출 수 있다.

⑫ 높은 실업률이 지속되면 자연실업률이 높아진다.

⑬ 잠재성장률을 '물가를 자극하지 않고 달성할 수 있는 최대성장률'로 정의할 수 있다.

문제 해답

① × (재정적자를 통화증발로 보전하는 정책혼합을 써야 가능)

② ○ (실질금리 = 명목금리 − 예상물가상승률에서 화폐의 환상을 가지지 않는다는 것은 항상 실질금리를 일정하게 유지하면서 의사결정한다는 것)

③ ○ (구매력의 감소로 인함)

④ ○ (일반가정주부의 가사노동은 노동시장에서 거래되지 않기 때문에)

⑤ ○

⑥ ○ (구조적 실업은 산업구조 변화, 신기술 개발 등에 의해 생기는 실업)

⑦ × (노동시장에 관한 보다 많은 정보를 제공하여 마찰적 실업을 줄이는 것이 목적임)

⑧ ○

⑨ × (모든 구성원에게 악이 될 수 있다.)

⑩ × (선거 등에 종종 인플레이션 이용)

⑪ × (체계적인 안정화정책이 시행될 때에만 그렇다.)

⑫ ○

⑬ × (기존 물가상승률을 가속시키지 않고 달성할 수 있는 최대성장률)

27 국제무역의 이론

01. (1)

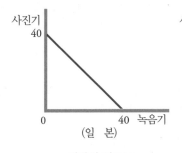

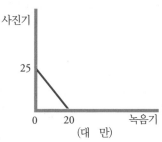

(2)
생산성 비교표

	상품단위당 노동투입량	
	청소로봇	게임소프트웨어
한국	10	10
중국	12	15

(3) 한국이 청소로봇, 게임소프트웨어 모두에 절대우위를 가지고 있다.

(4) 청소로봇 한 대의 기회비용: 한국은 게임소프트웨어 1단위, 중국은 게임소프트웨어 4/5단위

(5) 게임소프트웨어 한 대의 기회비용: 한국은 청소로봇 1단위, 중국은 청소로봇 5/4단위

(6) 한국과 중국의 게임소프트웨어 생산비 비율은 10 : 15이고 청소로봇 생산비 비율은 10 : 12이다. 따라서 한국은 게임소프트웨어에, 중국은 청소로봇에 각각 비교우위가 있다.

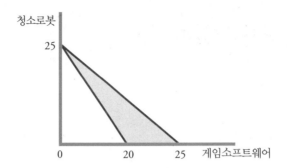

(7) 한국의 무역이익은 0이다. 중국의 경우에는 15단위의 노동을 들여야 생산할 수 있는 게임소프트웨어를 12단위의 노동을 들여 만든 청소로봇과 맞교환해 들여올 수 있으므로 1 : 1의 맞교환으로 3단위 노동이 절약되는데 이것이 중국의 무역이익이 된다.

(8) 예를 들어 국제교환비율이 1 : 1인데 중국의 경우 청소로봇 2대와 게임소프트웨어 2대가 필요하다고 하자. 청소로봇에 완전특화할 경우 청소로봇 4대를 생산하고 2대를 수출하여 게임소프트웨어 2대를 들여오면 6단위의 노동이 절약된다. 그러나 청소로봇 3대와 게임소프트웨어 1대를 만들고 청소로봇 1대를 수출하여 게임소프트웨어 1대를 수입한다면 절약되는 노동은 3단위밖에 되지 않는다.

(9) 기회비용이 일정한 경우에는 완전특화를 하게 된다. 그러나 현실적으로 한 제품의 생산에는 여러 가지 생산요소가 투입되기 때문에 생산요소간의 대체가 일어나 기회비용은 체증하기 마련이다.

(10) 수송비가 없는 경우, 양국이 무역의 이익을 볼 수 있는 청소로봇의 국제가격수준은 게임소프트웨어로 평가할 때 $4/5 \leq P^* \leq 1$이고, 게임소프트웨어의 국제가격은 청소로봇으로 평가할 때 $1 \leq P' \leq 5/4$가 된다. 그러므로 수송비가 존재하는 경우 수송비의 상한은 1/5단위의 게임소프트웨어 또는 1/4단위의 청소로봇이다.

02. 신발 1켤레당 s원의 수출보조금 지급은 신발수출업자가 받는 자격을 P_W에서 보조금 s원만큼 증가시킨 $P_W + s$로 상승시킨다. 보조금이 없을 때 국제가격 P_W하에서는 ① 신발가격은 P_W, ② 신발생산량 Q_0^S, ③ 신발소비량 Q_0^D, ④ 신발수출량 $Q_0^D Q_0^S$, ⑤ 소비자잉여 $A+B$, ⑥ 생산자잉여 $E+F+G$, ⑦ 정부수입 0, ⑧ 총잉여 $A+B+E+F+G$이다. 수출보조금이 존재할 때의 국제가격 $P_W + s$하에서는 ① 신발가격 P_W로 불변(보조금은 정부가 지불하므로 소비자가격은 불변), ② 신발생산량은 Q_1^S로 증가, ③ 신발소비량 Q_0^D로 불변, ④ 신발수출량 Q_1^S로 증가(수출업자들은 수출보조금을 받기 위해 국내생산량을 전량 수출한다. 국내소비에 필요한 Q_0^D는 수입하므로 순수출은 $Q_0^D Q_1^S$이다.) ⑤ 소비자잉여는 소비자가격 불변으로 $A+B$로 불변, ⑥ 생산자잉여는 $B+C+E+F+G$로 $B+C$만큼 증가, ⑦ 정부수입은 이제 $B+C+D$만큼 수출업자에게 보조금을 지급해야

하므로 감소, ⑧ 총잉여는 생산자잉여증가분 $B+C$와 정부수입감소분 $B+C+D$를 감
안하면 D만큼 감소, D가 보조금지불에 따른 과다 생산으로 인한 순후생손실이다.

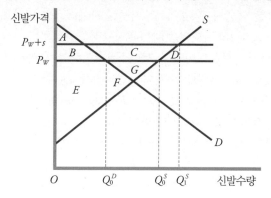

03. (1) 관세는 보호무역을 위한 가장 일반적인 수단 중의 하나이다. 관세를 부과하면 관
세를 부과하는 나라의 특수한 목적(예를 들어 유치산업보호나 사치품소비억제
등)을 위한 경제적 효과는 있지만 적어도 단기에는 그 나라 국민이 누리는 사회후
생은 감소하게 된다.

(2) 국제무역은 비교우위에 근거하기 때문에 설사 어떤 나라가 모든 면에서 절대 열위
가 있다고 해도 반드시 비교우위산업이 있기 때문에 무역을 통해 자유무역의 이익
을 향유할 수 있다. 자유무역이 이루어지면 절대우위에 있는 나라의 근로자든, 절
대열위에 있는 나라의 근로자든 비교우위가 있는 산업에서 일자리를 찾을 수 있을
것이다.

(3) 아웃소싱은 해외의 쌀 노동비용과 생산비용을 활용하기 위해 일어난다. 따라서 국
내의 비숙련·비전문 인력의 고용이 감소한다. 아웃소싱으로 인해 국내에 고임·
전문인력의 고용이 증가한다면 아웃소싱이 국내실업을 증가시키지 않을 수도 있
지만 이는 흔한 현상이 아니다.

04. (1) WTO의 조직

① 전회원국의 대표로 구성되는 각료회의를 설치, 최소한 2년에 1회 개최한다.

• 각료회의는 WTO의 기능을 수행하고, 필요한 조치를 취한다.

• 각료회의는 본협정과 MTA의 의사결정을 위한 개별적 요구에 의거 MTA의 모
든 문제에 대한 의결권을 갖는다.

② 총회(General Council)는 전회원국의 대표로 구성되며, 필요에 따라 개최한다.

• 총회는 각료회의 휴회기간 동안 WTO 및 기타 다자간협정을 운영·감독하는
한편, 산하 각 위원회를 위한 의사규칙(rules of procedURes)을 제정·승인한다.
또, 총회는 부속서 2의 분쟁해결규칙 및 절차에 대한 양해각서에 규정된 분쟁

해결기구 및 부속서 3의 무역정책검토제도에 규정된 무역정책검토기구의 책임을 이행하기 위해 필요에 따라 개최한다.

- 분쟁해결기구와 무역정책검토기구는 자체적으로 의장을 두며, 임무이행을 위해 필요하다고 판단되는 때는 의사규칙을 제정한다.

③ 총회 산하에 상품무역이사회, 서비스무역이사회, 무역관련 지적재산권이사회를 설치하며, 각 이사회는 총회의 일반지침을 준수한다.

- 각 이사회는 해당 협정 및 총회가 부여한 기능을 수행하고, 총회의 승인에 따라 자체적인 의사규칙을 제정한다.
- 각 이사회에는 모든 회원국 대표들이 참여하며, 동 기능수행을 위해 필요시마다 개최된다.
- 위의 3개 이사회는 각각의 부속기구(subsidiary body)를 설치한다.

④ 각료회의는 무역개발위원회, 국제수지위원회, 예산재정관리위원회 등을 설치한다.

⑤ 사무총장을 최고책임자로 하는 WTO사무국을 설치한다.

- 각료회의는 사무총장을 임명하고 사무총장의 권한, 의무, 수임조건, 임기를 기술한 규칙을 채택한다.
- 사무총장은 사무국 직원을 임명하고 각료회의의 규정에 의거하여 근무조건, 의무 등을 확정한다.

⑥ 사무총장과 사무국 직원의 직무책임은 독립적이며, 국제적 성격을 갖는다.

- 따라서 사무총장과 사무국 직원은 자신의 임무를 수행하는 데 있어서 어떠한 정부나 WTO 외부의 기구로부터 훈령을 구하거나 받을 수 없으며, 국제기구 관리로서 지위를 손상시키는 행위는 삼가해야 한다.
- WTO회원국들은 사무총장 및 사무국 직원 임무의 국제적인 성격을 존중해야 하며, 이들이 임무를 수행하는 데 있어서 여타의 영향력을 행사하려고 해서는 안 된다.

(2) WTO의 지위

① WTO는 법인적 성격을 가지며, 기능수행상 필요한 경우 각 회원국에 의해 법적 능력(legal capacities)을 보장받는다.

② WTO, WTO직원과 회원국의 대표는 WTO와 관련하여 각 회원국으로부터 독자적으로 기능을 수행하는 데 필요한 만큼의 면책특권을 보장받는다. 이러한 면책특권은 1947년 10월 21일 UN총회에서 승인된 전문기구들(special agencies)의 면책특권에 관한 회의에서 규정한 것과 유사하다.

(3) WTO의 운영

① WTO는 GATT 1947하에서 전원합의의 의사결정관행을 계속 따른다. 단, 기타

조항이 있을 경우를 제외하고 전원합의에 의해 결정에 이르지 못할 경우 투표로 정한다.

- 각료회의와 총회에서 각국은 하나의 투표권을 행사한다. 유럽공동체(EC)는 WTO회원국 숫자만큼 투표권을 행사한다.
- 각료회의와 총회는 독자적으로 본협정 또는 MTA에서 따로 규정하지 않는 한 투표의 과반수로 한다.

② 각료회의와 총회는 독자적으로 본협정과 MTA에서 따로 규정하지 않는 한 투표의 과반수로 한다.

③ 예외적 상황에서 각료회의는 본협정이나 MTA에 의한 회원국의 의무에 대한 웨이버를 결정할 수 있으며, 이 경우 회원국 3/4의 승인을 얻어야 한다.

- 각료회의에서는 웨이버 부여결정시 결정을 정당화하는 예외상황, 웨이버 적용조건, 웨이버의 종료일자를 명시해야 한다.
- 웨이버를 1년 이상 주는 경우에는 웨이버 부여 후 1년 이내에 각료회의에서 검토해야 하며, 웨이버 종료시까지 매년 검토해야 한다. 이때 각료회의는 웨이버 부여를 결정한 예외상황이 존재하는지, 웨이버에 첨부된 조건이 충족되었는지를 조사한다. 연례정기검토에 의해 각료회의는 웨이버를 연장 · 수정 · 종료할 수 있다.

(4) WTO의 특징

WTO는 그동안 GATT체제하에서 저해되어 온 자유무역질서를 보다 강화하고 기존의 GATT 및 이번 UR에서 개정 또는 새로이 제정된 모든 국제무역규범을 관장하는 매우 강력한 다자간 국제무역기구이다.

WTO는 정식적인 국제기구로서 산하에 각료회의, 총회, 3개 무역이사회, 3개 위원회, 사무국 등 많은 하위기구를 두고 있으며, 특히 법적 구속력과 감시기능을 갖도록 분쟁해결기구와 무역정책검토기구를 두고 있다. 분쟁해결기구는 모든 무역관련 분쟁을 통합 관장하고, 준사법적 기능을 보유하며, 무역정책검토기구는 각국의 무역정책을 주기적으로 검토하여 정책의 투명성을 높이고 분쟁을 사전에 에방하여 다자간무역체제의 효율성을 높이게 된다.

WTO가 기존의 GATT와 크게 다른 것은, 첫째, 분쟁해결기구를 통해 준사법적 기능을 갖는다는 점, 둘째, 단순한 협정이 아닌 정식의 국제기구로서 다수의 실무적 하위기구를 두어 지속적으로 일관성을 갖고 국제무역에 대한 모든 규범을 관장한다는 점, 셋째, 의사결정방식의 GATT의 전원합의제가 아닌 다수결원칙(2/3 또는 3/4 다수결 등)이 도입되어 신속한 합의도출이 가능하다는 점 등이다.

WTO가 정상적으로 제기능을 수행하면 미국 등 일부 국가들에 의한 일방주의와 자국 국내정책의 일방적 강요 등이 약화되고 다자주의가 보다 강화되어 예컨대 미국의 통상법 301조와 같은 강력한 일방적 조치는 어느 정도 억제될 것이다.

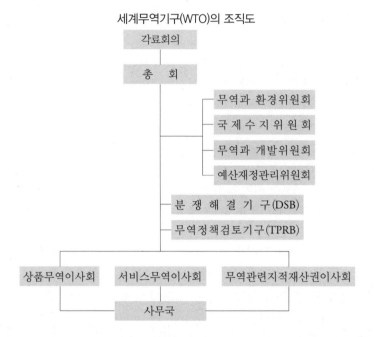

세계무역기구(WTO)의 조직도

각료회의

총 회

무역과 환경위원회

국 제 수 지 위 원 회

무역과 개발위원회

예산재정관리위원회

분 쟁 해 결 기 구(DSB)

무역정책검토기구(TPRB)

상품무역이사회   서비스무역이사회   무역관련지적재산권이사회

사무국

05. 산업통상자원부의 fta사이트(fta.go.kr)에서 확인해 볼 것.

06. (1) 쌍무협정: 두 나라간 협정

복수간 협정: 몇 나라간 협정

다자간 협정: 많은 나라간 협정

(2) 관세상당치(Tariff Equivalent: TE): 관세화유예기간이 끝나면 시장을 완전개방해야

하는데 이때 개방에 따르는 충격을 완화시키기 위해 일정기간 동안 관세 상당치를

관세에 얹어 붙이도록 한다.

예컨대 쌀의 수입가격이 10이고 국내가격이 100이라고 가정할 때 수입 쌀로 인한

가격혼란을 막기 위해 수입가격과 국내가격의 차이(90)만큼의 관세를 물릴 수 있

는데 이것이 바로 관세상당치이다.

관세상당치감축이행기간: 관세상당치는 매년 같은 비율로 그 폭을 감축하여 7년

간 36%(개도국은 10년간 24%)를 줄여야 한다. 이 기간을 TE 감축이행기간이라고

한다. 단, 품목별로는 최소 15%(개도국은 10%) 이상 감축하면 된다. 다시 말해 단

순평균 36%의 의미는 품목별로 관세상당치의 감축률을 달리 하더라도 각 품목의

감축률을 합산해 품목수로 나눈 평균이 36%가 되면 되는 것으로 해석되고 있다.

(3) 양허관세율: 국제적으로 일정세율 이상으로 관세를 부과하지 않겠다고 약속한 관

세율, 주로 공산품에 적용된다.

우리나라는 현행 실행관세율이 양허관세율보다 낮기 때문에 UR이 발효되더라도 수입증가로 이어지지는 않을 것이라고 정부는 전망하고 있다.

그러나 업계에서는 품목에 따라 실행관세율을 내려야 하는 경우가 있어 수입이 늘어날 수도 있다고 보고 있다.

(4) 케언즈그룹: 농산물 수출국 중 수출보조금을 지급하지 않는 13개국의 모임, 호주 · 캐나다 · 뉴질랜드 · 아르헨티나 · 브라질 · 우루과이 · 칠레 · 콜롬비아 · 인도네시아 · 말레이시아 · 필리핀 · 태국 · 헝가리가 이들 국가들이다. 지난 1986년 호주 케언즈시에서 결성돼 UR농산물협상에서 수출국가들의 이익을 위해 공동보조를 취해 왔다. 미국과 함께 일부 예외를 제외한 국내보조금 및 수출보조금의 완전철폐와 수입물량 제한 등 비관세장벽의 관세를 주장해 왔다.

(5) 비교역적 관심품목(Non−Trade Concern: NTC): 국내농업의 보호와 식량 안보적 차원에서 국내자급이 확보되어야 하고 따라서 교역대상에서 제외되어야 한다는 품목. 한국, 일본 등이 강조했으나 미국과 케언즈그룹이 이에 의한 수입제한에 반대, 인정받지 못했으며 이번 UR을 통해 이 용어도 사라지게 됐다.

(6) 다자간섬유협정(MFA): 1974년 체결된 섬유류 교역에 대한 국제협약으로 4회 연장해 오늘에 이르고 있다. 미국 등 선진국들이 경쟁력이 약화된 자국의 섬유산업을 보호하기 위해 맺은 협정이라는 평가를 받아 왔다. 사실상 GATT체제 밖에서 수출국과 수입국의 쌍무협상을 통해 교역량을 제한하고 수입국의 일방적인 수입제한을 가능케 함으로써 개도국 수출에 대한 선진국의 규제수단으로 악용되었다.

UR협상에서는 섬유류 수입국이 정한 섬유쿼터를 단계적을 자유화시키고 이행기간(둔켈초안에는 10년) 동안 규제의 기초수준 물량을 현행 규제수준으로 하고 있어 우리나라처럼 기존에 다량의 수출쿼터를 확보한 나라에 유리하게 되어 있다.

(7) 관세조화협상: 1990년 12월 미국은 자국에 경쟁력이 있거나 이미 사양화된 특정 산업분야의 관계를 아예 철폐하자는 무세화협상을 제안. 이어 EC는 특정산업의 관세를 일정수준 이하로 낮추자는 관세조화협상을 제의했다.

협상의 진전이 없다가 지난 7월 미국, EC, 일본, 캐나다의 통상장관회담에서 무세화부분의 8개 품목(철강, 건설장비, 의약품, 의료장비, 맥주, 증류주, 농기계, 가구)과 관세조화부분의 화학제품에 대한 포괄적 합의가 이루어졌다.

우리나라는 무세화 및 관세조화협상에 국제경쟁력이 허용하는 범위 안에서 단계적으로 참여해 나간다는 방침이다.

(8) 지적재산권은 산업적 발명, 저작, 문예적 창작 등에 대한 배타적 소유권을 뜻한다.
  • 내국민대우: 각국은 지적재산권의 보호에 있어서 외국인에게 내국민보다 불리한 대우를 해서는 안 된다는 것.

- **최혜국대우**: 한 나라가 다른 나라에게 지적재산권에 관해 부여하는 각종 특혜조치들은 다른 나라에도 즉각적이고 무조건적으로 부여해야 한다는 것.
(9) 그린라운드: 환경에 관한 다자간 협정. UR 다음으로 거론되는 다자간 협상의 하나이다.
(10) 반부패라운드: 부패에 관한 다자간 협정. 1999년 2월 15일부터 OECD회원국들을 중심으로 부패라운드가 발효되었다. 부패라운드의 공식명칭은 '국제 상거래에 있어 외국 공무원에 대한 OECD 뇌물방지협약'으로 모든 국제거래에서 공무원에게 뇌물을 제공한 기업과 기업인을 처벌할 수 있는 근거를 마련하게 되었다. 현재 OECD회원국 29개와 브라질을 비롯한 비회원국 5개 등 모두 34개국이 이 협정에 가입되어 있다. 우리 나라도 1999년 1월 4일 해외뇌물거래방지법을 재정하여 가입준비를 일단 마친 상태이다.

07. ① × (일반적으로 비교우위 품목에 부분특화한다.)
② × (자국보다 다른 나라에서 싸게 생산되는 상품을 싸게 수입할 수 있기 때문)
③ × (모든 일에 절대우위는 가질 수 있어도 모든 일에 비교유위는 가질 수 없다.)
④ ×
⑤ ×
⑥ × (득과 실이 공존하지만 순후생손실을 유발하므로 경제적 측면에서는 바람직하지 않다.)
⑦ ○ (기회비용이 일정하기 때문에)
⑧ ○
⑨ ○ (수출국이 되면 무역으로 인해 국내가격이 국제가격 수준으로 높아지므로 생산자가 득을 보고 소비자가 손실을 입는다.)
⑩ × (자유무역지대는 관세동맹보다 더 강한 경제블럭화형태이다.)
⑪ × (수출보조금 부과로 인한 소비자손실은 없다. 연습문제 2번 참고)
⑫ ○ (왜 그러한가를 정리하여 보자.)
⑬ ○ (요소가격균등화정리. 이 장의 부록(QR) 참고)
⑭ ○ (이 장의 부록(QR) 참고)
⑮ ○ (이 장의 부록(QR) 참고)

01. 연필과 지우개를 만드는 A, B 두 사람이 있다. A는 연필 1자루 만드는 데 2시간이 소요되고 지우개 1개 만드는 데는 4시간이 걸린다. B는 연필 1자루 만드는 데 4시간이 걸리고 지우개 1개 만드는 데는 6시간이 걸린다고 하자.

(1) A, B의 연필 1자루 만드는 기회비용은 각각 얼마인가? 누가 연필 만드는 데 절대우위와 비교우위가 있는가?

(2) 두 사람이 연필과 지우개를 교환한다면 누가 연필을 주고 지우개를 받으려 할 것인지 설명하라.

(3) 연필의 상대가격은 지우개의 개수로 표시할 수 있다. 두 사람 모두에게 이익이 될 수 있는 연필 (상대)가격의 상한과 하한은 얼마인지 설명하라.

📝 **문제 해답**

(1) A의 연필 1자루의 기회비용은 지우개 $\frac{1}{2}$개

B의 연필 1자루의 기회비용은 지우개 $\frac{2}{3}$개

A는 연필 1자루 만드는 데 2시간이 걸리고 B는 연필 1자루 만드는 데 4시간이 걸리므로 A가 연필 만드는 데 절대우위가 있다.
A의 연필 1자루의 기회비용 < B의 기회비용이므로 A가 연필 만드는 데 비교우위가 있다.

(2) A가 연필 만드는 데 비교우위가 있으므로 A가 연필를 만들어 B가 만든 지우개와 교환할 것이다.

(3) 두 사람 모두에게 이익이 될 수 있는 연필의 상한가는 $\frac{2}{3}$개의 지우개이다. 연필의 상대가격이 이것보다 높으면 B가 지우개를 만들어 A가 만든 연필과 교환하는 대신 B 스스로 연필을 만들 것이다. 연필의 하한가는 $\frac{1}{2}$개의 지우개이다. 연필의 상대가격이 이것보다 낮으면 A가 연필을 만들어 B가 만든 지우개와 교환하는 대신 A 스스로 지우개를 만들 것이다.

02. 한국의 근로자는 모두 1,000만명이고 근로자 한 사람은 1년에 자동차 2대나 쌀 30가마를 생산할 수 있다고 하자.

(1) 한국의 자동차 1대와 쌀 1가마 생산의 기회비용은 각각 얼마인가?

(2) 한국의 생산가능곡선을 그려라. 한국이 국제무역 없이 1,000만대의 차를 국내에서 소비하기로 했다면 얼마만큼의 쌀을 소비할 수 있는지 생산가능곡선상에 표시하라.

(3) 이제 미국이 한국으로부터 1,000만대의 자동차를 차 1대당 쌀 20가마를 주고 구입하고 싶다고 제안했다고 하자. 이때 한국이 1,000만대의 차는 계속해서 국내에서 소비하기로 했다면 미국과의 교역을 통해 한국이 소비할 수 있는 쌀의 양은 얼마만큼인지 생산가능곡선상에 표시하라. 한국이 미국의 제안을 받아들여야 되는지 설명하라.

📝 **문제 해답**

(1) 자동차 1대의 기회비용은 쌀 15가마

쌀 1가마의 기회비용은 자동차 $\frac{1}{15}$ 대.

(2) 근로자 1,000만 명이 1년내내 자동차만 생산하면 1명이 2대씩 2,000만대 생산할 수 있고, 쌀만 생산하면 1명이 30가마씩 3억 가마 생산할 수 있으므로 생산가능곡선은 그림과 같이 표시할 수 있다. 자동차와 쌀의 기회비용이 일정하므로 생산가능곡선은 직선이다. 한국이 1,000만대의 차를 소비하기로 한다면, 500만명의 근로자가 필요하므로 나머지 500만명의 근로자가 500만×30가마=1억 5천만 가마의 쌀을 생산·소비할 수 있으므로 그림 A점이 국제무역이 없을 때의 생산·소비점이다.

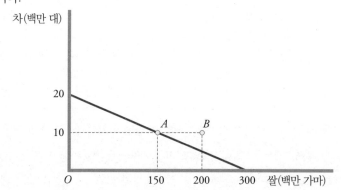

(3) 만약 미국이 한국으로부터 1,000만대의 차를 구입하고, 한국도 1,000만대의 차를 국내에서 계속 소비해야 한다면 이제 한국은 2,000만대의 차를 생산해야 한다. 2,000만대의 차를 생산하기 위해서는 1,000만명의 노동자가 필요하므로 쌀 생산에 투입될 수 있는 근로자는 전혀 없는 것이다. 그러나 한국이 차 1대당 20가마의 쌀을 교환할 수 있다면 한국은 차 1,000만대와 2억 가마의 쌀을 소비할 수 있다. 따라서 미국과의 무역에 따른 소비점은 위의 그림의 B점이 된다. 한국은 미국과

의 무역을 통해 종전처럼 1,000만대의 자동차 소비는 물론 쌀은 종전보다 5,000
만 가마 더 소비할 수 있으므로 미국의 제안을 마다할 리가 없을 것이다.

03. 한국과 미국의 노동생산성이 다음과 같이 단위필요노동량(=한 단위 생산에 필요한 노동량)으로 측정된다고 하자.

	X재(강철)	Y재(쌀)
한국	10	5
미국	5	15

또한 한국과 미국의 총노동량은 각각 600명과 500명이라고 하자.

(1) 한국과 미국의 생산가능곡선을 수식으로 표현하고 그래프로 그려라.

(2) 1) 한국과 미국의 X재 생산의 기회비용은 각각 얼마인가?

   2) 한국과 미국의 교역전 자급자족하의 X재의 상대가격은 각각 얼마인가?

   3) 한 · 미의 비교우위재는 각각 무엇인가?

(3) 1) 교역이 일어날 수 있는 X재의 상대가격의 범위를 설명하라.

   2) 각국이 비교우위재에 완전특화할 경우 생산가능한 X재와 Y재의 수량은 얼마
인가? 세계적으로 이용가능한 X재와 Y재의 수량을 설명하라.

   3) 각국이 비교우위에 완전특화하지 않고 각국이 가진 노동량 중 20%는 비교열
위산업에 종사토록 하는 경우 ① 각국의 산업별 노동량, ② 각국의 X, Y재 생산
량, ③ 세계전체적인 X, Y재 생산량 등을 설명하라. ④ 완전특화시와 부분특화
시의 세계전체 생산량을 비교하라. ⑤ 완전특화할 경우의 세계전체 생산량이
부분특화시의 경우보다 많은데도 왜 완전특화를 하지 않는지 생각해 보라.

📝 **문제 해답**

(1) 한국의 생산가능곡선식은 X재를 강철, Y재를 쌀이라고 하면

$$Y = -\frac{10}{5}X + \frac{600}{5} = -2X + 120$$

미국의 생산가능곡선식은

$$Y = -\frac{5}{15}X + \frac{500}{15} = -\frac{1}{3}X + \frac{100}{3}$$

으로 표시된다.

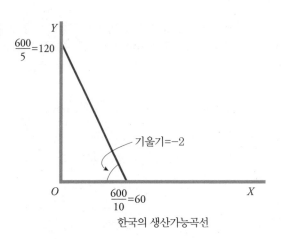

한국의 생산가능곡선

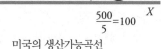

미국의 생산가능곡선

(2) 1) 한국의 X재 생산의 기회비용 $= \dfrac{10}{5} = 2$

　　 미국의 X재 생산의 기회비용 $= \dfrac{5}{15} = \dfrac{1}{3}$

　 2) 한국의 X재의 상대가격 $= X$재 생산의 기회비용 $= 2$

　　 미국의 X재의 상대가격 $= X$재 생산의 기회비용 $= \dfrac{1}{3}$

　 3) 한국의 X재 생산의 기회비용 > 미국의 X재 생산의 기회비용이므로 한국은 Y
　　재(쌀) 생산에 비교우위가 있고 미국은 X재(강철) 생산에 비교우위가 있다.

(3) 1) 한국과 미국간에 교역이 일어날 수 있는 균형상대가격의 범위는 다음과 같다.

$$\left(\frac{P_X}{P_Y}\right)^{\text{한국}} = \begin{matrix}\text{한국의 } X\text{재의}\\ \text{기회비용}\end{matrix} > \left(\frac{P_X}{P_Y}\right)^{\text{세계}} > \begin{matrix}\text{미국의 } X\text{재의}\\ \text{기회비용}\end{matrix} = \left(\frac{P_X}{P_Y}\right)^{\text{미국}}$$

　 2) 한국이 비교우위재인 Y재 생산에 완전특화를 할 경우

$$Y^{\text{한국}} = \frac{600}{5} = 120\text{단위를 생산}, \; X^{\text{한국}} = 0$$

미국이 비교우위재인 X재 생산에 완전특화를 할 경우

$X^{미국} = \dfrac{500}{5} = 100$단위를 생산, $Y^{미국} = 0$,

따라서 세계 전체적으로 이용가능한 X재의 수량은
$X^{한국} + X^{한국} = 100$단위이고
세계 전체적으로 이용가능한 Y재의 수량은
$Y^{한국} + Y^{미국} = 120$단위가 된다.

3) ① 각국의 산업별 노동량은

	X재(강철)	Y재(쌀)
한 국	비교열위 → 120명	비교우위 → 480명
미 국	비교우위 → 400명	비교열위 → 100명

②, ③, ④: 완전특화시 세계 전체적으로 이용가능한 X재 수량은 100단위이고 Y재 수량은 120단위인데 노동량의 20%를 비교
열위산업에 종사케 할 때 세계 전체적으로 이용가능한 Y재 수량

$= \dfrac{480}{5} = 96$단위(B국이 생산한 비교열위재까지 포함시키는 경우에는

$\dfrac{480}{5} + \dfrac{100}{15} = \dfrac{308}{3}$단위 생산)이고 X재 수량 $= \dfrac{480}{5} = 80$단위

(A국이 생산한 비교열위재까지 포함시키는 경우에는 $\dfrac{120}{10} + \dfrac{400}{5} = 92$단위

생산)가 된다.

따라서 완전특화시에 비해 X재는 20단위, Y재는 24단위 감소(양국이 생산한 비교열위재까지 포함시키는 경우에는 완전특화시에 비해 X재는 8단위,

Y재는 $\dfrac{52}{3}$단위 감소).

⑤ 어떤 재화를 전적으로 타국에 의존할 경우 어떤 이유로 한 나라가 교역을 거부할 경우 큰 타격을 입을 수 있기 때문이다. 즉, 경제안보차원에서 완전특화를 포기할 수 있다(한국이 미국에 쌀수출을 거부할 경우 혹은 미국이 한국에 강철수출을 거부할 경우를 상상해 보라).

04. 한국이 세계 쌀시장에서 차지하는 비중이 아주 미미하다고 하자.

(1) 국제무역이 있기 전 한국의 쌀시장을 그래프로 그리고 균형가격, 균형수량, 소비자잉여, 생산자잉여 등을 표시하라.

(2) 교역 전 쌀의 국제(상대)가격이 한국의 국내가격보다 낮다고 하자. 한국이 무역을 할 경우 새 균형가격, 국내소비량, 국내생산량 및 수입량을 표시하라. 또한 국내 생산자와 소비자잉의 변화를 그래프와 표로 설명하라. 무역으로 국내 총잉여

가 증가되었는지 감소되었는지 설명하라.

(3) 세계적인 이상기온으로 쌀 생산이 급감하였다고 하자. 쌀 생산량의 급감으로 쌀의 국제가격은 어떻게 되겠는가? 쌀 생산량의 급감이 국내 소비자잉여, 생산자잉여, 그리고 총잉여에 미칠 영향을 설명하라. 이상기온에 따른 국제 쌀가격 변화로 인해 누가 수혜자이고 피해자인지 설명하라.

📝 **문제 해답**

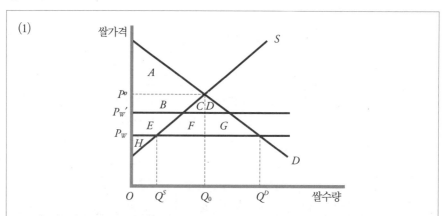

(1)

교역 전 균형가격 P_0, 균형수량 Q_0, 소비자잉여 A, 생산자잉여 $B+E+H$.

(2) 교역 후 새 균형가격 P_W, 국내소비량 Q^D, 국내생산량 Q^S, 수입량 $Q^S Q^D$. 소비자잉여는 교역 전 A에서 교역 후 $A+B+C+D+E+F+G$로 증가. 생산자잉여는 교역 전 $B+E+H$에서 H로 감소. 총잉여는 교역 전 $A+B+E+H$에서 교역 후 $A+B+C+D+E+F+G+H$로 증가.

(3) 쌀 생산 급감으로 쌀의 국제가격은 P_W'으로 상승, 국내 소비자잉여는 $A+B+C+D+E+F+G$에서 $A+B+C+D$로 감소, 생산자잉여는 H에서 $E+H$로 증가. 총잉여는 $A+B+C+D+E+F+G+H$에서 $A+B+C+D+E+H$로 감소. 이상기온에 따른 국제 쌀시세 변화로 소비자가 피해자이고 생산자가 수혜자, 한국 전체로는 이상기온 발생 전보다 후생 악화.

05. 한국 정부가 한국 자동차산업을 보호하기 위해 부과했던 고율의 관세를 미국의 요구에 따라 낮추기로 했다고 하자. 한국은 세계 자동차시장에서 가격수용자라고 가정한다.

(1) 관세인하가 자동차수입량, 자동차소비자, 자동차생산자, 정부수입, 국내고용, 국제수지, 사회후생의 순손실 등에 미치는 영향을 설명하라.

(2) 관세인하로 인한 소비자의 이득은 국내생산자로부터의 이전, 정부로부터의 이전, 순후생손실의 감소 등으로 구분할 수 있다. 각각을 그래프상에서 확인하라.

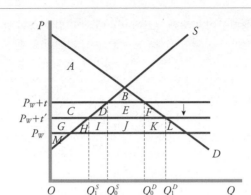

(1) 최초에 자동차에 대해 관세가 단위당 t만큼 부과되었다가 t'으로 인하되면 자동차수입은 $Q_0^S Q_0^D$에서 $Q_1^S Q_1^D$로 증가. 소비자잉여는 관세 t하에서 $A+B$였으나 관세인하로 $A+B+C+D+E+F$로 증가. 생산자잉여는 $C+G+M$에서 $G+M$으로 감소. 정부수입은 $E+J$에서 $I+J+K$로 변화. 국내고용은 국내생산이 Q_0^S에서 Q_1^S로 줄었으므로 감소. 국제수지는 수입증가로 악화. 사회후생의 순손실은 $D+I+H+F+K+L$에서 $H+L$로 감소.

(2) 국내 생산자잉여가 $C+G+M$에서 $G+M$으로 C만큼 감소되었고 이것이 소비자잉여로 이전. 정부수입도 $E+J$에서 $I+J+K$로 변화되어 E만큼의 감소분은 소비자잉여로 이전. $D+F$는 소비자잉여로, $I+K$는 정부수입으로 이전. 순후생손실은 $D+I+H+F+K+L$에서 $H+L$로 $D+I+F+K$만큼 감소되었고 이것이 소비자잉여로 이전.

06. 한국 정부가 쌀과 참깨를 중국과 무관세로 교역하기로 협정을 체결하자 한국의 쌀생산 농부들은 적극 반대한 반면 참깨 생산농부들은 찬성했다고 하자. 한국은 쌀과 참깨시장에서 소규모국가이고 중국과의 자유무역 협정체결 전에는 두 상품에 대한 교역을 금지하고 있었다고 가정한다.

(1) 중국과의 자유무역에 대해 한국의 쌀 생산 농부들이 반대하고 한국의 참깨 생산농부들이 찬성한 사실에 비춰볼 때 한국의 쌀과 참깨가격이 국제 쌀가격과 참깨가격보다 높았는지 낮았는지 설명하라.

(2) 중국과의 자유무역이 한국의 쌀과 참깨시장에 미치는 후생효과를 분석하라.

(3) 두 시장을 함께 고려하여 한국의 농민전체와 소비자전체가 이득을 보았는지 손실을 보았는지 설명하라. 자유무역으로 한국전체입장에서는 득이 많았는지 실이 컸는지 설명하라.

📋 문제 해답

> (1) 쌀 생산 농부들이 반대한 사실에 비추어 교역 전 한국의 쌀 가격이 국제가격보다
>   높았을 것이다. 교역이 시작되면 한국의 쌀 가격이 국제가격 수준으로 낮아질 것
>   을 우려해 쌀의 자유무역에 반대한 것이다. 참깨 생산농부들은 국내 참깨가격이
>   국제가격보다 낮기 때문에 무역을 통해 더 높은 가격을 받을 수 있어 자유무역에
>   찬성했을 것이다.
> (2) 자유무역이 이루어지면 위에서 설명한 대로 한국의 쌀 가격이 국제가격수준으로
>   낮아질 것이므로 쌀 소비자는 득을 보고 생산자는 손실을 입는다. 마찬가지로 자
>   유무역하에서는 한국의 참깨가격이 국제가격 수준으로 높아질 것이므로 참깨 소
>   비자는 손실을 보고 생산자는 이득을 본다.
> (3) 두 시장을 함께 고려하면 자유무역으로 쌀 생산자는 손실을 보고 참깨 생산자는
>   이득을 보기 때문에 농부들 전체가 손실을 볼지 이득을 볼지 알 수 없다. 마찬가
>   지로 자유무역으로 쌀 소비자는 이득을 보고 참깨 소비자는 손실을 보기 때문에
>   소비자 전체가 이득을 볼지 손실을 볼지는 명확하지 않다. 그러나 두 경우 모두
>   자유무역으로 이득을 보는 사람의 후생증가가 손실을 입는 사람의 후생감소보다
>   크기 때문에 우리 나라 전체로는 자유무역이 득이 된다. 이는 중국의 경우에도 마
>   찬가지다.

07. 세계 각 지역의 경제블럭화 현상이 심화되고 있다. 이에 대하여 알아보라. 경제블럭화
는 무역창출효과와 무역전환효과를 낳는다고 말한다. 이것이 뜻하는 바를 알아보라.

📋 문제 해답

> 경제블럭화현상은 1993년부터 국경을 허물고 단일시장으로 발전해 온 유럽연
> 합(EU), 1994년부터 관세장벽을 단계적으로 낮추면서 단일경제권을 지향하는
> NAFTA(North American Free Trade Association: 미국, 캐나다, 멕시코 세 나라의 북미
> 자유무역협정)가 대표적이다. 세계 각 지역의 경제블럭화 현상에 대해서는 fta.go.kr
> 에서 다양한 정보를 얻을 수 있다.
> 무역창출효과: 블럭화로 인해 무역이 새롭게 창출되는 효과
> 무역전환효과: 블럭외 국가와의 무역이 줄어 들고 블럭내 국가간 무역으로 바뀌어
>   지는 효과

08. UR협상과정과 타결내용에서 강대국의 힘의 논리가 어떻게 작용했는가를 알아보라.

📑 문제 해답

유럽과 미국에서 광범위하게 행해지고 있는 농축산물 직접보조금제도는 크게 감축되지 않고 후진국의 가격지지제도는 크게 감축되도록 강제한 것. EU의 영상산업, 미국의 항공산업 등 자국의 핵심적인 이해관계가 걸려 있는 서비스 산업 분야는 협상대상에서 제외시킨 것 등 여러 가지가 있다. 독자들이 기타 사항들을 더 알아볼 것.

09. 농업 외에도 UR협정으로 자유화된 우리나라 산업들이 어떤 영향을 받았는지 알아보라.

📑 문제 해답

5년 동안에 거의 전 산업분야에 걸쳐 외국인이 우리 나라에 들어와 투자 · 생산활동을 할 수 있게 허용된다. 교육 · 유통 · 관광 등 각종 서비스 분야도 외국인 투자개방이 되는바, 서비스산업의 국제경쟁력이 전반적으로 취약한 우리나라에서 서비스산업들에 미칠 영향이 심대할 것이다. 서비스의 획기적 개선을 통한 소비자주권의 확립이 미리 이루어져야 할 것이다.

10. 2005년 10월 DDA(Daha Development Agenda) 협상이 결렬되었다. 그 원인은 무엇이며 향후 세계무역협상이 어떻게 전개될 것인가를 알아보라.

📑 문제 해답

(1) DDA협상이 결렬된 원인은 EU, 미국, G20의 이해관계 충돌에서 찾을 수 있다. G20은 브라질 등을 주축으로 한 20여 개 농업국가들의 모임이다. G20은 농산물 개방을 요구하는데 EU는 특히 포도주 개방에 응하지 않고, 미국은 농업보조금 감축을 꺼린다. EU와 미국은 공산품 개방을 원하는데 G20은 이를 꺼린다. EU도 미국의 농업보조금 감축을 요구하는데 미국은 소극적이다.
(2) 당분간 쌍무협상방법인 FTA(자유무역협정)가 활발히 전개되다가 결국 DDA협상이 재개될 것으로 보인다.

11. 다음 기술이 옳은가 그른가를 밝히고 그 이유를 설명하라.
　① 모든 나라들이 동시에 수출을 증가시키고 수입을 감소시킬 수는 없다.
　② 한 나라가 두 상품생산에 절대우위를 가지고 있어도 두 상품 모두에 비교우위를 가질 수 없다.

③ 관세율을 인하하면 선진국에게는 유리하지만 후진국에게는 불리하다.

④ 보호무역론에 의하면 후진국의 모든 유치산업이 보호되어야 한다.

⑤ 관세를 부과하는 가장 중요한 목적은 정부수입을 증가하기 위해서이다.

⑥ 한 나라가 어떤 상품에 절대우위를 가지고 있으면 그 상품에 비교우위도 가지고 있다.

⑦ 어떤 상품을 수입하면 그 상품 소비자가 이득을 보고 생산자는 손해를 보기 때문에 나라 전체로는 이득도 손실도 없다.

⑧ GSP는 후진국에게 유리한 관세제도이다.

⑨ 자유무역이 이루어지면 단기적으로 각국 산업구조의 차이가 커진다.

⑩ 국제무역은 모든 사람에게 항상 득이 된다.

📋 문제 해답

---

① ○ (한 나라의 수출은 다른 나라의 수입이다.)

② ○ (모든 상품생산에 절대열위인 경우도 비교우위재는 있다.)

③ ×

④ × (유치산업 중에서 일정기간 보호 후에 비교우위산업이 될 수 있는 산업이나 안보에 관련된 산업만을 선별적으로 보호한다.)

⑤ ○ (국내산업보호와 재정수입이 주목적이다.)

⑥ ×

⑦ × (이득자의 득이 손실자의 실보다 크기 때문에 나라 전체로는 득을 본다.)

⑧ ○

⑨ ○ (비교우위산업에 특화하기 때문에)

⑩ × (나라 전체로는 득을 보지만 경제주체 중에는 득을 보는 사람도 있고 실을 보는 사람도 있다.)

<table>
<tr><td>**28**</td><td>국제수지, 환율 및 개방 경제모형</td></tr>
</table>

01. 관세 및 각종 비관세장벽, 비교역재의 존재, 불완전 시장구조로 인한 시장별 가격설정 (pricing to market), 국가마다 다른 물가수준 측정방식 등으로 인해 구매력평가설이 시사하는 일물일가의 법칙이 들어 맞지 않을 수 있다.

02. 단기에는 순수출증가 → 총수요증가 → 총생산증가 → 고용증가 · 실업감소와 더불어 물가와 이자율이 상승하고 실질환율은 하락한다. 소득과 이자율이 증가하므로 저축은 늘고 투자는 준다. 소비의 변화방향은 불분명하다.

장기에는 자동차에 대한 수입규제 → 수입감소 → 순수출증가 → 외환공급증가 → 외환초과공급 → 실질환율하락 → 수출감소 · 수입증가 → 순수출(X^n)감소가 이루어져 총생산 · 고용 · 실업 · 이자율 · 저축 · 투자 · 소비 · 순수출 등에 영향을 미치지 못하고 실질환율만 하락한다. 결국 장기에는 수입규제에 따른 순수출증가가 실질환율하락으로 구축되어 수입규제의 효과가 없다.

03. 해외경기호조 → 수출증가 → 순수출증가 → IS곡선 오른쪽 이동 → 이자율상승 → 국외투자감소 → 외환수요감소 → 외환초과공급 → 실질환율하락 → 순수출 감소 → IS곡선 왼쪽 이동

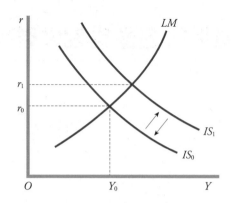

결국 해외경기호조에 따른 최초의 순수출증가는 환율하락을 통한 순수출감소로 상쇄되고 총생산증가효과는 전혀 없게 된다. 이처럼 개방소국에서 변동환율제도를 채택하면 국내생산과 고용이 해외부문의 충격으로부터 격리·차단된다.

04. (1) $S = Y - T - C + T - G = I + X^n$, 즉 총저축 = 민간저축 + 정부저축 = 국내총투자 + 순수출 = 국내총투자 + 국외투자이므로 정부가 공공부문에 대한 지출을 늘리고 민간소비를 장려하면 민간저축과 정부저축이 줄고 이에 따라 총저축도 준다.

(2) 제23장에서 배운 고전학파의 대부자금설을 이용하면 총저축(S)감소 → 대부자금공급(L^S)감소 → 대부자금 공급곡선 왼쪽 이동 → 대부자금 수요(L^D) 과잉 = 대부자금초과수요 발생 → 이자율(r)상승으로 국내총투자는 감소한다.

(3) 아래의 문제 7번 참고. 국내이자율이 상승하기 때문에 투자수지가 감소해야 한다. 투자수지 = 경상수지가 감소하기 위해서는 환율이 하락해야 한다. 아래 그림 (b)와 (c)는 이를 나타낸다.

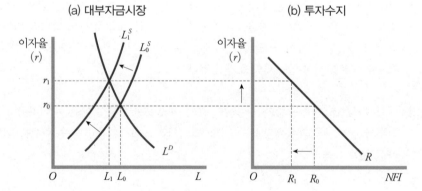

(a) 대부자금시장　　　　　　　　(b) 투자수지

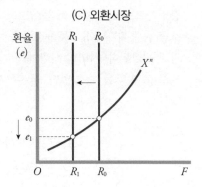

(C) 외환시장

(4) 단기에는 공공지출확대와 민간소비부양이 총수요를 증대시켜 총생산·고용이 늘고 실업이 줄 것이다. 그러나 장기적으로는 금리상승·실질환율하락으로 순수출=국외투자와 국내투자가 줄어 당초의 공공지출 및 소비확대 효과를 상쇄하여 총생산·고용·실업에 별 변화가 없을 것이다. 단기적인 총수요부양정책은 금리상승을 통해 투자를 위축시켜 장기적인 자본축적과 성장을 저해할 수도 있다.

(5) 독자들의 연습문제로 돌린다.

05. 금본위제도하의 국제수지의 조정

금본위제도하에서의 국제수지조성에 관하여는 물가·정화메커니즘(price-specie flow mechanism)으로 대표되는 고전학파의 견해가 있다. 여기서 정화(正貨, specie)는 금본위시대에 유통되던 금화를 뜻한다. 금본위제도하의 금은 오늘날 (준)달러본제도에서의 달러화라고 생각하면 된다.

금본위제도하에서는 각국의 통화가 모두 금태환화폐이고 금의 유출입이 자유롭게 이루어진다. 고전학파에 의하면 이러한 금본위제도하에서는 자유변동환율제도하에서와 같이 국제수지의 조정이 자동적으로 이루어진다. 이 견해는 18세기 중엽에 흄(D. Hume)이 정립하였다.

금본위제도하에서 경상수지 흑자(수출초과)를 경험하고 있는 나라는 금유입 → 국내통화량증가 → 물가상승 → 수입증대 및 수출감소 → 경상수지균형의 조정과정을 밟게 된다. 이와 같은 국제수지조정과정을 정리하면 다음 페이지의 그림과 같다.

흄이 정립한 금본위제도하에서의 국제수지 자동조정기구는 국제수지의 균형을 위해 국내물가가 자유롭게 오르내리는 것을 전제조건으로 하고 있다. 그러나 현실적으로 대외균형을 유지하기 위해 국내물가가 얼마든지 오르내리도록 방임할 수는 없다. 예컨대 한 나라가 대내적으로 경기침체 및 높은 실업률을 경험하면서 대외적으로는 경상수지 적자를 경험하고 있다고 하자. 경상수지균형을 위하여는 위에서 언급한 바와 같이 물가가 하락하여야 한다. 그러나 물가가 하락하면 실질임금이 높아져 고용량이 감소하므로 실업률이 더 높아지고 경기침체가 심화된다. 반대로 경기회복 및 실업감소를 위해 확대재정 · 통화정책을 쓴다면 수요견인 인플레이션이 일어나 경상수지 적자가 심화된다. 이러한 상황에서 각국은 대내균형을 달성하기 위한 정책들을 우선적으로 쓰지 않을 수 없었다. 금본위제도가 1930년대에 붕괴한 이유 중 하나가 여기에 있다.

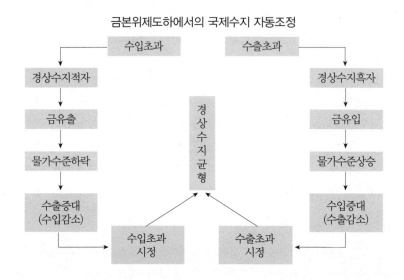

금본위제도하에서의 국제수지 자동조정

06. 6번 문제는 위의 3번과 연관되어 있다.

(1) 단기

① 세계경제회복 → 수출 증가 → 순수출 증가 → 경상수지 개선 → IS곡선 우측이동 → 생산 · 고용 증가, 실업 감소; 물가 및 이자율 상승

② 순수출 증가 → 외환 (순)공급 증가

이자율 상승 → (순)국외투자 감소 → 외환 (순)수요 감소 ⎫ ⇒ (실질)환율 하락

③ 총소득과 이자율이 상승하므로 저축은 증가하고 이자율 상승으로 투자는 감소한다.

(2) 장기

장기에는 세계경제회복에 따른 최초의 순수출증가가 실질환율감소에 따른 순수출 감소로 상쇄되어 생산 · 고용 · 실업 · 저축 · 국내투자 · 이자율 · 경상수지 등에 영향을 미치지 못한다.

07. 이 장 본문에서와 같이 가정하면

금융계정 = 투자수지

가 된다. 투자수지함수는 본문 901쪽과 이 문제의 식 8에서 국내금리의 증가함수이고 해외금리의 감소함수라고 표기하였다. 이 표기는 오타이다. 국내금리의 감소함수이고 해외금리의 증가함수라고 표기해야 한다. 901쪽 투자수지 아래의 설명은 잘못되었다. 국내금리가 상승하면 해외자본이 국내에 유입하여 우리나라의 대외금융부채가 증가한다. 우리나라 거주자의 해외투자가 감소하여 (대외)금융자산이 감소한다. 따라서 우리나라의 (대외)금융자산 – (대외)금융부채 = 순(대외)금융자산이 감소한다. 이는 투자수지의 감소를 뜻한다.

해외금리가 상승하면 우리나라의 해외투자가 증가하여 금융자산이 증가한다. 국내에 들어와 있던 외국자본이 해외로 빠져 나감에 따라 금융부채가 감소한다. 따라서 우리나라의 순(대외)금융자산이 증가한다. 이는 투자수지의 증가를 뜻한다.

본문의 식 (28-3)에서

경상수지 = 총저축 – 국내총투자 = 국외투자

로 해석된다고 설명하였다. 식 (28-4)에서 대외균형조건은

경상수지 = 투자수지

라 하였다. 따라서 투자수지는 국외투자라고 부를 수도 있다. 투자수지가 이 장에서처럼 "순대외(금융)자산"으로 정의되면 ⑧번 행태방정식은

$$R(r, r_f) = K_0 - ur + vr_f$$

처럼 부호가 반대가 되어야 한다.(주: 따라서 이 장의 p.901에 나오는 투자수지의 부호도 수정되어야 한다. 즉, 투자수지: $R = R(r, r_f) \rightarrow R = R(r, r_f)$)
$$ + - + $$
$$ - $$

또한 투자수지가 이 장에서처럼 정의되면 경상수지 = 투자수지가 되므로 아래 (5)번의 BP방정식도

$X - Z + R = 0$ 대신

$X - Z = R$

이 되어야 한다.

이하에서는 투자수지가 이 장에서 처럼 준비자산을 제외한 금융계정과 같다고 가정한다.

(1) $Y = C + I^D + G + (X - Z)$

$\quad = a + b(Y - T_0) + I_0 - cr + G_0 + X_0 + de - Z_0 - zY + \sigma e$

$\quad = a + (b - z)Y - cr + (d + \sigma)e + G_0 - bT_0 + I_0 + X_0 - Z^0$

$\quad (1 - b + z)Y = -cr + (d + \sigma)e + (a + I_0 + G_0 - bT_0 + X_0 - Z_0)$

따라서 IS방정식은

$$r = -\frac{1}{c}(1 - b + z)Y + \frac{d + \sigma}{c}e + \frac{1}{c}(a + I_0 + G_0 - bT_0 + X_0 - Z_0)$$

(2) IS방정식에서 r과 Y이외의 요인들, 즉 e, a, I, G, T, X, Z가 IS곡선을 이동시킨다. $e, a,$

I, G, X가 증가하거나 T, Z가 감소하면 IS곡선이 오른쪽으로 이동한다.

(3) $\dfrac{M^S}{P} = L(Y, r)$에서 P에 관한 별도의 설명이 없으므로 $P = 1$로 가정한다.

$$\alpha + \beta B_P = gY - hr$$

그런데 $B_P = X - Z = X_0 + de - Z_0 - zY + \sigma e$

$$\therefore \alpha + \beta(X_0 + de - Z_0 - zY + \sigma e) = gY - hr$$

LM방정식은

$$r = \frac{g + \beta z}{h}Y - \frac{\beta(d + \alpha)}{h}e - \frac{1}{h}(\alpha + \beta X_0 - \beta Z_0)$$

(4) e, X_0가 증가하거나 Z_0가 감소하면 LM곡선이 오른쪽으로 이동한다.

(5) BP방정식은

$X - Z = R$을 정리하여 얻는다.

$$X_0 + de - Z_0 - zY + \sigma e = K_0 - ur + vr_f$$

$$X_0 - Z_0 - K_0 - vr_f + (d + \sigma)e - zY + ur = 0$$

$$r = \frac{z}{u}Y - \frac{d + \sigma}{u}e - \frac{1}{u}(X_0 - Z_0 - K_0 - vr_f)$$

(6) e, X_0가 감소하거나 Z_0, K_0, r_f가 증가하면 BP곡선이 오른쪽으로 이동한다.

(7) 개방경제 행태식 ⑥번은 통화공급을 나타낸다. 개방경제에서 통화공급은 국내신용(D)과 순해외자산(F)에 의해 결정된다. 순해외자산은 경상수지에 의해 결정된다. (3)번의 LM방정식 도출에서처럼 $B_P = X - Z =$ 경상수지라고 하면 변동환율제도에서는 B_P가 적자인 경우 외환공급이 감소하여 환율이 상승한다. 환율상승으로 순수출이 증가하고 경상수지 적자가 해소되어 경상수지는 다시 균형을 이룬다. 즉 $B_P = 0$이 된다. 반대로 B_P가 흑자인 경우는 환율이 하락하여 경상수지 흑자가 해소되고 $B_P = 0$이 된다.

$B_P = 0$인 경우 LM방정식은

$$r = \frac{g}{h}Y - \frac{\alpha}{h}$$

가 된다. 위 식에서 α는

$$M^S = D + F$$
$$= \alpha + \beta B_P$$

에서 알 수 있듯이 국내신용 D가 늘어나면 커진다.

국내신용 증대를 통한 확대통화 정책으로 α가 커지면 LM곡선이 우측으로 이동하고 이자율 하락, 소득증대로 이어진다. 따라서 변동환율제도하에서는 $B_P = 0$이 되고 통화정책이 유효하다.

(8) 고정환율제도에서는 중앙은행이 목표로 하는 환율수준이 항상 유지되어야 한다. 중앙은행은 환율을 일정한 수준으로 유지하기 위해 외환시장에서 외환을 매각하

거나 매입하여야 한다. 예를 들어 중앙은행이 통화공급을 늘리면 *LM*곡선이 우측으로 이동하고 이자율이 하락한다. 이자율이 하락하면 환율이 상승압력을 받기 때문에 중앙은행이 외환시장에서 외환을 매각하여 환율상승을 막아야 한다. 중앙은행의 외환매각은 통화량 감소를 초래하므로 *LM*곡선이 다시 좌측으로 이동하고 통화공급 증가 효과는 사라진다.

고정환율제도하에서 $B_p \fallingdotseq 0$이라고 가정하고 위의 (3)번에서 도출한 *LM*방정식에서 통화공급을 확대하여 α를 증가시켜 *LM*곡선을 우측으로 이동시킨다고 해보자. 이 경우에도 고정환율제도하에서는 이자율 하락에 따른 환율상승 압력을 제거하고 e를 일정하게 유지해야 되기 때문에 외환매각으로 통화량이 감소하고 α에 변화가 없게 된다.

위의 (3)번에서 도출한 *LM*방정식에서 정부가 명목환율 e를 인위적으로 증가시키는 평가절하를 단행할 경우 *LM*곡선이 우측으로 이동하는 이유는 다음과 같다. 고정환율제도에서 명목환율 e를 인위적으로 상승시키는 평가절하가 이루어지면 순수출이 증가하여 경상수지 흑자가 나타난다. 경상수지 흑자로 외환공급이 증가하면 환율하락 압력이 나타나므로 중앙은행은 이를 제거하기 위해 외환시장에서 외환을 매입해야 한다. 그 결과 통화량이 증가하므로 *LM*곡선이 우측으로 이동한다. 이처럼 고정환율제도에서는 경상수지 불균형이 환율변동을 통해 조정되지 않고 통화량 변동으로 나타난다.

(9) *IS, LM, BP*방정식을 결합하여 풀면 된다.

08. 멘델-플레밍 모형

(1)

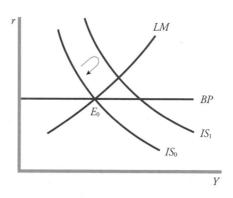

확대재정정책은 *IS*곡선을 오른쪽으로 이동시켜 국내금리상승 → 해외로부터 자금이 유입되어 외환의 초과공급이 생김 → 환율하락 → 순수출 감소 → *IS*곡선 왼쪽 이동 → 최초의 균형점으로 회귀

재정정책은 경제안정화정책으로서 무력하다.

긴축정책은 위 과정과 반대로 보면 된다.

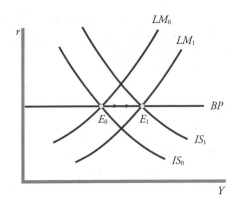

확대통화정책은 LM곡선을 오른쪽으로 이동시켜 국내금리 하락 → 해외로 자금
이 유출되어 외환의 초과수요 발생 → 환율상승 → 순수출 증가: IS곡선 오른쪽 이
동 → 새 균형점 E_1.

통화정책은 강력한 경제안정화정책이다.

(2)

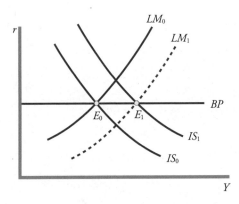

확대재정정책으로 외환의 초과공급 발생 → 중앙은행이 초과공급되는 외환을 주
어진 환율로 구입 → 통화공급 증가: LM곡선 오른족 이동 → 균형점이 E_0에서 E_1
으로 이동

재정정책은 강력한 안정화정책이다.

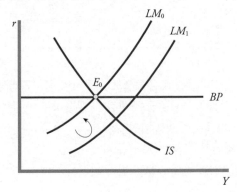

확대통화정책으로 외환의 초과수요 발생 → 환율상승압력을 해소하기 위해 중앙은행이 외환 매각 → 통화공급 감소: LM곡선 왼쪽 이동 → 최초의 균형점으로 회귀 통화정책은 경제안정화정책으로서 무력하다.

09. (1) 자본이동이 없는 경우 고정환율제도하의 재정정책

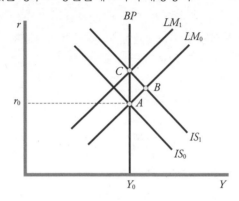

1) 정부지출 증가 → IS곡선 우측이동 → 점 B에서 이자율이 상승하고 총소득이 증가하였으나 자본이동이 없으므로 이자율 상승이 투자수지에 영향을 미치지 못함

2) 점 B의 국제수지 불균형은 총소득 증가 → 수입증가와 이로 인한 순수출 감소에 따른 경상수지 적자에 기인함

3) 경상수지 적자 → 외환공급 감소 → 환율상승 압력 → 중앙은행이 외환시장에서 보유외환 매각 → 통화량 감소 → LM곡선 좌측이동 → C에서 최종균형

4) 자본이동이 통제된 경우 고정환율제도에서 재정정책은 이자율만 상승시키고 총생산과 총소득에 미치는 효과는 없음

(2) 자본이동이 없는 경우 고정환율제도하의 통화정책

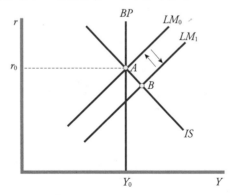

1) 통화공급 증가 → LM곡선 우측이동 → 점 B에서 이자율이 하락하고 총소득이

증가하였으나 자본이동이 없으므로 이자율 하락이 투자수지에 영향을 미치지 못함

2) 점 B의 국제수지 불균형은 총소득 증가에 따른 수입증가와 이로 인한 경상수지 적자에 기인함

3) 경상수지 적자 → 외환공급 감소 → 환율상승 압력 → 중앙은행이 외환시장에서 보유외환 매각 → 통화량 감소 → LM곡선 좌측이동 → A에서 최종균형

4) 자본이동이 통제된 경우 고정환율제도에서 통화정책은 효과가 없음. 다만 국가 간 자본이동이 허용된 경우와 달리 B점에서 A점으로 회귀되는 속도는 다소 늦을 수 있음

(3) 자본이동이 없는 경우 변동환율제도하의 재정정책

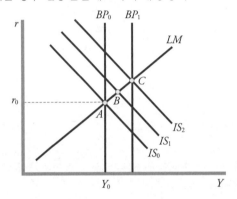

1) 정부지출 증가 → IS곡선 우측이동 → 점 B에서 이자율이 상승하고 총소득이 증가하였으나 자본이동이 없으므로 이자율 상승이 투자수지에 영향을 미치지 못함

2) 점 B의 국제수지 불균형은 총소득 증가에 따른 수입증가와 이로 인한 경상수지 적자에 기인함

3) 경상수지 적자 → 외환공급 감소 → 환율상승 → BP곡선과 IS곡선 우측이동 → C에서 최종균형

4) 자본이동이 통제된 경우 변동환율제도에서 재정정책은 효과가 있음

(4) 자본이동이 없는 경우 변동환율제도하의 통화정책

1) 통화공급 증가 → LM곡선 우측이동 → 점 B에서 이자율이 하락하고 총소득이 증가하였으나 자본이동이 없으므로 이자율 하락이 투자수지에 영향을 미치지 못함

2) 점 B의 국제수지 불균형은 총소득 증가에 따른 수입증가와 이로 인한 경상수지 적자에 기인함

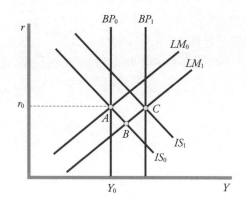

3) 경상수지 적자 → 외환공급 감소 → 환율상승 → BP곡선 및 IS곡선 우측이동
→ C에서 최종균형

4) 자본이동이 통제된 경우 통화량 증가로 이자율이 하락해도 자본유출이 이루어
지지 않으므로 자본이동이 허용된 경우에 비해 외환의 수요증가폭이 크지 않아
환율상승 폭도 자본이동이 허용된 경우에 비해 크지 않음. 따라서 자본이동이
통제된 경우 자본이동이 허용된 경우에 비해 통화정책의 소득증대 효과도 크지
않음.

10. ① ○

② ○ (무상증여이므로)

③ ×

④ ○

⑤ ○

⑥ × (실질환율은 교역조건의 역수와 같으므로 환율이 하락해야 교역조건이 개선된
다.)

⑦ ○ $\left(q = \dfrac{eP^f}{P}\right)$이므로

⑧ ○

⑨ ○ $\left(e = \dfrac{P}{P^f} = \dfrac{1,000원}{1달러}\right)$이므로

⑩ ○ $\left(q = \dfrac{eP^f}{P} = \dfrac{500달러 \times 1,200(원/달러)}{40만원}\right)$

⑪ ○ (우리나라의 해외자산 구입이 증가했으므로)

⑫ ×

⑬ × (국민저축＝총저축＝국내투자＋국외투자＝국내투자＋투자수지이므로 국민저
축은 불변인데 투자수지가 증가하면 국내투자가 줄어 자본축적이 감소한다.)

⑭ × (1엔으로 살 수 있는 원화량 감소)

⑮ ○ (1원으로 더 많은 외화자산 구입가능)

⑯ × (외화에 대한 수요 증가 → 외환수요곡선의 오른쪽 이동을 뜻하므로 원화 환율이 상승한다.)

01. 국제금융시장에서 각국의 신용상태를 평가하는 국제신용평가회사가 있다.

   (1) 왜 이런 회사가 있을까?

   (2) 신용평가의 내용은?

   (3) 3대 국제신용평가회사가 있다. 그 회사를 알아보라.

   (4) 현 국제신용평가제도의 한계와 문제점은?

📝 문제 해답

> (1) 국제투자가들은 각국에 돈을 빌려줬을 때 제대로 받을 수 있는가를 알고 싶어 한
> 다. 이런 정보 수요를 충족시켜 주기 위해 신용평가를 한다.
>
> (2) 대개 투자적격등급을 1등급부터 10등급까지 매긴다. 1등급은 그 나라에 투자하
> 기 가장 좋은 최상위 등급이다. 10등급은 최하위 등급이다. 투자부적격 등급도
> 9~15단계로 구분하고 있다.
>
> (3) Standard & Poor, Moody, Fitch이다. S&P와 Fitch의 투자적격등급은 1등급부터 10등
> 급까지 AAA, AA+, AA, AA−, A+, A, A−, BBB+, BBB, BBB−이다. Moody는 Aaa,
> Aa1, Aa2, Aa3, A1, A2, A3, Baa1, Baa2, Baa3이다. (투자 부적격등급은 S&P의 경우
> BB+, BB, BB−, B+, B, B−, CCC+, CCC, C, D의 12단계)
>
> (4) 한 나라의 부채상환능력을 중심으로 평가하기 때문에 정부부채비율과 경상수지
> 등이 평가에 큰 비중을 차지한다. 정부부채 비중이 낮고 경상수지가 흑자이면 높
> 은 등급을 받기 쉽다. 그러나 이것이 그 나라의 경제상황이 양호하고 미래 전망이
> 낙관적이라는 뜻은 아니다. 우리나라가 1997년 12월에 외환위기를 맞았는데 10
> 월까지 상대적으로 양호한 등급(A+)을 주다가 12월에 투자부적격(B+)으로 대폭
> 낮춘 것이 국제신용평가의 한계를 단적으로 드러내는 예이다. 현재 한국의 신용
> 등급은 제3단계(AA, Aa2)이다.

02. 19세기 후만 미국은 금 보유액에 해당하는 만큼만 달러를 찍어내는 금본위제도를 채
택하고 있었다. 1880년대부터 미국은행이 보유한 금의 양이 부족해 원하는 만큼 돈
을 찍어낼 수 없게 되었다. 물가와 화폐가치에 어떤 일이 생겼을까?

> 필요한 만큼 화폐를 발행할 수 없어 물가가 하락하고 화폐가치가 오르는 디플레이션이 일어났다.

03. 다음 표는 1960년부터 1994년까지의 미국의 정부저축, 민간저축, 국민저축, 국내총투자, 그리고 대외투자 등이 GDP에서 차지하는 비중을 나타낸 것이다. 물음에 답하라.

	1960~1981	1982~1994	변 화 분
정부저축($T-G$)	0.8%	−1.6%	−2.4%
민간저축($Y-T-C$)	16.1%	15.7%	−0.4%
국민저축(S)	( )	( )	( )
국내총투자(I)	( )	15.7%	( )
대외투자($S-I$)	0.3%	( )	( )

(1) 빈 곳을 채워라.
(2) 국민저축의 감소에 가장 크게 기여한 것은 무엇인가?
(3) 대외투자를 때로 순대외투자 혹은 순해외투자(net foreign investment)라 부른다. 그 이유를 생각해 보라.
(4) 국민저축의 감소로 국내투자와 순해외투자가 감소하였음을 확인하라.
(5) 국민저축의 감소가 왜 국내투자와 순해외투자의 감소로 이어졌는지 설명하라.
(6) 표를 종합해 볼 때, 미국이 1982~1994년 기간에 재정적자와 경상수지적자의 쌍둥이 적자를 시현하였음을 설명하라.

■ 문제 해답

	1960~1981	1982~1994	변 화 분
정부저축($T-G$)	0.8%	−1.6%	−2.4%
민간저축($Y-T-C$)	16.1	15.7	−0.4
국민저축(S)	(16.9)	(14.1)	(−2.8)
국내총투자(I)	16.5	15.7	(−0.8)
대외투자($S-I$)	0.4	(−1.6)	(−2.0)

(1) 정부저축 + 민간저축 = 국민저축
국민저축 − 국내총투자 = 대외투자
(2) 국민저축이 1960~81년 사이에 16.9%에서 1982~94년에 14.1%로 −2.8% 포인트 감소하는 데는 민간저축이 −0.4% 포인트 감소한 데 비해 정부저축이 −2.4% 포인트나 감소했기 때문이다. 1980년대 이후 정부저축이 마이너스가 된 것은 1980년대 초에 들어선 레이건행정부의 국방비 증액, 조세감면 등으로 인한 대폭적인 재정적자가 그 뒤 부시행정부로 계속 누적되었기 때문이다.

(3) 저축 중 국내투자에 충당되고 남은 몫이 대외투자이다. 그런데

$$S - I = 경상수지$$
$$= -자본수지$$
$$= 대외투자$$

이다. 여기서 경상수지나 자본수지나 모두 외화자산의 유입에서 외화자산의 유출을 뺀 순(net) 개념이다. 따라서 대외투자도 외화자산의 유출에서 외화자산의 유입을 뺀 순해외투자라 부를 수 있다.

(4) 국민저축이 감소되었다는 것은 국내투자와 대외투자 여력이 감소되었다는 것을 의미한다. 이는 표에서도 1982~1994년에 국민저축의 감소로 국내투자와 대외투자가 감소되었음을 확인할 수 있다.

(5) 국민저축은 민간저축과 정부저축의 합이다. 1982~1994년에 민간저축과 정부저축 모두 줄었고 특히 정부저축이 많이 줄었음을 볼 수 있다. 정부저축이 많이 줄었다는 것은 그만큼 재정적자가 컸다는 것이고, 이같은 확대재정정책은 이자율을 상승시켜 국내투자를 위축시켰을 것이다. 또한 재정적자를 보전하는 과정에서 해외차입도 늘어 대외투자는 줄고 해외저축은 늘었을 것이다.

(6) 정부저축 + 민간저축 - 국내투자 = 경상수지 = 대외투자이다. 그런데 표에서 보듯이 1982~1994년에 정부저축과 대외투자가 마이너스를 기록한 사실로 보아 재정적자와 경상수지적자의 쌍둥이적자를 시현했음을 알 수 있다.

04. 1980년대 중후반에 경험했던 3저현상이란 무엇인가? IMF 관리체제 이후에 우리나라가 경상수지 흑자로 돌아선 이유는 무엇인가?

📝 **문제 해답**

저이자율, 저유가, 저달러가 3저현상이다. 1980년대 중반의 3저현상으로 우리나라는 1980년대 말까지 경상수지 흑자를 구가하였으나, 지나친 고도성장에 따른 고소비와 고급사치품에 대한 수입수요, 부동산투기 등 거품경제현상이 크게 일어나 경상수지 적자로 돌아섰다. IMF관리체제 이후 우리나라는 대폭적인 환율상승으로 인한 가격 경쟁력회복으로 수출이 늘고, 경기위축으로 소비·투자가 위축되어 수입이 감소되어 경상수지가 사상유례 없는 흑자로 반전되었다.

05. 1960년대 이후 우리나라 대미달러환율의 추이를 조사하고 그 특징을 설명하라.

📝 문제 해답

1960년 초의 환율 1$: 50원이 1985년에 1$: 890원대에 이르기까지 꾸준히 상승해 오다가 3저 호황기에 1986~1989기간중 1$: 680원대까지 하락하였다. 1990년대에 들어서는 1993년까지 810원대에 이르도록 다시 상승하다가 1994년에 다시 하락세로 반전하였다. 그 후, 1996년까지 우리나라의 경제력에 비해 환율이 상대적으로 고평가되어 있다가 대·내외 경제여건의 급격한 변화로 급속한 자본이탈이 야기되어 1997년말 1,415원까지 환율이 상승하였다. 1997년 말 이후 IMF관리체제하에서 긴축정책과 병행된 고금리정책에 힘입어 1998년 말 환율이 1,243원까지 떨어졌다. 이후 글로벌금융위기가 발생하기 직전인 2007년 4월 930원 수준까지 떨어졌으나 2019년 1월 현재 1,120원대를 유지하고 있다. 환율의 변동은 단기적으로는 금리, 장기적으로는 물가수준, 노동생산성 등에 주로 영향을 받는다. 또한 경제주체들의 환율에 대한 예상이 중요한 영향을 미친다.

06. 정부가 긴축통화정책을 실시한다고 하자.

(1) 단기에 생산·고용·실업·이자율·국내 및 순해외투자·저축·소비·실질환율·순수출 등에 미칠 영향을 분석하라.

(2) 장기적인 효과를 분석하라. 고전적 이분성과 화폐의 중립성이 성립함을 확인하라.

📝 문제 해답

(1) 긴축통화정책의 단기효과

긴축통화정책 → LM곡선 왼쪽 이동 → 이자율(r)상승 → 순해외투자(NFI)감소 → 외환수요 감소 → 외환수요곡선 왼쪽 이동 → 실질환율(q)하락이 이루어진다. 따라서 단기에는 생산·고용감소, 실업증가, 이자율상승, 국내 및 순해외투자감소, 저축감소, 소비감소, 실질환율하락, 순수출감소로 경기가 전반적으로 위축된다. 다만 환율하락을 통해 통화가치를 끌어올릴 수는 있다.

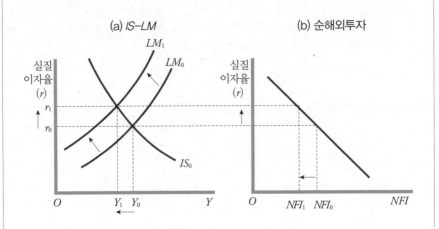

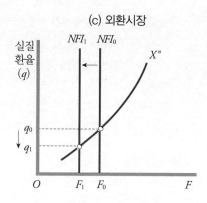

(c) 외환시장

NFI_1 NFI_0

실질
환율
(q)

X''

q_0
↓
q_1

O F_1 F_0 F

(2) 긴축통화정책의 장기효과

통화공급이 감소되면 장기적으로 물가도 비례적으로 하락한다. 이에 따라 LM 곡선이 오른쪽으로 이동하여 LM_1에서 LM_0로 회귀한다. 따라서 실질이자율·생산·고용·실업·순해외투자·국내투자·소비·저축·실질환율·순수출 등 실질변수에는 전혀 영향이 없다. 다만 물가가 비례적으로 하락하므로 명목환율은 비례적으로 하락한다. 결국 긴축통화정책은 장기에 명목변수만 비례적으로 변화시키고 실질변수에는 영향을 미치지 못한다. 장기적으로 고전적 이분성과 화폐의 중립성이 성립하는 것이다.

07. 우리나라가 자동차산업의 수입규제를 철폐하면 우리나라의 자동차수출업자가 이득을 볼 것이라는 주장을 뒷받침해 보라.

📋 **문제 해답**

자동차 수입규제철폐 → 자동차 순수출감소 → 외환공급감소 → 외환초과수요 → 실질환율상승 → 자동차 수출증가·수입감소가 이루어지므로 자동차에 대한 수입규제로 자동차수출업자가 이득을 본다. 독자들은 외환시장에 대한 그림을 그려가며 이를 확인해 보라.

08. 수입을 규제하는 대신 수출보조금을 통해 수출을 촉진하면 우리나라의 경상수지를 개선시킬 수 있다는 주장을 반박해 보라.

📋 **문제 해답**

수출보조금 → 수출증가 → 순수출증가 → 외환공급증가 → 외환초과공급 → 실질환율감소 → 순수출감소가 이루어져 최초의 순수출증가가 무력화된다.

09. 고금리로 우리나라의 실질이자율이 해외의 실질이자율보다 높다고 하자.

(1) 우리나라의 순해외투자에 미칠 영향을 설명하라.

(2) 우리나라의 실질환율과 순수출에 미칠 영향을 설명하라.

📝 **문제 해답**

(1) 우리나라의 실질이자율이 해외의 실질이자율보다 높으면 우리나라의 자산이 해외자산보다 더 매력적이므로 우리나라 사람들의 해외자산 구입이 줄고 외국인들의 국내자산 구입이 늘어나서 순해외투자(NFI)가 감소한다.

(2) 순해외투자감소 → 외환수요감소 → 외환수요곡선 왼쪽 이동 → 실질환율(q)감소 → 순수출(X^n)감소가 이루어진다.

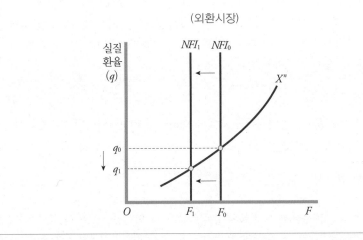

(외환시장)

10. 다음 기술이 옳은가 그른가를 밝히고 그 이유를 설명하라.

① 우리나라의 외채잔고는 국제수지표에서 읽을 수 있다.

② $Y = C + I^D + G + (X-Z)$이므로 수입(Z)이 늘어나면 국민소득(Y)은 줄어든다.

③ 우리나라는 자유변동환율제도의 일종인 복수통화바스켓 방식을 사용하고 있다.

④ 우리나라 물가가 미국 물가보다 더 오르면 우리나라의 대미수출은 늘고 미국으로부터의 수입은 줄어든다.

⑤ 외국인 친구에게 미국산 라디오를 선물받으면 이는 이전거래에 기록된다.

⑥ 외국으로부터 식량원조를 받으면 무역외거래에 포함된다.

⑦ 방탄소년단이 해외공연으로 버는 수입은 본원소득의 투자수입으로 잡힌다.

⑧ 외화가 우리나라에서 빠져 나가는 경우 수취란에 기록될 수도 있고 지급란에 기록될 수도 있다.

⑨ 외환 1단위에 대한 자국통화의 교환비율을 환율이라 한다.

⑩ 수출은 외환의 공급으로 수입은 외환에 대한 수요로 나타난다.

⑪ 우리나라 기술자가 해외에서 벌어들이는 임금은 자본거래에 속한다.

⑫ 우리나라 선원이 오스트레일리아 선박에 고용되어 받는 월급은 무역외거래에 포함된다.

⑬ 일본으로부터 들여온 차관을 모두 갚으면 이는 자본거래에 기록된다.

⑭ 외국인이 우리나라 증권을 사는 경우 이는 국제수지표에 기록되지 않는다.

⑮ 국제수지표에서 통계자료의 미비, 거래포착시기의 상이함 등으로 불일치가 발생할 수 있다.

⑯ 외국의 관광객이 우리나라에 들어와 쓰는 비용은 무역외수입에 속한다.

⑰ 우리나라 기업의 외국 현지법인에 대한 투자는 무역거래에 속한다.

⑱ 우리나라는 아직 1,500억 달러가 넘는 외채가 있다. 따라서 이 외채를 다 갚기 전에는 국제수지 흑자가 발생할 수 없다.

⑲ ₩1,000 : $1이고 ¥100 : $1이라면 ₩100 : $1이다.

⑳ 원화가 절상되면 자국상품의 외화표시가격이 상승하여 수출이 감소한다.

㉑ 국내금리가 떨어지면 환율이 상승한다.

㉒ 상품가격의 역수는 화폐 1원의 상품구매력을 나타낸다.

㉓ 경상수지는 순수출, 대외순수취요소소득, 대외순수취경상이전의 합이다.

㉔ 국제수지표의 오차 및 누락항을 통해 자본도피를 어느 정도 가늠할 수 있다.

㉕ 미국인이 우리나라의 주식을 구입하면 우리나라의 순해외투자가 증가한다.

㉖ 현대아산이 금강산을 개발하면 우리나라의 순해외투자가 증가한다.

㉗ 투자수지와 경상수지는 항상 같다.

㉘ 경상수지와 순해외투자는 항상 같다.

㉙ 재정적자는 경상수지적자로 연결될 수 있다.

㉚ 재정적자로 정부저축이 마이너스가 되면, 민간저축과 총저축이 감소한다.

㉛ 재정적자는 장기경제성장을 저해할 수 있다.

㉜ 원화가 절상되면 우리나라 정부가 발행한 국채를 보유하고 있는 미국인에게 득이된다.

㉝ 빅맥환율이 시장환율보다 낮으면 그 나라돈의 가치는 저평가되어 있다.

① × (외채잔고는 국제대차의 개념이므로 국제수지표에서는 알 수 없다.)

② ○ (수입이 늘면서 수출이 같은 금액만큼 늘지 않는 한)

③ × (변동환율제를 시행하고 있다.)

④ × (우리나라 물가가 미국 물가보다 더 오르면 일반적으로 대미수출은 줄어든다.)

⑤ ○ (무상증여이므로)

⑥ × (이전거래 중 수입에 잡힌다.)

⑦ × (서비스 수지의 서비스 수입에 잡힌다.)

⑧ × (지급란에 기록된다.)

⑨ ○

⑩ ○

⑪ × (무역외거래)

⑫ ○

⑬ ○

⑭ × (금융거래로 기록된다.)

⑮ ○

⑯ ○

⑰ × (금융거래이다.)

⑱ × (외채는 저량, 국제수지는 유량 개념임)

⑲ × (₩10 : ¥1이다.)

⑳ ○ (자국화폐 표시 환율하락)

㉑ ○ (일반적으로 그렇다.)

㉒ ○ (화폐가치, 즉 화폐의 구매력은 물가(지수)의 역수로 표시됨)

㉓ ○ (순수출은 재화 및 서비스수지, 대외순수취 요소소득은 소득수지, 대외순수취 경상이전은 경상이전수지에 대응된다.)

㉔ ○

㉕ × (외국인의 국내자산구입이 증가했으므로 순해외투자가 감소한다.)

㉖ ○

㉗ ○ (투자수지를 순해외(금융)자산으로 정의하면 투자수지 = 경상수지 = 순해외투자이다.)

㉘ ○

㉙ ○ (민간저축 + 정부저축 − 국내총투자 = 경상수지이므로 재정적자(음의 정부저축)가 경상수지적자로 연결될 수 있다.)

㉚ ○ (재정적자는 민간저축여력을 위축시켜 총저축을 감소시키는 것이 일반적이다.)

㉛ ○ (재정적자로 인한 금리상승과 이에 따른 투자위축으로 자본축적이 저해되면 장기성장이 위축될 수 있다.)

㉜ ○ (1원으로 바꿀 수 있는 달러량 증가)

㉝ ○ (고평가/저평가된 정도는 $\dfrac{\text{빅맥환율} - \text{시장환율}}{\text{시장환율}}$ = × 100으로 나타낼 수 있다.)

29 경제성장 및 발전의 이론

01. $Y=AF(K, N)$에서 경제성장의 4대요인 중 ① 인적자본은 N으로, ② 천연자원과 자본형성은 K로, ③ 기술은 A로 설명할 수 있다. 총생산함수에서 A는 현재의 기술수준을 측정하는 지표로서 총요소생산성(total factor productivity)이라고 불린다. 총생산함수 $Y=AF(K, N)$은 총요소생산성이 1% 증가하고, 노동과 자본 등은 불변이라면, 총생산이 1% 증가함을 나타내고 있다.

$Y=AF(K, N)$에서

$$\Delta Y = F \cdot \Delta A + A \cdot \Delta F$$

와 같다. 그런데 ΔF는 K와 N이 증가할 때 F가 얼마만큼 증가하는가를 나타낸다. 예를 들어, K가 ΔK만큼 증가하면 F는 얼마만큼 증가할까? 자본이 1단위 증가할 때 F는 $\dfrac{\Delta F}{\Delta K}=F_K$만큼 증가하므로 자본이 ΔK만큼 증가하면 F는 $=F_K \times \Delta K$만큼 증가할 것이다. 마찬가지로 노동이 ΔN만큼 증가하면 F는 $F_N \times \Delta N$만큼 증가할 것이다. 따라서 K와 N이 ΔK와 ΔN만큼씩 증가하면

$$\Delta F = F_K \times \Delta K + F_N \times \Delta N$$

이 될 것이다. 따라서

$$\Delta Y = F \cdot \Delta A + A(F_K \cdot \Delta K + F_N \cdot \Delta N)$$

이 된다. 이 식의 양변을 Y로 나누면

$$\frac{\Delta Y}{Y} = \frac{F \cdot \Delta A}{Y} + \frac{A(F_K \cdot \Delta K + F_N \cdot \Delta N)}{Y}$$

이 된다. 여기서 $Y=AF$이므로

$$\frac{\Delta Y}{Y} = \frac{F \cdot \Delta A}{AF} + \frac{A(F_K \cdot \Delta K + F_N \cdot \Delta N)}{Y}$$

$$= \frac{\Delta A}{A} + \frac{AF_K}{Y} \cdot \Delta K + \frac{AF_N}{Y} \cdot \Delta N$$

이다.

그런데 자본의 한계생산물은 $MP_K = AF_K$이고 노동의 한계생산물은 AF_N이다.

따라서

$$\frac{\Delta Y}{Y} = \frac{\Delta A}{A} + \frac{MP_K}{Y} \cdot \Delta K + \frac{MP_N}{Y} \cdot \Delta N$$

$$= \frac{\Delta A}{A} + \frac{MP_K \cdot K}{Y} \frac{\Delta K}{K} + \frac{MP_N \cdot N}{Y} \frac{\Delta N}{N}$$

으로 고쳐 쓸 수 있다. 여기서 $\dfrac{MP_K \cdot K}{Y} = \dfrac{\Delta Y}{\Delta K} \cdot \dfrac{K}{Y} = \dfrac{\Delta Y/Y}{\Delta K/K}$는 생산의 자본탄력도 α_K를, $\dfrac{MP_N \cdot N}{Y}$은 생산의 노동탄력도를 나타낸다.

$$\frac{\Delta Y}{Y} = \frac{\Delta A}{A} + \alpha_K \frac{\Delta K}{K} + \alpha_N \frac{\Delta N}{N}$$

식에서 $\dfrac{\Delta A}{A}$는 총요소생산성증가율을, $\alpha_K \dfrac{\Delta K}{K}$는 총생산증가율에 대한 자본의 기여분을, $\alpha_N \dfrac{\Delta N}{N}$은 총생산증가율에 대한 노동의 기여분을 나타낸다. 여기서 총요소생산량 증가율 $\dfrac{\Delta A}{A}$는 자료를 통해 직접 계산할 수 없기 때문에

$$\frac{\Delta A}{A} = \frac{\Delta Y}{Y} - \alpha_K \frac{\Delta K}{K} - \alpha_N \frac{\Delta N}{N}$$

을 사용하여 자본과 노동 등이 성장에 기여한 몫을 제외한 잔여분으로 계산한다. 솔로우(Robert Solow)가 처음으로 총요소생산성 계산방법을 제시했기 때문에 $\dfrac{\Delta A}{A}$를 솔로우잔여항(Solow residual)이라고도 부른다.

그런데 생산물시장이 경쟁시장이면 $\alpha_K = \dfrac{MP_K \cdot K}{Y}$는 자본소득분배율과 같고, $\alpha_N = \dfrac{MP_N \cdot N}{Y}$은 노동소득분배율과 같다.

생산함수가 1차동차라면 제9장의 부록에서 배운 오일러정리에 따라 $\alpha_K + \alpha_N = 1$이 되므로

$$\frac{\Delta Y}{Y} = \frac{\Delta A}{A} + \alpha_K \frac{\Delta K}{K} + \alpha_N \frac{\Delta N}{N}$$

은

$$\frac{\Delta Y}{Y} = \frac{\Delta A}{A} + \alpha_K \frac{\Delta K}{K} + (1 - \alpha_K) \frac{\Delta N}{N}$$

으로 고쳐 쓸 수 있다.

02. (1) 감가상각이 δK만큼 발생하므로 식 (29-10)은 $I = I_r + I_n = \delta K + \Delta K$이고 $\Delta K = I - \delta K$

임을 확인할 수 있다.

식 (29-9)로 $\dfrac{\Delta Y}{Y} = \dfrac{\Delta K}{K} = \dfrac{I - \delta K}{K} = \dfrac{I}{K} - \delta$부터 이 됨을 확인할 수 있고 식 (29-12)

에 의해 $\dfrac{I}{K} - \delta = \dfrac{sY}{K} - \delta = \dfrac{s}{K/Y} - \delta = \dfrac{s}{v} - \delta$가 자본의 완전고용조건임을 최종 확

인할 수 있다.

노동의 완전고용조건은 변화가 없으므로 식 (29-15)는 $\dfrac{s}{v} - \delta = n$이 된다.

(2) 대체투자가 δK로 표시되면

$$\Delta K + \delta K = sY$$

$$\dfrac{\Delta K}{K} + \delta = \dfrac{sY}{K} = \dfrac{s}{v}$$

$$\dfrac{s}{v} - \delta = \dfrac{\Delta K}{K} = \text{인구증가율} + \text{기술진보율}$$

03. 세계은행(www.worldbank.org)에서 확인해 볼 것.

04. ① 8%(신규노동의 증가율만큼 성장이 이루어지면 된다.)

② $\dfrac{s}{v} = n$에서 $s = n \times v = 0.08 \times 3.5 = 0.28$

즉, 필요저축률 및 투자율은 28%이다.

③ $28 - 21 = 7\%$이다.

05. ① 솔로우 모형 : 높은 저축률과 생산기술의 향상에 기인함.

② 내생적 성장이론 : 높은 저축률에 의한 자본축적의 증대와 교육수준의 향상, 연구
개발투자의 증대로 기술진보가 이루어졌고 이것이 높은 생산성 향상을 이룩하여
경제성장률이 높았음.

③ 경제발전이론 : 농업보다 공업, 중소기업보다 대기업, 내수산업보다 수출산업 위주
의 불균형성장정책으로 경제성장을 이룩하였음.

06. 저축률이 높아지면 AK모형에서 1인당 소득의 증가율이 영구적으로 높아진다. 한편
솔로우 모형에서는 저축률이 높아지면, 새 정상상태에 도달할 때까지만 1인당 소득의
증가율이 높아진다(새 정상상태에 도달하면 1인당 소득의 증가율이 최초의 정상상태
수준으로 낮아진다). 따라서 지난 수십 년을 최초의 정상상태에서 새 정상상태로 가는
과도기라고 해석하면 솔로우 모형도 동아시아 성장의 기적을 설명할 수 있다. 지난 수
십 년을 영구적으로 보느냐 과도기적으로 보느냐는 차이가 있을 뿐이다.

최근에 동아시아 성장의 감속을 관찰할 수 있는데 솔로우 모형은 이것도 설명할 수 있다.

07. ① 불균형성장전략의 채택: 한정된 자원으로 짧은 시일 내에 고도의 경제성장을 이룩하기 위하여는 투자효과가 가장 큰 산업부문에 집중투자하는 수밖에 없다. 공업부문이 집중 지원됨.

② 안정·형평의 목표추가: 불균형성장전략으로 고도의 경제성장을 달성하였으나 인플레이션이 발생하고 여러 가지 측면에서 불균형이 심화되어 성장저해요인으로 등장하였기 때문에 이를 시정하기 위하여 물가안정 및 형평의 목표를 추구하게 되었다. 문제는 이 목표가 내실 있게 추진되지 않고 있다는 데에 있다.

08. ① ○

② ○

③ ○

④ ○

⑤ ○

⑥ ○

⑦ ○

⑧ ○

⑨ ×

⑩ ×

⑪ ○

⑫ ○

⑬ ○ (한계생산물이 0이거나 0에 가까운 근로자)

⑭ ○ (한계생산물이 0이거나 0에 가까운 저임근로자는 공업부문에도 존재 가능)

⑮ ○

⑯ ○ (인구증가율이 경제성장률을 상회하면)

⑰ ×

⑱ ○

⑲ × (이자는 첫해부터 지급하지만 원금은 5년 후부터 지급하는 것을 의미함.)

⑳ × (외자도입으로 외환공급이 늘면 (실질)환율이 하락하고 경상수지가 악화될 수 있다. 해외차입은 금융계정의 기타투자에 기록된다. 해외차입으로 대외금융부채가 늘어나므로 해외차입은 순대외금융자산을 감소시켜 투자수지를 악화시킨다. 해외자본도입으로 경상수지와 투자수지가 모두 감소하면 경상수지＝투자수지＋대외준비자산에서 대외준비자산에는 변화가 없을 가능성이 크다.)

보충문제

01. 솔로우모형에서 생활수준(1인당 소득)을 높이는 방법은 저축률 증가, 인구증가율 억제, 기술진보의 세 가지인 것을 설명하라.

📋 **문제 해답**

솔로우모형의 정상상태에서 자본생산량비율$\left(\dfrac{K}{Y} = v\right)$과 자본증가율$\left(\dfrac{\Delta K}{K}\right)$이 일정하기 때문에

① 경제성장률$\left(\dfrac{\Delta Y}{Y}\right)$=자본증가율$\left(\dfrac{\Delta K}{K}\right)$이다. 또 자본노동비율$\left(\dfrac{K}{N}\right)$과 1인당 소득 $\left(\dfrac{Y}{N}\right)$이 기술진보율로 증가하기 때문에

② 경제성장률 = 인구증가율 + 기술진보율 = 자본증가율이 된다. 따라서 경제성장률 − 인구증가율 = 기술진보율 = 1인당 소득증가율이므로 기술진보는 1인당 소득을 높인다.

한편 자본증가분(ΔK) + 대체투자 = 총투자 = 총저축에서 대체투자 = 0으로 가정하면

③ ΔK = 총저축 = $\left(\dfrac{S}{Y} = s\right)Y = sY$로 단순화된다. 따라서 자본증가율은

④ $\dfrac{\Delta K}{K} = \dfrac{sY}{K} = \dfrac{S}{K/Y} = \dfrac{s}{v}$로 표시되고, $\dfrac{s}{v}$(= 경제성장률) − 인구증가율 = 1인당 소득 증가율이 되므로 저축률 s가 증가하거나 인구증가율이 낮아지면 1인당 소득은 증가한다. 본문 식 (29−23)과 [그림 29−4]의 설명을 이해하라.

02. 우리나라의 경우 1962년 이후 공업구조 및 산업구조의 이행과정을 호프만 및 클라크의 주장과 비교하라.

📋 **문제 해답**

우리나라는 발전의 초기단계인 1960년대에는 섬유 · 음식료품 등 소비재산업이 크게 발전하였고, 1970년대에는 석유 · 철강 등 소재산업과 가정용 전자기기, 조선 등 조립가공산업 등이, 그리고 1980년대 이후에는 자동차, 반도체, 전자통신기기 등 생산재산업이 성장의 주도적 역할을 하고 있다. 현재 전체 공업구조에서 생산재산업이 약 8할을 점유하고 있고 소비재산업의 비중은 낮아지고 있는 반면에 생산재산업의

비중은 증가하는 추세에 있어서 호프만의 법칙과도 일치하고 있다. 우리나라의 산업구조는 농림어업의 비중이 급속히 감소하고, 사회간접자본 및 기타 서비스업의 비중이 증가하는 발전모형을 보여 주고 있다. 또한 산업의 중심이 금융·교통·정보·통신산업 등 서비스산업으로 이동하는 클라크의 법칙을 보여 주고 있다.

03. 로스토우의 발전단계설에 입각하여 우리나라의 경우를 적용하면 각각 어느 시기와 대응이 되겠는가?

📝 문제 해답

로스토우의 발전단계에 우리나라의 경우를 맞추기란 어렵다. 어느 발전단계설을 특정국가에 적용할 때 어느 정도의 자의성과 주먹구구가 있게 마련이다. 경제가 단계적으로 발전한다는 발전단계설의 전제에 반대하는 학자들도 많이 있다.

한 가지 시안을 제시하면 다음과 같다.

발전 단계	한국의 경우
전통사회 단계	1950년대까지
도약준비 단계	1960면대 초~1960년대 말
도약 단계	1970년대 초~1980년대 중반
성숙 단계	1980년대 후반~1990년대 후반
고도소비 단계	2000년대~

04. 우리나라 자연(잠재)성장률이 지속적으로 하락하는 이유는?

📝 문제 해답

한국은행에 따르면 잠재성장률은 2000년대 초반 5% 내외 2006~2010년 3.8%, 2011~2014년 3.2~3.4%, 2015~2018년 3.0~3.2%, 2016~2020년 2.8~2.9%로 꾸준히 하락하고 있다. 그 이유는 노동과 자본의 증가율이 낮아지고 구조개혁, 기술혁신이 부진하기 때문이다.

05. 총외채를 추계할 때 IMF식과 IBRD(세계은행) 기준의 차이점은 무엇인가?

세계은행기준은 일정시점에 거주자가 비거주자에게서 빌린 돈을 외채로 잡고 있다.
이 방식으로는 우리나라 은행의 해외지점이 현지에서 빌려 쓴 돈은 우리나라의 외채
통계에는 잡히지 않는다.
반면 IMF의 「대외지불부담」기준에 따르면 우리나라의 금융기관들의 해외 지점이 현
지에서 빌려 현지에서 운용하는 돈은 물론 국내금융기관 본점이 해외에서 빌려 해외
에서 운용하는 돈(역외금융)까지 모두 외채에 포함시키고 있다.

06. 다음 기술이 옳은가 그른가를 밝히고 그 이유를 설명하라.

① 경상수지가 흑자를 내면 외채는 도입할 필요가 없게 된다.

② 우리나라에 대한 외국인 직접투자는 외채에 포함되지 않지만 간접투자는 포함된다.

③ 역외금융은 외채에 포함된다.

④ 1인당 소득증가율＝기술진보율일 때 완전고용성장이 이루어진다.

⑤ 1인당 자본증가율＝기술진보율일 때 균형성장이 이루어진다.

⑥ 루이스의 무한노동공급하의 자본축적모형은 소득분배악화를 전제로 하고 있다.

⑦ 피셔가설은 장기적으로 실질이자율이 특별한 추세를 보이지 않는다는 것이다.

⑧ 장기적으로 경제는 자본증가율로 성장한다.

⑨ 자연성장률과 적정성장률이 같으면 자본과 노동의 완전고용이 달성된다.

⑩ 우리나라의 자연성장률은 2000년대 초반 5%대에서 최근에 2%대로 낮아졌다.

📝 문제 해답

① ×

② × (원금상환과 이자지급의무가 따르는 채무성 외자도입의 잔액이 외채이므로 모
　　두 포함 안 됨)

③ ○ (세계은행기준으로는 포함되지 않지만 IMF외채추계방식으로는 포함됨)

④ ○ (솔로우의 성장이론 및 보충문제 1의 해답 참고)

⑤ ○ (솔로우의 성장이론 및 보충문제 1의 해답 참고)

⑥ ○ (자본소득의 한계저축률이 노동소득의 그것보다 높기 때문에 개발초기에 자본
　　소득을 촉진해야 된다는 주장이다.)

⑦ ○ (실질이자율＝명목이자율－인플레이션율)

⑧ ○ (장기에 경제성장률＝자본증가율)

⑨ ○ (본문 식 (29−15) 참조)

⑩ ○

30 ｜ 금융위기

01. (1) 미국의 초대 재무장관이었던 알렉샌더 해밀톤(Alexander Hamilton)은 은행에 대한 최초의 구제금융을 시행하게 된다. 해밀톤의 은행시스템 구제는 이어지는 위기과정에서 금융시스템이 점차 더 정부의 지원에 의존하게 되는 선례를 남기게 된다. 1792년 미국금융위기에 대한 아래 글을 참고하라.

1792년 미국제1은행 위기

1792년 미국의 금융위기는 미국이 근대금융의 기초를 수립하는 과정에서 발생했다. 신생독립국 미국은 당시 금융측면에서는 백지상태였다. 독립선언(the Declaration of Independence) 이후 14년이 지난 1790년 미국에 은행은 5개에 불과했다. 미국의 초대 재무장관이었던 알렉샌더 해밀톤(Alexander Hamilton)은 미국 정부의 자금조달을 위한 국채발행과 미국제1은행(the First Bank of the United States)이라 명명된 중앙은행 설립을 시도했다.

1791년 미국제1은행 설립을 위해 800만 달러의 주식이 발행되었고 투자자들은 열광하기 시작했다. 중앙은행 설립에 필요한 자금마련과 함께 국채에 대한 수요도 자극하기 위해 당시 400달러어치의 미국제1은행 주식을 보유하기 위해서는 25달러짜리 주식증서 혹은 '가증권'(scrip)을 구입하고 나머지 3/4은 현금대신 연방채로 지불하도록 했다. 투기열풍 속에서 가증권의 가격은 25달러에서 1791년 8월 무려 300달러로 폭등한다. 미국제일은행도 그해 12월 문을 열게 되었다.

두 가지 문제가 해밀톤의 계획을 위험에 빠뜨린다. 첫째는 윌리엄 듀얼(William Duer)이라는 영국인(듀얼은 미국 금융위기를 초래한 최초의 영국인이 된다)이

투자자들이 미국제1은행 주식대금을 지불하기 위해서는 반드시 연방채(federal bonds)를 구입해야 된다는 사실을 알고 연방채의 매점을 시도한다. 듀얼은 연방채 매점에 필요한 자금을 조달하기 위해 친구는 물론 개인적인 차용증(IOU)까지 발행하고 심지어 운영하던 회사의 자금까지 횡령하게 된다. 두 번째 문제는 미국제일은행이 일으킨다. 미국제일은행이 문을 열자 우선 규모면에서 다른 은행들을 압도하게 되고 문을 연지 불과 2개월 만에 무려 270만 달러의 신규대출이 이루어진다. 신용의 물결에 휩싸여 당시 필라델피아와 뉴욕의 거주자들은 투기열풍에 휩싸이게 되고, 공매도(short sales)시장, 선물계약(futures contracts) 시장이 우후죽순처럼 생겨나게 된다.

호황은 광기로 이어지고, 광기는 패닉을 낳는다. 1792년 3월 사람들의 두려움과 공포가 시작된다. 과도한 신용대출의 문제를 인식한 미국제일은행이 1792년 1월 말부터 3월 사이 대출을 25% 감축한다. 신용이 경색되고 자주 빚을 얻어 빚을 갚아야 했던 듀얼도 빚에 쪼들리기 시작한다. 미국제일은행의 대출 축소와 듀얼의 상황에 대한 소문이 확산되면서 민스키 모우먼트가 도래한다. 정부채, 미국제1은행 주식 및 기업들의 주식 가격이 두 주 만에 거의 25% 하락한다. 3월 23일 듀얼은 구속되지만 이어지는 기업의 파산을 막지는 못했다.

금융사학도였던 해밀턴은 1720년 프랑스의 위기가 금융시스템에 미친 충격을 인식하고 있었고, 미국의 금융위기에도 무엇을 해야 하는지 알고 있었다. 그는 미국 역사상 최초로 은행에 대한 구제금융을 시행한다. 해밀턴은 은행과 투기자들을 보호하기 위해 공적자금으로 연방채를 매입하여 연방채의 가격이 하락하지 않도록 하였다. 또한 담보가 있는 은행은 7%의 금리(당시 사채업의 최고이자율)만 부담하면 필요한 만큼 자금을 조달할 수 있도록 했다.

해밀턴의 처방이 약효를 발휘하고 있었지만 미래의 위기를 미연에 방지할 해법도 강구하게 된다. 미 의회는 1792년 4월 뉴욕에서 통과된 규칙을 통해 공적 선물거래를 불법화하게 된다. 이 같은 급격한 규제에 항의하여 24명의 중개인(traders) 그룹이 월스트리트(Wall Street)의 버튼우드(Buttonwood) 나무 아래에서 회동하여 사적 거래클럽을 만들기로 결정한다. 이때 만들어진 사적 거래클럽은 오늘날 뉴욕증권거래소(New York Stock Exchange)의 전신이 된다. 1817년에 뉴욕증권거래위원회라는 이름으로 정식 출범했고 1863년 이름을 지금의 뉴욕증권거래소로 바꿨다.

해밀턴의 위기타파 전략은 효과를 발휘하여 이후 신뢰가 회복되고 금융의 꽃은 만개하게 된다. 1792년 위기로부터 반세기가 채 안 되어 뉴욕은 금융의 슈퍼파워가 된다. 빛이 있으면 그림자도 있는 법이다. 해밀턴의 은행시스템 구제는 이어지는 위기과정에서 금융시스템이 점차 더 정부의 지원에 의존하게 되는 선례를 남기게 된다.

(2) 1825년 영국의 금융위기는 은행 대형화의 계기가 되었다. 은행의 대형화로 인한 대마불사(too big to fail)는 도덕적 해이(moral hazard)를 야기한 중요한 원인이 되었다. 1825년 영국금융위기에 대한 아래 글을 참고하라.

1825년 영국 금융위기

위기는 언제나 새 희망과 함께 시작된다. 미국제1은행 위기가 중앙은행 설립에 따른 기대감에서 시작되었듯이 1825년의 위기도 그 시작은 스페인에서 새로 독립한 신생 남미 여러 나라에 대한 희망에서 그 싹이 트게 되었다. 당시 영국은 호황을 누리고 있었고 영국의 투자자들은 새로운 투자처를 찾고 있었다. 새로운 투자처를 찾는 투자자들에게 두 가지 옵션이 있었다. 하나는 1822년부터 1825년까지 3년 사이에 스페인으로부터 독립한 콜롬비아, 칠레, 페루, 멕시코, 과테말라라 등이 발행한 국채를 런던에서 거래하는 것이었다. 런던은 1820년대에 유럽의 금융허브로서 네덜란드의 암스테르담을 대신하여 국제채권시장으로서 급성장하고 있었다. 영국의 투자자가 취할 수 있는 다른 선택은 남미 신생독립국에 진출한 영국 채굴회사의 주식에 투자하는 것이었다. 당시 남미에 진출한 채굴회사 중 하나였던 앵글로 멕시칸(Anglo Mexican)의 주가는 한 달 사이 주당 33파운드에서 158파운드까지 급등하고 있었다. 당연히 남미 진출 채굴회사도 매력적인 투자처가 되었다.

문제는 거리였다. 런던에서 남미까지의 왕래에는 6개월이 소요되었고, 거래는 피상적인 정보를 통해 이루어졌다. 대표적인 사례가 맥그레고어(Gregor MaCgregor)라는 사기꾼이 실제로 존재하지도 않는 신생국 '포야이스'(Poyais)를 사칭하여 판매한 포야이스 국채사건이었다. 이 같은 엄청난 충격을 자아낸 사기행각은 보다 깊은 부패의 징후였지만 투자자들은 경각심을 가지고 문제의 심각성을 들여다보지 않았다. 당시 신생제국과 관련된 대부분의 정보는 돈을 받고 신생제국을 띄워주는 언론인들로부터 나왔다. 최소한의 분별력을 가진 투자자라면 언론인들의 말을 곧이곧대로 믿지 말고 조세시스템이 미비한 신생제국이 발행한 국채의 이자지불 능력을 의심해 보아야 했다. 호황기에는 비이성적 낙관주의가 판치는 법이다. 투자자들은 이성에 기댄 분별력을 발휘하는 대신 스페인의 적은 영국의 친구이므로 신생국에 위기가 닥치면 영국이 금융지원을 아끼지 않을 것이라는 이상한 가정 하에 위험하지만 수익률이 영국정부 발행 국채보다 2배 이상 높은 멕시코와 콜롬비아 등 신생국의 국채에 투자한다.

구름이 짙으면 비가 내리듯 마침내 민스키의 모우먼트가 도래하게 된다. 1823년 여름 스페인이 디폴트(default)의 벼랑으로 몰리고 있다는 것이 확실해지자 불안이 엄습한다. 공포가 확산되면서 국채가격이 급락하기 시작한다. 1825년 말 페루정부의 국채가격은 액면가의 40%까지 급락하였고 뒤이어 다른 신생국들의 국채가격도 하락한다.

위기가 닥치자 남미 신생국 국채와 채국회사에 투자한 영국의 은행이 가장 큰 타격을 받게 되고 1825년 12월에는 은행인출사태(bank-run)가 벌어지게 되었다. 영국의 중앙은행인 잉글랜드은행(the Bank of England)이 개입하여 은행과 기업에 구제금융을 제공하지만 역부족이었다. 1826년 영국은행 중 10%가 파산하게 된다. 1825년의 붕괴에 대한 영국의 대응은 오늘날 '대마불사'(too big too fail) 초대형은행 탄생의 계기가 된다.

1825년의 위기와 관련하여 가장 주시할 만한 것은 위기의 대처에 대한 극명한 견해 차이가 존재했다는 것이다. 일부는 알지도 못하는 나라의 국채나 채굴할 광석도 없는 나라의 채굴회사에 투자한 투자자의 비이성적 무분별을 탓하기도 했다. 반면 영국의 중앙은행은 은행들을 탓했다. 투기거품은 오늘날 사모펀드와 유사한 소규모 민간은행들의 무분별한 대출 때문이라는 것이다. 당시 은행법은 최대 6명의 파트너가 자본금을 출자할 수 있도록 제한했기 때문에 수는 많아도 규모는 작을 수밖에 없었다. 그 결과 위기 시에도 존립할 수 있을 만큼 은행의 규모가 커야 한다는 생각이 싹트게 되었다. 무엇을 할 것인가 갈팡질팡하는 와중에 원하는 만큼 파트너를 가질 수 있고 사고자 하는 사람에게는 누구에게나 주식을 발행할 수 있는 스코틀랜드의 합자(joint stock)형태의 은행이 금융개혁을 논의하던 위원회의 눈을 사로잡게 되었다. 당시 스코틀랜드의 은행들은 위기를 훨씬 잘 이겨내고 있었다. 마침내 1826년 영국의회는 스코틀랜드의 은행을 모방한 은행법을 통과시켰다. 소유구조에 대한 규제가 철폐되자 은행의 대형화가 시작되었다.

합자은행으로의 이행과 이어진 은행의 대형화는 영국 금융역사에서 양면성을 가지게 되었다. 긍정적인 측면은 현대 초대형은행의 선조들이 탄생하는 계기가 되었고 영국은 채권뿐 아니라 은행부문에서도 세계의 리더가 되었다는 것이다. 그러나 영국은행들의 연쇄적인 합병과 대형화는 영국의 *RBS*가 왜 세계최대은행이 되었는지도 설명해주지만 2009년 파산한 최대은행이 된 이유가 되기도 한다. 현재 영국의 4대은행이 전체예금의 75%를 보유하고 있다. 이는 대형은행 중 하나가 무너지면 그 파장이 엄청날 것임을 암시해준다.

(3) 영국의 중앙은행인 영국은행은 1857년 금융위기 당시 금융권에 대한 구제금융을 해주지 않기로 결정했다. 영국은행의 엄격한 조치로 은행부문의 도덕적 해이가 사라졌고, 이후 영국은 금융위기 없이 50년간을 지속할 수 있었다. 은행부문에 대한 영국은행의 건전성 강화정책으로 1857년의 금융위기는 금융기관에 대한 정부지원을 줄이는 아주 보기 드문 사례가 되었다. 1857년 금융위기와 관련한 다음 글을 참고하라.

1857년 최초의 글로벌 금융위기와 영국 중앙은행의 대응

19세기 중반에 이르자 세상은 금융위기에 점차 익숙해지게 되었다. 영국에서는 마치 10년 단위로 한 번씩 붕괴가 일어나는 것처럼 보였다. 1825년 금융위기 이후 영국은 1837년과 1847년에 10년마다 금융위기를 경험하였다. 따라서 과거의 금융위기패턴에 익숙한 사람들에게는 1857년의 위기도 과거와 비슷한 것처럼 보일 수 있었지만, 이번에는 달랐다. 미국의 중서부에서 시작된 충격파가 미국을 무너뜨리고, 뉴욕에서 리버풀과 글래스고로, 런던으로 이어졌다. 충격파는 런던에서 멈추지 않고 파리, 함부르크, 코펜하겐, 비엔나 등 유럽의 주요도시로 이어졌다. 금융붕괴는 단순히 반복적인 것을 넘어 이제 전염성을 가지고 글로벌화 되었다.

1850년대 영국은 수출붐과 호주에서의 금광 발견으로 표면적으로는 잘 나가고 있는 것처럼 보였다. 그러나 수면 아래에서는 두 가지 커다란 변화가 일어나고 있었고 이로 인해 영국은 전례 없이 가장 심각하고 광범위한 위기가 태동되고 있었다. 첫 번째 큰 변화는 각국을 연결하는 새로운 경제적 망(web)이 형성되었다는 것이다. 1857년에 이르자 미국은 영국과 영국의 식민지를 주요 상대로 한 무역에서 2,500만 달러의 경상수지 적자를 내고 있었다. 미국은 지금처럼 수출보다 수입을 많이 하고 있었고, 오늘날 중국이 미국의 자산을 구입하여 부족한 수입대금을 조달해 주듯이 당시에는 영국이 미국의 자산을 구입함으로써 미국의 부족한 자금을 제공해주고 있었다. 1850년대 중반에 이르자 영국은 8,000만 달러에 달하는 미국의 주식과 채권을 보유하게 되었다.

당시 철도는 신기술의 상징이었다. 투자자들은 철도라는 신기술의 등장에 도취하였다. 당연히 미국의 철도회사는 영국의 투자자들에게도 인기 있는 투자처가 되었다. 그 결과 일리노이 센트럴(the Illinois Central)과 필라델피아와 리딩(the Philadelphia and Reading) 같은 미국 철도회사 주식의 상당부분은 영국인 투자자들이 소유하고 있었다. 이들 철도회사의 수익은 이들의 주식가치를 정당화하지 못했지만 투자자들은 미래의 성장가능성을 믿고 개의치 않았다.

두 번째 큰 변화는 금융혁신에서 비롯되었다. 대형은행을 허용하는 영국의 은행법 시행으로 은행의 대형화 바람이 불게 되었고 1847년부터 1857년 사이에 예금도 거의 400% 가까이 증가하였다. 또한 디스카운트 하우스(discount house)로 알려진 신형 대출업자가 런던에 우후죽순처럼 생겨났다. 디스카운트 하우스는 처음에는 투자자와 현금이 필요한 기업을 연결시켜 주는 중개인으로 시작했지만 금융업이 번성해지자 투자자의 현금을 유치하여 기업에 빌려주는, 이름만 제외하고 실제로는 은행과 마찬가지가 되었다. 기존에 대출을 담당하던 합자형태의 은행과 영란은행과 함께 디스카운트 하우스가 대출에 뛰어들자 경쟁이 치열해졌다. 가장 불리한 위치에 있는 디스카운트 하우스들은 대규모 인출사태가 벌어지더라도 항상 영란은행에서 차입이 가능하다는 사실을 믿고 지급준비금을 거의 보유하지 않고 모두 대출해 주는 상황에까지 이르게 되었다.

한편 미국에서는 금융위기의 또 다른 장본인이 등장한다. 보험회사인 오하이오생명보험(the Ohio Life Insurance Company)의 매니저였던 에드워드 러드로우(Edward Ludlow)가 철도투자 열기에 휩싸여 오하이오 생명의 자산 480만 달러 중 300만 달러를 철도회사 주식에 올인(all in)하게 된다.

1857년 늦은 봄 철도회사 주가가 떨어지기 시작하였다. 과도한 레버리지와 과대투자에 노출되어 있었던 오하이오생명은 8월 24일 파산하게 된다. 문제가 동부로 확산되면서 은행들이 주식을 투매하자 주가는 더욱 추락하고 손실은 증폭되었다. 그해 19월 13일 월 스트리트는 자신들의 돈을 요구하는 예금자들로 가득찼으나 은행들은 예금인출을 거부했다. 미국의 금융시스템이 무너진 것이다.

금융위기의 도미노가 지속되면서 영국의 글래스고와 리버풀이 미국 금융위기의 첫 피해자가 되었다. 미국의 기업과 거래하던 이들 도시의 상인들이 10월에 파산하기 시작했고, 리버풀, 글래스고우, 뉴욕, 뉴올리언스 등지에 지점을 가진 미국의 한 은행이 11월 7일 파산하자 스코틀랜드웨스턴은행(the Western Bank of Scotland)도 파산하게 된다. 무역과 금융의 연결성이 확인된 것이다. 98개의 지점과 500만 파운드의 예금을 보유하고 있던 스코틀랜드웨스턴은행의 파산은 영국에 치명타를 안겨주었고 영국의 위기는 시스템적 위기(systemic crisis)가 되었다. 영국의 곳곳에서 자기 돈을 찾아 몰려드는 극심한 공포상태에 빠진 군중을 진정시키기 위해 군대가 출동해야 할 정도였다.

호황기에 우후죽순처럼 등장한 디스카운트 하우스의 존재는 문제를 더욱 증폭시켰다. 디스카운트 하우스는 이미 기업 신용의 중요한 자금원이 되어 있었고 위기의 조짐이 보이자 투자자들은 당연히 디스카운트 하우스의 자금구조에 대해 의구심을 가지게 되었다. 당시 어떤 디스카운트 하우스는 10,000파운드의 자본금으로 90만 파운드의 대출을 행했다고 하니 오늘날 기준으로도 과도한 레버리지 비율이라고 할 수 있다. 디스카운트 하우스들이 파산하자 이들과 엮인 기업들도 도산하게 되었다. 1857년의 마지막 석달간 135건의 파산이 있었고, 투자자들의 자본금 4,200만 파운드가 사라졌다. 당시 영국이 가진 경제 및 금융상의 광범위한 영향력으로 인해 영국의 위기는 유럽전역의 패닉을 초래하게 되었다.

1857년의 위기는 최초의 글로벌 금융위기라는 특징 이외에 최초로 금융안전망이 과도한 위험부담을 야기할 수 있다는 인식을 가지게 해주었다. 디스카운트 하우스들은 영란은행을 통해 언제라도 차입이 가능하다는 사실을 알고 있었기 때문에 유동자산을 거의 보유하지 않은 채 소규모 자기자본으로 위험한 방식으로 영업행위를 해왔었다. 이를 인지한 영란은행은 1858년 정책을 변경하여 디스카운트 하우스들이 더 이상 즉흥적으로 자금을 차입해 갈 수 없도록 하였다. 그 결과 디스카운트 하우스들은 중앙은행을 방어벽으로 의존하기보다 자신들의 자가 보험으로 충분한 현금 준비금을 보유해야 했다. 이 같은 조치에도 불구하고 대부분의 사람들은 중앙은행인 영국은행이 대형 디스카운트 하우스는 파산하도록 방임하지 않을 것이기 때문에 중앙은행의 정책이 신뢰성을 상실할 것이라고 믿었다. 이 같은 일반의 의구심은 1866년 영국은행의 행동으로 불식되었다. 1866년에 당시로는 상당히 큰 디스카운트 하우스였던 오우버엔드 앤 거어니(Overend & Gurney)가 긴급 현금이 필요했지만 영국은행은 구제를 거부했고, 이곳에 투자한 투자자들이 모두 손실을 입었다. 이 같은 영국은행의 엄격한 조치로 은행부문의 도덕적 해이(moral hazard)가 사라졌고, 이후 영국은 금융위기 없이 50년간을 지속할 수 있었다. 은행부문에 대한 영국은행의 건전성 강화정책으로 1857년의 금융위기는 금융기관에 대한 정부지원을 줄이는 아주 보기 드문 사례가 되었다.

02. 1929년 월스트리트 붕괴 이후 만들어진 예금보험제도는 위기시 정부가 반드시 은행을 구제해야 한다는 것을 뜻한다. 정부의 은행구제 비용은 납세자의 몫이다. 정부의 암묵적 보조금 약속은 은행의 부채에 대한 기회비용을 줄이게 되고 부채를 싸게 만든다. 값싼 부채는 레버리지 확대로 이어지게 된다. IMF의 추정에 따르면 세계 대형은행들은 정부의 암묵적(implicit) 보조금으로 인해 2011~2012년 총 6,300억 달러에 달하는 혜택을 입은 것으로 나타났다. 또한 2008년 글로벌 금융위기로 인해 무려 6조 달러에 달하는 자산규모를 가진 Citigroup과 RBS 그룹의 자기자본이 소진되었을 때 1,000억 달러가 넘는 엄청난 구제금융이 투입되었다. 이 같은 문제를 해결하기 위해서는 은행들이 위험을 스스로 부담하도록 다시 제도를 개선해야 하지만 이것은 아주 어려운 선택이다. 은행들이 누리고 있는 암묵적 보조금을 제거하면 은행들이 안고 있는 부채의 기회비용이 커지게 된다. 그 결과 신용대출 비용이 커지게 될 것이다. 투자자의 입장에서 예금보험은 예금보험을 줄이게 되면 예금에 의존하는 건전한 투자자가 큰 손실을 볼 수도 있다. 은행들은 상호 관련성이 크기 때문에 한 은행의 파산이 가져오는 도미노 효과도 크다. 예금보험이 존속되는 것은 예금보험으로 인한 (한계)편익이 (한계)비용보다 크기 때문이다.

03. 예를 들어 신용상태가 아주 낮은 어떤 가구주가 자기 돈(자본) 1만 달러와 주택담보대출 19만 달러로 20만 달러짜리 주택을 구입했다고 하자. 이 경우 레버리지(배율)는 20이 된다. 이때 주택가격이 5% 상승하면 주택가격은 21만 달러가 되고 자기 자본 수익률은 100%가 된다. 경기가 호황이고 주택가격 상승이 지속만 된다면 레버리지 투자를 마다할 이유가 없다. 주택가격이 상승하면 담보가치 상승으로 더 많은 돈을 빌려

CHAPTER 30 금융위기 | 355

주택구입을 늘릴 수 있다. 모두들 주택가격이 계속 상승할 것이라고 믿는데 나만 동참하지 않으면 나중에 집값이 아주 많이 올랐을 때 큰 수익을 낼 수 있는 기회를 잃는 바보가 된다. 어떻게든 돈을 마련하여 투기에 나서는 것이 합리적이고 이성적이다.

반면 주택가격이 5% 하락하면 주택가치가 주택구입 비용 20만 달러보다 낮은 19만 달러가 되고 자기자본 1만 달러는 잠식되고 만다. 주택가격은 5% 하락했는데 레버리지로 인해 자기자본의 손실률은 100%가 된 것이다. 주택가격이 추가적으로 계속 하락하면 집을 팔아도 대출금 19만 달러를 상환할 수 없게 된다. 다급해진 나머지 손해를 보고 주택을 긴급처분한다. 긴급처분으로 집값이 더 떨어지는 것을 보고 비슷한 처지의 다른 사람들도 긴급처분에 나선다. 집값은 폭락한다.

자신의 돈만 가지고 투자한 경우는 자신만 손실을 입게 된다. 문제는 채무에 의존한 레버리지투자를 한 경우 대출상환에 차질이 생길 경우 자신만이 아니고 자신에게 대출을 해준 은행도 피해를 입게 된다. 피해는 주택담보대출을 해준 은행에 그치지 않는다. 저신용자에게 대출을 해준 은행은 그 대출금을 다른 금융기관에서 차입해왔기 때문에 은행에 돈을 빌려준 채권자(은행 간 단기대출시장 대출자, 유동화증권 구입자 등)도 피해를 보게 된다. 최초 집값 하락과 저신용 차입자의 문제에서 시작된 문제는 신용경색, 채무과잉 등을 통해 실물경제로 확산되고 온 국민이 피해자가 된다.

04. 대부분의 개도국 정부들은 해외에서 자금을 조달할 때 자국 통화로 표시된 국채를 발행하기 어렵다. 따라서 자국 통화표시 국채 대신 달러화표시(dollar-denominated) 국채를 발행하여 자금을 조달한다. 신용이 높지 않기 때문에 달러화 표시 국채도 장기국채가 아니라 단기국채를 발행한다. 그 결과 부채(달러 표시 국채)와 자산(자국 통화표시 세수입) 간의 통화표시 불일치가 생긴다. 이때 금융위기로 달러화에 대한 자국 통화의 가치가 급락하면 국채 발행이 어려워지고 상환불응 부채가 급증하게 되어 국가부도위기에 직면하기 쉽다.

05. (1) 유럽의 금융위기는 민간부문의 채무가 주범이었던 미국과 달리 남유럽 국가들의 재정적자로 인한 공공부문 부채로부터 야기되었다. 공공부문의 부채문제는 가장 먼저 2009년 말 그리스에서 표면화되었다. 당시 그리스 정부가 재정적자와 정부채무의 규모를 축소할 것으로 알려지면서 채권자들이 그리스에 대한 추가 대출을 거부하게 되었다. 그 결과 독일과 프랑스 등이 재정적자 감축을 조건으로 그리스 정부에 긴급대출을 제공하게 되었으나 재정긴축으로 인해 그리스 경제는 2010년 경부터 경기침체가 본격화되었고 2011년 말에는 부채를 전액 상환하지 못할 수도 있는 상황에 이르게 되었다. 그리스의 경기침체와 부채상환 능력에 대한 의구심으로 투자자들의 신뢰가 상실되자 그리스의 위기가 스페인과 이탈리아로 전염되었다.

스페인의 재정문제는 주로 글로벌 금융위기의 여파로 생긴 것이다. 아일랜드처럼 스페인도 2000~2007년 사이 심각한 주택가격 버블이 생겼고, 버블이 붕괴되자 스페인 경제도 심각한 경기침체와 세수감소로 대규모 재정적자가 야기되었다. 설상가상으로 투자자들이 스페인 정부가 은행권에 대규모 구제금융 자금을 투입해야 될지도 모른다는 의구심을 가지게 되었다. 그 결과 투자자들이 스페인 정부의 부채상환 능력과 디폴트 가능성을 걱정하게 되어 자금경색이 초래되고 금리가 치솟았다.

이탈리아의 경우 GDP에서 차지하는 공공부문 채무의 비중은 높은 수준이었으나 2010년 봄까지 대규모 재정적자는 기록하지 않고 있었다. 글로벌 금융위기의 여파로 이탈리아의 경제성장률이 아주 낮아지면서 투자자들이 이탈리아가 처한 낮은 성장률로는 공공부채를 상환할 정도의 세수를 확보하기 어려울 것이라는 의구심을 갖게 되었고, 결국 이탈리아 정부의 부채상환 능력을 의심하게 되었다. 이로 인해 이탈리아 공공부채에 대한 이자율이 급등하자 이탈리아 정부의 부채상환 능력은 더욱 악화되었고 이탈리아는 벼랑 끝으로 내몰리게 되었다.

그리스의 경제위기는 IMF, 유럽중앙은행 등의 수차례 구제금융에도 불구하고 악화되었다. 2015년에는 '그렉시트'(Grexit：그리스의 유로존 탈퇴)가 공공연히 논의되기도 했었다. 그리스의 유로존 탈퇴라는 파국은 일어나지 않았지만 그리스의 경제상황은 1930년대 대공황기의 미국이 경험한 정도의 경기침체로 인식되고 있다. 그리스의 실업률은 유로존 국가(유로화를 채택한 19개국) 가운데 가장 심각한 25%에 달하고 있다. 특히 청년 실업률은 50%를 상회하고 공공부문의 채무는 GDP의 180%에 이르고 있다. 스페인의 청년 실업률도 한때 50%를 상회하였다. 그리스의 경제위기는 그동안 채권단이 요구한 긴축정책(austerity policies)의 한계가 여실히 드러난 것이지만 보다 본질적으로는 통화동맹이 가지는 한계에 그 원인이 있다.

(2) 유로존과 같은 단일통화 지역은 회원국의 통화정책이 유럽중앙은행에 위임된다. 따라서 회원국은 자국경제의 안정을 위해 통화 및 금리정책을 사용할 수 없다. 유로존의 회원국들은 유로화라는 단일 통화를 사용하기 때문에 환율정책도 사용할 수 없다. 경제안정화를 위한 정책수단은 재정정책이 유일하다. 경기 침체기에는 정부지출 증가와 조세 감면 등 재정확대정책이 필요하다. 그런데 경제위기로 구제금융을 요청한 그리스에 채권단은 긴축정책을 요구했고, 그 결과 경제는 더욱 침체되고 세수는 줄어들어 그리스 정부의 채무상환 능력은 더욱 악화되는 악순환이 지속되었다.

남유럽 국가들의 국가부도위기의 본질은 대니 로드릭(Dani Rodrik) 교수의 주장처럼 유로존이 주권국가, 정치적 민주주의, 글로벌화 모두를 동시에 추구할 수 없다는 데 있다. 유로존이 경제통합을 통한 글로벌화와 민주주의를 추구하려면 회원국들의 주권국가로서의 위상은 포기되어야 한다. 유로존은 경제통합을 이루고, 민주주의를 구가하면서 개별 회원국들의 주권국가로서의 위상이 유지되기 때문에 개별국의 독자적 재정정책은 가능한 반면 통합재정과 재정이전을 통해 경제적 위기에 처한 회원국을 구제할 의무는 없다. 남유럽의 위기는 정치적 통합 없는 경제통합이 갖는 본질적 한계를 잘 보여 주고 있다.

그리스 위기를 중심으로 단일통화지역의 근본적 한계에 대한 논의는 다음을 참고할 것; 이종철(2015), "그리스 위기의 본질과 교훈," 하나금융포커스, 제5권 28호, 하나금융연구소.

06. (1) 문제를 단순화하기 위해 공급곡선은 투기자들의 예상과 무관하고 수요곡선만 투기자들의 예상에 의해 영향을 받는다고 가정하자. 최초에 어떤 좋은 소식으로 특정 주식에 대한 수요가 증가하여 그 주식의 가격이 예컨대 [그림 1]에서처럼 최초 주당 50에서 60으로 상승하였다고 하자. 최초 주가상승으로 투기자들이 그 주식의 주가상승에 대한 믿음을 가지게 되면 주가는 60에서 70으로 상승하게 되고, 이는 투기자들로 하여금 이 주식의 가격 상승에 대한 믿음을 더욱 확고히 가지게 만든다. 비이성적 낙관주의가 확산되면서 처음 가격이 상승했을 때 투자하지 못한 것을 안타까워하며 더욱 많은 사람들이 그 주식을 사게 되고 주가는 예컨대 70에서 80으로 더욱 상승하게 된다. 여기서 가격 상승에 대한 믿음과 그 결과 이루어지는 자산 가격의 상승 정도는 공급곡선이 주택처럼 수직에 가까운 자산일수록 커진다.

그림 1 가격 상승에 대한 믿음과 버블의 시작

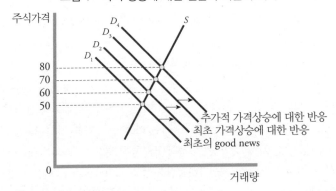

이제 자산가격의 불안정성을 [그림 2]를 통해 살펴보자. [그림 2]의 오른쪽 그림에서 45도 선은 현재의 자산 가격과 미래의 자산 가격이 항상 같은 경우를 나타낸다. *PDC*는 자산 가격이 현재 가격에서 벗어나 시간이 지남에 따라 어떻게 움직이는지를 보여주는 가격동태곡선(price dynamics curve)이다.

예를 들어 최초에 좋은 뉴스로 인해 어떤 자산의 가격이 P_0에서 P_1으로 상승했다고 하자. 이때 투기자들이 이 자산의 가격이 오르지 않고 그대로 일 것이라고 예상하면 이 자산의 미래 가격도 현재 가격과 같은 P_1이 될 것이다. 반면 투기자들이 이 자산의 가격 상승을 예상하면 이 자산의 현재 가격은 P_1보다 높은 P_2수준에서 형성될 것이다. 현재의 자산 가격이 P_2로 상승하자 사람들이 자산 가격이 이보다 더 상승할 것이라고 예상하면 자산가격은 P_3로 더욱 상승하게 된다. 이처럼 투기자들의 가격 상승에 대한 믿음이 자산 가격의 지속적인 상승을 야기한다. 이 과정에서 자산의 가격이 그 자산의 펀더멘털 가치(fundamental value)(예컨대 [그림 2]의 P_0)에서 점점 멀어지면서 가격거품(price bubble)이 점점 커지게 되고 고점에 이르게 된다. 특정 자산의 가격이 고점에 이르면 투기자들은 이렇게 높은 가격이 지속될 수 없다고 스스로에게 되뇌면서 이 자산의 가격이 떨어질 것이라는 생각을 하게 된다. 자신이 투자해 둔 자산의 가격이 떨어질지도 모른다는 믿음이 생기면 투기자들은 자산의 처분에 나서고 가격은 하락하기 시작한다.

그림 2 가격 상승 예상과 가격동태곡선

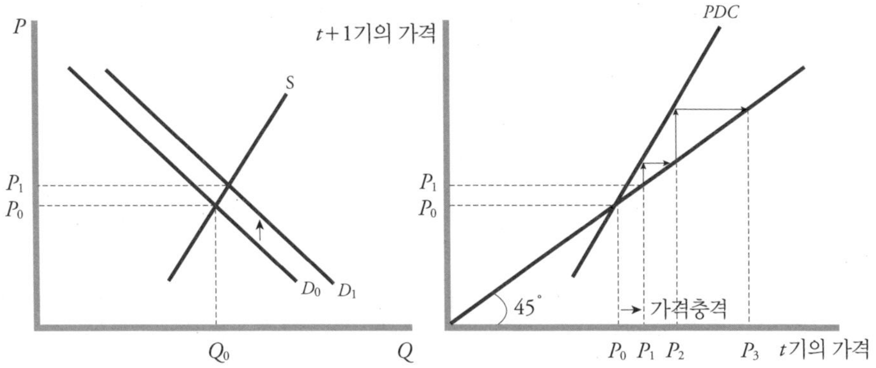

(2) 주택가격 상승이 지속될 것이라는 믿음이 사라지고 최초에 주택가격이 [그림 3]에서와 같이 100에서 예컨대 92로 소폭 하락하면 투기자들은 주택가격이 더욱 하락할 것이라고 믿게 되고 주택가격은 92에서 76으로 크게 하락하게 된다.

주택가격이 하락하기 시작하면 하락하기 전의 주택가격이 너무 높았다고 생각하는 사람들이 있는 경우 그 사람들은 주택가격이 더욱 하락할 것으로 믿게 된다. 그 결과 주택가격이 더욱 하락하는 과정이 반복되고 주택가격이 붕괴된다. 이 과정에서 한 은행의 긴급 자산처분으로 인한 자산 가치 하락이 대차대조표 효과를 통해 다른 은행들의 자산 가치도 하락시키는 부정적 외부효과가 나타나는 것과 마찬가지로 어떤 한 가계의 주택 긴급처분으로 주택가격이 하락하면 다른 가계들도 긴급처분에 나서게 됨으로써 주택가격이 폭락하는 부정적 외부효과가 발생한다.

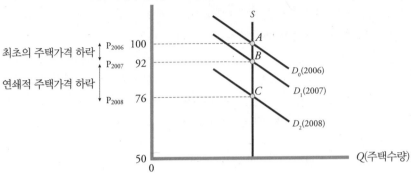

그림 3   주택가격의 하락예상과 주택가격의 폭락

P(주택가격 지수, 2006=100)

최초의 주택가격 하락 $\updownarrow$ P_{2006} 100 A

P_{2007} 92 B D_0(2006)

연쇄적 주택가격 하락 P_{2008} 76 C D_1(2007)

S

D_2(2008)

Q(주택수량)

50
0

31 경제학의 흐름과 정치경제학

01. (1) 중농주의학파: 18세기 후반 당시 농업국가였던 프랑스에서 피폐된 농업을 부흥시키려는 현실인식에서 등장

(2) 고전학파: 산업혁명으로 선진공업국이 된 영국의 이해관계에 맞는 자유방임이론을 대내외적으로 전개. 산업사회로 이행하는 과정에서 나타나는 문제들(분배, 경기변동, 경제성장 등)을 해결하려는 실천적 입장에서 다양한 이론 전개

(3) 역사학파: 19세기 당시 후진국인 독일의 이해관계를 반영하는 보호무역이론과 국가개입에 의한 유치산업 육성이론 전개

(4) 사회주의경제학파: 19세기 유럽에서 산업혁명이 진행됨에 따라 부익부 빈익빈과 공황 등 자본주의체제의 부작용이 현재화되는 데 대하여 이를 극복하는 것이 시대적 과업이라는 인식하에 등장

(5) 한계효용학파: 자본주의체제를 부정하는 사회주의경제학파에 대항하여 체제를 옹호하고 집단주의에 대항하여 개인주의의 가치를 강조해야 할 필요성이 클 때 등장

(6) 케임브리지학파: 상충하는 이론들이 난립할 때 사상적 혼란을 극복하고 이론적 발전을 꾀한다는 실천적 차원에서 등장

(7) 케인스학파: 대공황을 타개하고 지속적인 안정성장을 추구한다는 실천적 차원에서 등장

(8) 통화주의학파: 케인즈학파가 처방하는 「큰 정부」의 재량정책이 비효율과 스태그플레이션을 낳았다는 인식에서 「작은 정부」의 고전학파 입장을 부활

(9) 종속학파: 남미제국의 불균등발전과 경제적 예속을 설명하려는 노력으로 등장

02. 독자 나름대로 본문내용을 요약·정리할 것.

03. (1) 같은 점: ① 수출입국 표방

　　　　　　　② 국가의 적극적인 경제개입:「큰 정부」

　　　　　　　③ 전략산업 중점지원, 불균형성장 지향

　　(2) 다른 점: ① 중상주의 대 중공주의

　　　　　　　② 무역차액극대화 대 무역극대화(수입(외자도입)도 공장설비를 갖추고 생산기반을 확충하는 유력한 계기로 인식됨)

　　　　　　　③ 중상주의는 중금주의 사상을 가지고 무역을 zero sum게임으로 보는 데 반하여, 20세기 주류경제이론에서는 무역을 positive sum게임으로 본다.

04. UR협상타결 이후 세계가 하나의 시장으로 통합되어 가는 과정에 있지만 지속적인 경상수지 적자에 시달리는 미국이 보호무역주의와 미국제일주의를 내세움으로써 신중상주의적 기류를 보이고 있다. 글로벌 불균형을 해소하는 것이 주요 정책과제다.

05. (1) 생산비설을 부정하는 한계효용학파

　　(2) 케인스학파(케인스의 말)

　　　지진·전쟁 등도 전후복구를 통한 총수요진작으로 소득과 부를 증대시키는 계기가 될 수 있다.

　　(3) 신역사학파

　　(4) 사회주의 경제학파

　　(5) 케인스학파나 통화주의학파

　　(6) 제도주의자나 종속학파(가진 자와 못 가진 자, 중심국과 주변국의 부등가교환가능성 강조)

　　(7) 우리 사회를 기계적인 마르크스–레닌주의로 파악하는 노자대립론자로서의 현대 마르크스주의자

06. 사회주의경제체제는 중앙통제형 계획경제이다. 즉 생산목표에서 원료의 배급 및 생산설비와 인원의 배치에 이르기까지 모든 목표를 중앙에서 수립하여 하부경제단위와 지방에 달성하도록 명령하는 방식이다. 이와 같은 체제 아래서는 각 개인의 창의성과 도전정신이 없게 되어 생산성이 정체되고 국민의 생활은 도탄에 빠지게 된다. 가격이 통제되기 때문에 지하경제의 암거래가 성행하게 된다. 취업은 보장되지만 개인이 가진 비교우위에 따른 적재적소 배치가 아닐 뿐 아니라 보수도 능력급에 따른 보수가 아니고 획일화되기 때문에 근로의욕이 상실된다. 유인제도의 결핍이 가장 큰 체제적 딜

레마이다. 따라서 사회주의국가들은 시장경제를 도입하고 있다. 이는 능력에 따라 보수를 받고 경쟁에 의한 효율성의 증대로 장기간 지속되어 온 경제정체를 극복하기 위한 체질개선의 시도이다. 중국에서 기업의 파산을 허용하는 것은 손익의 자기부담 체계를 확립하여 정기분리(政企分離)를 도모하고 기업간 자유경쟁을 통해서 기업의 경쟁력을 제고시키기 위한 것이다.

07. 자기 땅에서 나는 생산물을 자기 임의로 소유·처분·소비할 수 있다는 것이 생산효율을 극대화시키는 유인으로 작용한 것이다. 공유지에서 나는 소출은 국가에 대부분 납부하고 일부를 똑같이 분배받는다. 이는 개인의 입장에서 보면 열심히 일하나 적당히 일하나 돌아오는 양이 똑같다는 것을 뜻하므로 무사안일주의와 적당주의가 곧 지배되게 된다(공익에 봉사하는 고상한 명분은 사람을 한때 분발시킬 수는 있어도 지속적으로 분발시키지는 못한다). 효율일변도가 형평을 깰 수 있는 것처럼 형평일변도는 효율을 깨뜨리기 쉽다.

08. 과거 중국은 경제의 가치관에 있어서 경제적 생산성보다는 조직과 생산관계에 있어서의 평등과 인화에 역점을 두었다. 개인의 능력과 관계없는 결과적 평등의 가치기준인 "모든 사람은 똑같은 밥그릇으로 밥을 먹자"에서 능력에 따라 크기가 다른 밥그릇으로 밥을 먹자는 능력별 불평등으로 가치기준이 전환한 것을 의미하고 있다.

09. ① 같은 점: ㉠ 자유민주주의의 한국·서독의 북한·동독에 대한 월등한 경제력 수준
ㄴ 사회주의적 통제경제에 의한 생산성의 둔화
ㄷ 동독과 북한은 1960~1970년대의 순탄한 경제상태에서 1970년대 중반 이후부터 성장이 둔화
ㄹ 북한과 동독의 에너지 생산의 낙후, 교량, 철도, 도로와 같은 사회간접 자본시설의 미비
다른 점: ㉠ 동·서독간에는 20여 년간 상호방문 및 교류와 경제협력이 활발히 이루어졌음
ㄴ 공산권에서 동독은 가장 좋은 경제상태였지만 북한은 가장 어려운 상태임
ㄷ 한국은 서독과 같이 동독을 흡수통일할 만큼 충분한 경제여력을 보유하고 있지 않음
ㄹ 남북한 인구비는 2 : 1이지만 동서독은 1 : 4로 남북한의 경우 남한 사람 2명이 북한 사람 1명을 부양해야 되지만 동서독의 경우에는 서독인 4 사람이 동독민 1명을 부양하면 됨

② ㉠ 시장경제가 갖는 진취적이고 효율적인 기업운영, 높은 생산성과 성취감, 창조적 기술개발 등이 최대한으로 발휘될 수 있도록 여건을 조성해야 한다.

㉡ 사회복지망을 확충하여 「인간적인 얼굴을 한 자본주의 경제」를 갖춘다.

㉢ 남북상호 방문과 간접교역의 확대를 통하여 상호이해증진과 상호불신제거에 노력한다.

㉣ 합작투자회사를 운용하여 상호 기술 및 자본의 이전 등을 촉진한다. 자원, 해양, 관광개발 등을 우선 투자의 대상으로 삼는다.

㉤ 북한이 개혁·개방화를 적극 추진하도록 유도해 나가면서 통일 후를 대비해서 경제력(통일비용 준비)을 축적해 나간다.

③ 자유시장경제가 근간이 되어야.

④ 서독은 1950년 이후부터 교역과 원조를 통해 동독을 지원함으로써 통일에 대한 준비를 탄탄히 해 왔다. 또한 서독기업은 동독지역에 직접투자 혹은 공동생산을 추진하였으며, 제3국에서 합작투자를 통해 공동진출하는 등 동독에 직접·간접으로 지원하였다. 특히 1975년에서 1988년 동안 서독은 동독과의 교역에서 245억 마르크의 적자를 보면서까지 동독경제를 지원하였다. 서독의 월등한 경제적 우위가 통일을 앞당기게 한 요인이었다. 그러나 통일 직후에는 세계 최대의 무역흑자국이 적자국으로 반전되었고 재정적자도 심각한 상태였다. 충분한 대비책이 없는 상태에서의 통일은 큰 혼란을 초래하게 된다. 우리 경제력을 키우고 튼튼하게 만들어서 충분한 재원을 확보하는 길에 노력을 기울여야 한다.

10. 사회주의의 몰락으로 사회주의의 한계로 지목되었던 정부의 실태로 인한 비용을 인식하게 되었다. 그 결과 자본주의에서는 시장을 통한 자원배분으로 정부의 실패를 극소화하고자 했으나 상대적으로 시장의 실패에 따른 비용을 치르게 되었다. 시장의 실패는 자본주의의 내재적 모순이다. 빈부격차, 공해와 같은 외부효과, 독과점화와 부의 집중 등은 시장경제에만 맡겨서는 해결되지 않는 문제이다. 그렇다고 자본주의의 내재적 모순을 극복하기 위해서 정부가 경제에 적극적으로 개입하는 것이 언제나 정당화될 수는 없다. 왜냐하면 사회주의를 통해 경험한 바와 같이 시장의 실패보다 정부의 실패가 더 심각한 문제이기 때문이다. 자본주의체제가 성공적으로 유지될 수 있는 것은 정부실패의 가능성에도 불구하고 자본주의체제의 내재적 약점을 보완하기 위해 끊임없이 수정된 혼합경제체제로 이행되어 온 결과이다. 사회보장제도의 확대, 광범위한 누진세제, 공정거래법에 의한 기업의 독과점규제, 기술개발을 위한 정책적 개입 등과 같은 정부역할의 증대가 성공적인 자본주의체제의 공통점이라고 할 수 있다. 이런 내재적 약점을 자체 수정·보완하는 자본주의의 변신은 자본주의를 부정하는 사회주의라는 反명제 때문에 촉진되어 온 측면이 있다. 강력한 사회주의의 도전이 없는

자본주의는 자기오만에 빠져 내재적 약점을 자체 수정 · 보완해 나가는 노력을 게을리할 가능성이 있다.

11. 종속이론은 후진국이 선진국에 1차산품을 주로 수출하고 공산품과 자본을 수입하여 주변국 내지 위성국으로 고착된다고 본다. 우리나라는 공산품을 주로 수출하고 선진국 문턱에 올랐다는 점에서 남미에나 어느 정도 들어 맞는 종속이론으로 설명할 수 없다.

01. 다음 기술이 옳은가 그른가를 밝히고 그 이유를 설명하라.

① 특정시대에만 국한하면 경제이론은 절대적인 이론이다.

② 중상주의는 자유방임주의다.

③ 중상주의는 국가간의 무역을 영합게임으로 본다.

④ 중농주의 학파는 자유방임주의이다.

⑤ 고전학파는 중농주의의 자유방임주의를 이어받아 「작은 정부의 이론」을 제창하였다.

⑥ 급진파 또는 신좌파는 시장실패를 인정하여 정부가 이를 교정해야 한다는 입장이다.

⑦ 국가독점자본주의란 국가가 기업을 직접 경영하는 것을 말한다.

⑧ 개인들의 이익추구가 저절로 공공이익의 증진으로 연결되지 않는 자본주의를 천민자본주의라 한다.

⑨ 아프리카의 기아상태를 지속시키는 3D는 Disease, Drought, Dirty이다.

⑩ 효율 또는 성장과 형평 또는 분배는 상충관계이다.

📋 **문제 해답**

① × (사회적 상황에 제약을 받는 상대적 이론)
② × (중농주의가 자유방임주의 주장)
③ ○
④ ○
⑤ ○
⑥ × (시장실패를 대중의 참여로 교정해야 한다는 입장)
⑦ × (자본축적과정의 내적 모순을 해결하고자 국가가 경제에 개입하는 것)
⑧ ○
⑨ × (Dirty 대신 Distance)
⑩ × (단기적으로 상충관계이기 쉽지만 반드시 그렇지는 않고 정도문제이다. 장기적으로는 보완관계이다.)

제7판
현대경제학원론 연습문제해답집

초판발행	1994년 11월 30일
제7판발행	2019년 3월 20일
지은이	김대식 · 노영기 · 안국신 · 이종철
펴낸이	안종만 · 안상준
편 집	전채린
기획/마케팅	조성호
표지디자인	조아라
제 작	우인도 · 고철민
펴낸곳	(주) **박영사**
	서울특별시 종로구 새문안로3길 36, 1601
	등록 1959. 3. 11. 제300-1959-1호(倫)
전 화	02)733-6771
f a x	02)736-4818
e-mail	pys@pybook.co.kr
homepage	www.pybook.co.kr
ISBN	979-11-303-0741-1 93320

copyright©김대식 · 노영기 · 안국신 · 이종철, 2019, Printed in Korea

정 가	15,000원